THEATRUM
COGITATIOCUM
思想剧场

我，里维耶，

杀害了我的母亲、妹妹和弟弟

19世纪的一桩弑亲案

MOI, PIERRE RIVIÈRE

ayant égorgé ma mère,
ma sœur et mon frère:
Un cas de parricide au XIXe siècle

Michel
Foucault

[法] 米歇尔·福柯——编著　王辉——译

上海人民出版社

译者前言

1835 年 6 月 3 日晌午时分，法国西北部诺曼底大区卡尔瓦多省卡昂市欧奈镇的一个叫福克特耶的小村庄里，发生了一起连环杀人案。凶手名叫皮埃尔·里维耶（Pierre Rivière），是当地的农民，年仅 20 岁，受过一些基础教育。他用砍柴刀蓄意砍杀了自己的母亲，8 岁的弟弟和 18 岁的妹妹，而且当时他的母亲已有 6 个半月的身孕。作案后，他冷静离开现场并逍遥法外一个多月。在被捕后，他在监狱里写下了一份近百页的回忆录，交给法官和负责该案的精神病医生，详细讲述了自己的家庭情况、父母感情的失和，以及他弑亲报仇，解救父亲脱离苦难的原因。1836 年，法国《公共卫生和法律医学年鉴》全文刊载了该回忆录。

1969 年底，福柯进入法兰西学院执掌思想体系史的教席，开始了长达 13 年的开放教学生涯。1970 年，福柯的一位学生让—皮埃尔·皮特偶然发现了里维耶案，同时找到了里维耶的回忆录以及全部相关档案。从 1971 年开始，福柯开始指导研讨班。在法兰西学院讲授《刑事理论与刑事制度》之余，应学生的邀请，福柯与他的朋友和学生们组成了一个读书会，在每周一的研讨班上围绕皮埃尔·里维耶案的档案来系统考察19世纪的医学—法律思想。在福柯的带领下，研讨会的骨干于1973年9月把研究成果结集汇编，作为单行本出版，取名叫《我，皮埃尔·里维耶，杀害了我的母亲、妹妹和弟弟：19世纪的一桩弑亲案》（*Moi, Pierre Rivière, ayant égorgé ma mère, ma soeur et mon frère..., Un cas de parricide au XIXe siècle*, Gallimard, 1973. 本前言中的引文页码为法文版页码），这便是该书的由来。

该书主要分为两个部分，第一部分是皮埃尔·里维耶案里维耶本人撰写的回忆录、案件的卷宗档案和新闻报道，第二部分是七位小组骨干成员撰写的评论文章，其中包括：让—皮埃尔·皮特，让娜·法威，帕特利西亚·穆兰，布朗迪安·巴盖—克里格，菲利普·茹耀，罗伯特·卡斯特，亚历山大·冯塔纳以及福柯自己。该书由福柯亲自作序，并撰写了一篇论文。此时的福柯，正与达尼埃尔·德福尔一起醉心于1968年"五月风暴"之后的街头政治，正是他领导、组织和参与"监狱信息小组"（Groupe d'information sur les prisons）深入认识并反抗权力机器的高峰时期。该书甫一出版，就造成了重大的社会影响。1976年，法国戏剧导演热内·阿里约（René Allio）就迅速将其改编成了同名电影[1]，影像语言的介入，让该

1. 热内·阿里约（René Allio）拍摄的同名纪实电影全长135分钟，于1976年首映。另有DVD版本：*Moi, Pierre Rivière*, DVD, INA éditions, 2007。参见互联网电影资料库 https://www.imdb.com/title/tt0074910/。

书以及该事件的影响深入社会之中。另外值得一提的是，该书最终被伽利玛出版社收入“档案文库”（Collection Archives）系列之49册。彼时，正是结构主义人类学和民族志研究如日中天之际，皮埃尔·里维耶的回忆录及其案件档案恰恰为法国七月王朝时期诺曼底地区的乡下农民的民族志研究提供了难得的一手资料。

有赖于让—皮埃尔·皮特的精心查找，18—19世纪众多的“不正常的人”浮出历史的水面。这样一个名不见经传的小人物皮埃尔·里维耶，在当时或者在现代，都是籍籍无名，不足挂齿的边缘人。然而，福柯却在其中发现了价值连城的宝藏。围绕着皮埃尔·里维耶的回忆录而牵连起来的各种档案（证人证言、诉讼笔录、法庭合议、民间传说）和文书材料（医生的证明书和鉴定书），首先成为印证19世纪初刑罚理论与精神病学结合的重要资料。正如福柯所预料的，如果我们“通过精神病学与刑事司法的关系来研究历史。那么，我们就会与里维耶案不期而遇。”（*Moi, Pierre Rivière*, p.13）

*

里维耶回忆录的文本本身，正是福柯中期孜孜以求的权力—知识关系的真实案例。里维耶案的卷宗，与其说是一部长篇累牍的档案（dossier），毋宁说是一个硝烟四起的战场。“它关涉到对起因、形式、组织和不同功能的交叉论述”：这里面有治安法官、检察官、刑事法庭庭长以及司法部长的论述；有乡村医生、市医院内科医生以及巴黎王家医学院权威医生的论述；有村民、镇长以及本堂神甫的论述；最终还有杀人犯里维耶本人的论述。（*Ibid.*，p.16）从表面上看来，这些不同层级、不同领域的论述无疑都在描述同一件事情，都是围绕着发生在6月3日的里维耶凶杀案所展开。然而，在福柯之眼观之，所有的论述旨趣皆各不相同，“它们既不是一部作品，也不是一个文本，而是一场古怪的角力，一种对抗，一种权力关系，一场关于话语的战争，以及一场通过话语的战争。”（*Ibid.*，p.16—17）福柯曾说他觉得里维耶的文字很美。无疑，这就是其具有美感的原因。

福柯所说的回忆录之“美”还表现其具有一种原初的朴素性。这位受过基本教育，能够读写的青年农民，并没有任何专业知识背景。因此，他的回忆录就是一部最自然的人类学民俗志。所以，福柯极力避免使用任何高深的医学的、法律的、心理学的、哲学的和犯罪学的话语来进行霸凌地解读。“对于里维埃的话语，我们决定不对它进行解释，也不使其屈从隶属于任何精神病学或精神分析的解说。”（*Ibid.*，p.19）在笔者看来，里维耶回忆录中不断出现的拼写错误和语法错误，也应作如是观，它意在维持原状。一部承载了四条鲜活生命的文本，其分量远非几篇评论文字［原书称作笔记（notes）］能够承受其重的。因此，福柯选择原样整理、原样呈现，这或许是他选择做一个编者的原因。于是，该书成为福柯一生中所编著的影响最大的唯二本书之一[1]，另一本是主题、风格、体例类似的《双性人巴尔班》[2]。

从1835年6月皮埃尔·里维耶案发至今，在我们这个社会中，用以鉴定某人是否有罪的标准，依然如故。他是个道德败坏的人，因此他必然要为后来的触犯刑法负责任。我们对此依然持有相同的立场：皮埃尔·里维耶虐杀青蛙和小鸟，恐吓小孩，想要烧伤弟弟的脚。“他玩木头做的手枪”“他用棍子劈砍卷心菜”“他使父母感到难过”“他逃学”“他懒惰”。然后，“我们由此得出结论，他对此负有责任”。(《不正常的人》，第28页)我们的思路正是如此，在他童年时就有一种品行在酝酿，而正是这种品行将来会促使他杀死自己的母亲、弟弟和妹妹。(《不正常的人》，第253页)显然，我们习惯性地在用道德优劣来作为判断法律入罪的标准。这种思路和做法，依然没有超越出意大利法学家切萨雷·贝卡里亚（Cesare Beccaria）

1. 严格地说，福柯参与编辑的著作还有其他六七本，但是这些书无论福柯的参与度和出版社的名气都不高，故影响力都相当有限。比如：(1)《居住政策（1800年—1850年）》。Jean-Marie Alliaume, *Politiques de l'habitat (1800—1850)*, Paris: Comité de la recherche et du développement en architecture, 1977. 该书为福柯指导下的论文集，由巴黎建筑发展与研究委员会出版。(2)《治愈的机制：现代医院的诞生》。Michel Foucault, Blandine Barret Kriegel, Anne Thalamy, François Beguin, Bruno Fortier, *Les machines à guérir: Aux origins de l'hôpital moderne; dossiers et documents*, Paris: L'institut de l'environnement, 1976. 该书也是福柯指导下的论文集，福柯提交的论文是《18世纪的健康政治》。(3)《家庭的失序：18世纪巴士底狱档案中的告发信》。Arlette Farge, Michel Foucault, *Le Désordre des familles. Lettres de cachet des Archives de la Bastille au XVIIIe siècle*, Paris: Gallimard, 1982. 该书的写作思路是福柯的，但主要为第一作者阿莱特·法尔热（Arlette Farge）所撰写。

2. 福柯编：《双性人巴尔班》，张引弘译，上海人民出版社2019年版。

在半个世纪前所批评的道德责任与法律责任含混的中世纪晚期症候。而1830年代，正是一个微妙的分水岭。自此之后，资产阶级法律体系就逐渐建立起来。就皮埃尔·里维耶案来说，精神病学家已经开始介入司法调查和审判过程，(《不正常的人》，第15页）对疯人的酌情减刑已经热烈讨论并付诸实践，当时，以精神病理学家如埃斯奎诺尔（Esquirol）为代表的医学权威就已经开始讨论单狂症（monomania）是否是一种疾病的问题，杀人单狂症（monomanie homicide）是否是基于一种疾病的问题。他们讨论里维耶是否首先是这个意义上的病人。结果，对里维耶案的判定形成了两派意见，一方认为里维耶回忆录的撰写表明他非常理性，那么他就不是精神疾病患者；另一方认为回忆录的内容表明他有明显的单狂症倾向，那么他的行为都属于单狂症的范畴。他既是行凶的罪犯，又是文本的作者。杀人的行为和写作的行为相互龃龉。争论到最后，法官战胜了医生，国王又战胜了法官，最后则是皮埃尔·里维耶战胜了所有人。从死刑，到被赦免，再到自杀。

有关里维耶案研讨班的最早文字记录见福柯在1971—1972年度的法兰西学院讲座《刑事理论与刑事制度》的附录。[1]随后，在历年讲座均有提及。福柯在法兰西学院的前五年讲座（从1971年到1975年），都围绕“惩罚的社会”展

1. Michel Foucault，*Théories et institutions pénales*，le Seuil/Gallimard，2015，p.234. 中文版参见福柯：《刑事理论与刑事制度》，上海人民出版社2019年版，第314—316页。

开。这些内容的精华部分，最终都构成了1974年完稿、1975年出版的名著《规训与惩罚》。而这个思路，则一直延续到1975年的讲稿《不正常的人》之中，结合两年后出版的《性经验史》第一卷《求知的意志》的内容可知，该稿正是福柯后来所废弃的性经验史系列原计划的第五卷的内容。

*

从皮埃尔·里维耶案开始，福柯开始研究这些“不正常的人”、社会上的“危险个体”。比如勒格朗·杜索尔在《法庭上的疯癫》中讲述的一个名叫克劳德的人，杀死邻家女孩的女仆昂里耶特·科尼耶，有伤风化的浪荡子夏尔·茹伊，杀人并吃人的雷加，双性人巴尔班等等。“不正常的人”的群体图像就此建立了起来。社会对“不正常的人”异常警惕，务必对之进行改造。与这些不被驯服者的归类意识一同建立起来的，是逐渐规训化的权力—知识体系。这些“不正常的人”必将是社会的“危险个体”，他们的存在必将会危害到社会的稳定，而社会必须受到保卫（Il faut défendre la société）。从里维耶案开始，新型的惩罚性社会逐渐形成，其发展到极致状态，便是边沁的全景敞视的环形监狱为代表的监狱化社会。福柯对该问题的研究，贯穿了他整个70年代的讲学与思考。

正是在这个阶段中，带着《知识考古学》（1969年）的袅袅余音，福柯投入到借由尼采的“谱系学”而带来的转变之中。1971年发表在向自己的恩师让·伊波利特致敬的论文集中的重要文章《尼采、谱系学、历史》便成为一个明确的标志。福柯反对历史陈述的单一性，反对追寻起源，“如果谱系学家去倾听历史，而不是信奉形而上学，他就会发现事物背后‘有一个完全不同的东西’：那并非一种无时间的、本质的秘密，而是这样的一个秘密，即这些事物都没有本质，或者说，它们的本质都是一点点地从异己的形式中建构出来的。”[1] 我们必须在这个意义上来看待皮埃尔·里维耶的回忆录。它所扮演的正是另类的历史叙述，它的出现具有偶然性，是对“纪念碑式的历史”的戏仿。其次，在福柯看来，回忆录的撰写成为原本弑亲行为的重要组成部分，谋杀和文本既分裂又同一，凶手和作者身份既分裂又同一。再次，一个被视为疯癫与低能的“里维耶家的傻子”（*Moi*，*Pierre Rivière*，p.75），终于写下了自己的并非“疯言疯语”的自传性历史，这就消解了理性语言无法描述疯癫状态的德里达式置疑，这恰恰指向了福柯所要描述的那个“另类空间”（heterotopias）。

法国学者朱迪特·勒薇尔（Judith Revel）用系谱学把福柯一生研究加以整合。她认为，系谱学旨在考察关于我们自身的历史和本体论。“我们处在与真理的关系中，这使我们得以把自己构成为认识主体；我们处在权力领域的关系中，这使我们得以把自己构成为作用于他人的主体；我们处在与道德的关系中，这使我们得以把自己构成为伦理主体。”[2] 所以，介于《知识考古学》和《规训与惩罚》之间的皮埃尔·里维耶的

1. Michel Foucault，*Dits et écrits*，I. 1954—1975，Gallimard，2001，n°84，p.1006.
2. 朱迪特·勒薇尔：《福柯思想辞典》，重庆大学出版社 2015 年版，第 70 页。

《回忆录》以及“里维耶案”，也应该被置于权力领域的关系中加以考察，它使得我们把自己构成为作用于他人的主体。

*

最后，再就译文体例情况说明如下：

一、译文中的楷体字部分为原著中所强调的内容。

二、译文中所出现的脚注，如在注释后标出为“译注”的，是译者所添加的内容，如其为原书原注，则不再标明。但如在同一注释中同时有原注和译注的情况，则分别标明原注和译注。

三、译文末附录中的法律术语表和医学术语表均为译者所增加的，便于读者查阅，精神医学的术语参考了《精神障碍诊断与统计手册》(DSM-5)。

四、皮埃尔·里维耶的回忆录中涉及一些诺曼底地区的方言，在书中会在该词处以上标星号的方式显示，法文版也附有编者专门为这些词汇制作的方言词汇表。译者参照英文版、德文版和日文版的惯例，中文版不再随文注明这些标星号的词语，而是按照方言词汇表直接译出，并融入回忆录正文中，方言词汇表也一并删除。(参见边码第 88 页)

五、此外需要特别说明的是，为了突显出皮埃尔·里维耶写作中标点使用的不规范，译者尽量尊重和还原了里维耶回忆录原文之标点，比如经常“一逗到底”，或者在应该使用句号的地方依然使用逗号，在应该有逗号的地方又没有设置，应该使用句号的地方又误用分号，对话本应使用引号括起来等等，不一而足。但是即便如此，译者还是在个别地方［比如其文中最常见的不规范是用“et”（和，与，及）连接两个意义完全无关的句子或词组］重新设置了逗号和句号，以确保文义的连贯与清晰。另外，皮埃尔·里维耶的回忆录正文中极少分段（在本应该另起一段的地方都连缀在一起），为尊重原著，译者选择维持原貌，请各位读者注意。

目录

下篇　笔记

编者前言

本书的出版有一个故事。让—皮埃尔·皮特（Jean-Pierre Peter）曾发表过其中若干片段。

“我们这一小撮人感到令人欣慰的惊喜。我们知道这就是自 1971 年以来福柯在法兰西学院讲座的情况，听众各色人等，令人啧啧称奇（我去时见到有学生、专家、仰慕者、好奇者、希腊的牧羊人、吉尔吉斯的战士、夏延部落[1]的印第安女子等等）。我们希望摆脱众人，开设研讨班，他就让想上的学生写了一封说明信，签署一份真正的工作合同。显然，我们对大量的无条件的纯粹学术爱好者要求过高了。我们非常惊讶，我们只找了不到十个人，还包括福柯在内。不过，在这个小圈子中，这项活动愉悦而丰富，我们之间的关系和睦而简单，在回忆中留下生动的印象。

1. 夏延人（Cheyenne）是北美大平原上的印第安土著人，18 世纪中后期居住在美国蒙大拿州和俄克拉荷马州的印第安人保留地。——译注在这项有关刑罚的共同研究中，有着大量的精彩案例。19世纪的前30年里，某些特定的医学概念在规定医学秩序及其权力的诊断与治疗的场域中，把各种犯罪行为（及其预先昭示的各种素质禀赋）都纳入其中；基于这些发展，我们便致力于准确地阐释案件的样式，它们时而含混，但总是很精妙。顺便说一下，我们进展得并不快。从12月到3月底，每个月只有两次例会，聊胜于无——这是法兰西学院的正常“速度”（*tempo*）。

因此，在已经非常迟的时候（我觉得大概是在第二年的中间），里维耶事件闯了进来。它震撼了我们，而我真的不知道为什么我们要为其感到羞愧。这些文本洋溢着我们勤勉治学的
8 方方面面。故事本身，我指的正是这个犯罪的*故事*，它不只是誊写下的词语，当然，通过这些文本的必要中介，这个故事也为我们所知晓。但是，在此我想说的是，它同时*直抵我们*，并且几乎在肉体上*直抵我们自身*（在我们说意外或不幸直抵我们的意义上）。与阅读回忆录、故事、证人证言、鉴定书等相应，我们不得不亲自来重新体验它们。这个已发生的事件在我们心中制造了隐秘事件。

的确如此。这是由该文本特定的生产能力所造成的。我不是说这个回忆录包含了无法形容的和隐秘的功能。而且，我也不喜欢从中吸取阴险的声望，以便使其他读者误入可疑的眩晕之中。我只是说，它在跟我们说话，更准确地说，它在跟我们讨论我们自己。什么?！这个在我们之中的共鸣，有必要把它

隐藏起来，让它保持沉默吗？这些移情的效应，它们会消弭在学术性疏离的惯性中吗？让我们出发吧！它们本身就非常有趣，以至于我们无法掩盖。它们本就是对象的一部分。

自从四分之三个世纪以来，它变成了更为人熟悉的东西：我们知识的对象实际上只能在观察者所把握到的观察关系中表现出来。如果改变观察的规则，观察对象也随之改变。与此对应的，在与对象绑定的系统中，观察者也是对象的一部分。如此一来，尽管我确实不能为他说上几句话，但我认为当米歇尔·福柯写道，他被血红双眼的弑亲犯所征服之时，他就没法再拍电影了。[1] 也包括当时福柯说的是“我们”而不是“我”。他在此讲述了一些他自己的真理；与此同时，他还讲述了这个故事和这个文本的真相。基于此，福柯使各种反弹中的一个突显出来，在反响之一的末尾处突显出一个额外信息。他动用了对象的不受约束的无限属性的一部分。换句话说：我认为，具有此内容（即“我们已被征服”……）的话语［……］属于［……］一个突然扩展了的语义空间，在这个空间中，事件及其读者先后都获得了一种本己的表达，获得了一种使其存在能够认识的形式，从而促使我们达到关于对象知识的附加层面。

我们没想担保那些严苛和冰冷的理论，没想担保近两个

1. 法国戏剧导演热内·阿里约（René Allio，1924年—1995年）将其改编成了同名电影，后于1976年上映。福柯本人曾一度在电影中出镜，但在随后的剪辑中镜头被删掉了。——译注

世纪以来各种掉书袋的意识形态，从隆布罗索（Lombroso）的“犯罪女性”[1]到目前依然存在的脑白质切除手术[2]，其致伤或
9 致死的滥用可谓“硕果累累”，仅举两例说明一下。对于皮埃尔·里维耶而言，我们确实既没有说他是个疯子，也没有说他是个怪物。我们也没有为他的谋杀进行辩护。他本人也没有宽恕自己的罪行，并且坚持为此付出代价。在被夺去生命之前，他在监狱里说，他早就已经死了。这倒是真的，倒是一个超越了琐碎表象的真相。是的，我们已经仔细阅读了回忆录。以及所有的证人证言。是的，我们已经体验到了他们所遭受的痛苦。我们也已经对他们的意义、部署和教训等等展开了研究、反思和战斗［……］

“我们被里维耶档案所吸引，太执着于随后众多的方向，但我们并没有想着立即出版发行。甚至，我们还保留了当时医学刊物所提供的不完整的文件。除此以外，我们每一个人也都被我们日常职责和未完成的课业所束缚。法兰西学院该学期的课程也就这么结束了。

1. 撒切雷·隆布罗索（Cesare Lombroso，1835年—1909年），意大利犯罪学家、精神病学家、法学家，侧重研究人体生理因素与犯罪的关系。1896年，他（及其女婿费列罗合著）的专著《犯罪妇女、妓女和普通妇女》（*La Donna delinquente, la prostituta e la donna normale*）被翻译为法文《罪犯女性与妓女》（*La Femme criminelle et la Prostituée*）出版发行。——译注
2. 脑白质切除术（lobotomy）是一种盛于1930年代到1950年代用来医治精神病的神经外科手术，它也是世界上第一种精神外科手术。然而术后效果并不理想，往往导致患者痴呆和智力低下。当时，在法国、瑞士和比利时等国有大约80%的接受手术治疗的患者为女性。——译注

也只有到了下一个学期的开学之初，我们的计划才明确下来，似乎我们必须让这个故事广为人知，必须把它传播给尽可能多的听众，以便能够被广泛的关注和讨论。我去往卡昂市，去寻找重罪法庭的相关材料。我还读到了回忆录的未刊部分。但是我在那里待的时间不长，我记了些笔记就回来了。然后，我向国家档案馆申请临时调阅全部卷宗，以便慢慢研究。然后就爆发了大罢工，包裹只得等待数个星期之后才寄到。接着，我们不仅抄录了回忆录，还抄录了各种材料，但是这些材料一天抄不完。另一方面，我们也不想只为了这一个文件就来国家档案馆分组工作。因此，我们只逗留了一段时间，以便在其犯罪事实（matérialité）和其字面意思（littéralité）中了解手稿。有一天，福柯来看这个手稿，其他人也来看过。然而，这就是为什么在得到我的抄本之前，所有人都在那件唯一可用，但却残缺不全，且错误颇多的文本前驻足良久的原因。[1836年《公共卫生和法医学年鉴》(*Annales d'hygiène publique et de médecine légale*）发表了回忆录的部分内容以及重罪法庭的卷宗内容。] 他们做了笔记，然后进行了转载。这就是在书中所表现出的不一致的奥秘。[……]”

与此同时，事实上，法兰西学院的管理部门严厉地指责了米歇尔·福柯：因为他违反了研讨班必须打开“封闭”状态 10
的规定。福柯必须开放它。于是，我们立即就被一群作为知识消费者的贪婪群氓给团团包围了，基本上没有其他的工作方式了。研讨班已然变成了一种第二课堂，福柯在那里恣意地讨论着皮埃尔·里维耶和他的故事，以及由此提出的各种问题。对这些问题，我们都倾尽全力。或者，至少，我们都尝试着全力以赴。从那时起，我们不再集会，只能偷偷摸摸地，间隔的时间还比较长。对于我而言，我已经誊写了回忆录并准备付印。

不久，一个令人不安的谣言传到了我们这里。公共研讨班的自由风格激发了这些年轻人的事业心，他们已经从其能理解的版本中整理出了一个回忆录的速成版本，也就是说，一个删节的版本。评论的内容和主题来自那些录音带，全都是研讨班上的热烈讨论。我永远都不会知道这些调查信息是否可靠。但是当时，我们都激动不已。

然后，我们就忙了起来。[……]

我们的第一个想法是编辑那些文本，并且只编辑这些文本，回忆录、司法和医学档案已经完全准备就绪，除了对必要的事实、机构和词汇上的说明之外，我们没有其他的干预。没有用我们的多余的废话掩盖这些原初的话语。在这个紧急状况下，没有找到出版商愿意接手这个索然无味的档案。他们要求我们撰写评论。我们同意每个人都完成一篇小文章，针对的是在那个共同的、如今中断的研究进程中，深刻地影响到我们的那个要点。因为一度什么都没打算说，所以对案件只进行整体性的分析——况且我们也没有时间——也就不是什么问题。

[……]大家应该注意的是，就我们而言，我从来没有讨论过团队（équipe）。除了参加了一个研讨班之外，我们所遭遇的各种状况并不包含任何特定的规划。我们当中没有人被确

认或允许作为福柯的学生，此后也没有。最多我们有共同之处，这与我们在那里的出现，与对他的工作和教学的兴趣和尊重是一致的；可以确定，我们每个人对其他人的那些强有力的论点的审慎态度或者固有分歧是非常客气但又充满谦恭的。在我们所有人中间，职业、学科、哲学、成见和感觉的差异是明显的，也是允许的。这些差异部分地成为这些集会的旨趣与 11
活力之所在。在协助我们出版皮埃尔·里维耶案件的各种贡献之中，所有这些是显而易见的。这些笔记无疑向细心的读者展示了与该故事有关的各种态度的事实，多义性的概念，甚至各种矛盾。此外，持续地交换话语、作品和观点的事实，也产生了兼容观察的方法，协调场域的方法。尽管没有冲突，这些差异仍然是人所共知的。”（让—皮埃尔·皮特：“理解皮埃尔·里维耶”，《论战》，1991 年，第 66 卷；Jean-Pierre Peter，“Entendre Pierre Rivière”，*Le Débat*，n°66.）

此次再版修正了第一版中出现的各种舛错。一些修订得益于菲利普·勒茹（Philippe Lejeune）[1] 的细心校阅。自从问世以来，该书就一直遭到反复指控：它在为犯罪行为进行辩护。在上述文章中，让—皮埃尔·皮特 [2] 回顾了某些笔记的充满热

1. 菲利普·勒茹（Philippe Lejeune，1938 年—　），法国学者，散文家。曾参与福柯编著的《我，皮埃尔·里维耶》的编纂工作。——译注
2. 让—皮埃尔·皮特（Jean-Pierre Peter，1933 年—　），法国历史学家。曾参加福柯的法兰西学院的课外研讨班，参与整理皮埃尔·里维耶《回忆录》等文本。后曾担任法国社会科学高等研究院（EHESS）医学人类学与医学史研究中心主任。——译注

情和令人感动的语言，它是多么想要“更为深刻地和肉身地识别出某种东西，它在那里被打结、被编织、被拧绞，直至它爆裂为止。是的，他说，那种语言得以在当下延伸，安顿，传播，部分地归因于他知道这种混乱的力量，它在古老的、遥远的和痛苦的灾难中熊熊燃烧。如果这也可以称之为对犯罪行为的辩护，而不是求知方法的话，让我们也撤回对《俄瑞斯忒亚》（*Orestie*）[1]文本的销售吧——它比［我们］这部小书要邪恶
12 千百倍，因而比我们的书更应该受到谴责。”

1.《俄瑞斯忒亚》（*Ὀρέστεια*，*Orestie*）是古希腊剧作家埃斯库罗斯（Αἰσχύλος，Aiskhylos）于公元前5世纪写成的古希腊悲剧三部曲。在希腊神话中，主人公俄瑞斯忒亚是阿伽门农（Ἀγαμέμνων，Agamemnon）之子，阿伽门农被妻子克吕泰涅斯特拉（Κλυταιμήστρα，Clytemnestre）设计谋杀后，他为父报仇，杀死亲生母亲。——译注

导言

米歇尔·福柯

我们想要研究精神病学与刑事司法关系的历史。在这条道路上，我们遭遇到了里维耶案。

该案刊载于1836年《公共卫生和法律医学年鉴》（*Annales d'hygiène publique et de médecine légale*）上。与该刊物所报道的所有其他档案一样，该档案也包括一个案件摘要和一个法医学鉴定书的摘要。不过，该档案中还是有很多值得注意的要素。

1. 这是一个由三篇医学报告所组成的系列，三篇报告不仅没有得出相同的结论，也没有进行完全相同的分析，反而是在医学体制中，它们有着各自不同的来源和地位：一位乡村医生的报告、一位城市医生的报告，他负责一个重要的收容所，最后是由当时精神病学界和法医学界的大人物（比如埃斯奎诺尔、马克、奥费拉等人）签名的报告。

2. 这是一组相对较大的司法文件汇编：其中就包括，证人们的证词——他们全都是一个诺曼底小市镇的居民——问询则包括：被告的生活、生活方式、性格特征，及其疯癫（folie）与低能（imbécillité）。

3. 最后尤为重要的是，这是一部回忆录，或者更确切地
14 说是回忆录的一部分，它由被告人本人所撰写。这位二十来岁的，声称只会读和写的农民，在判决前的羁押期间，决定对自己的罪行——谋杀他的母亲、他的姐妹和他的弟弟，给出详情与解释。

在当时已经刊印的文献中，这样一组档案汇编对我们来说似乎是独一无二的。我们应该如何利用它呢？

毫无疑问，该案本身没有影响。在当时的重罪法庭的审判中，弑亲案相对不少（一年中有十到十五起，偶尔还会更多）。此外，费耶斯基（Fieschi）的谋杀案及其诉讼，拉瑟奈尔（Lacenaire）的判刑和处决，他们的回忆录的出版，才是同一时期中司法专栏的主要内容。[1]《法院公报》（*Gazette des Tribunaux*）从未哪怕扼要地提及里维耶案，反倒是《卡尔瓦多领航者报》（*Pilote du Calvados*）在频繁转载。与昂利耶特·科

1. 费耶斯基（Fieschi，1790 年—1836 年）科西嘉岛人。1835 年 7 月 28 日，因谋杀行刺当时的法国国王路易—菲利普一世而当场被捕。1836 年 2 月 19 日，他被送上断头台，详见本书边码第 341 页注释。拉瑟奈尔（Lacenaire，1803 年—1836 年）是法国著名的花花公子、杀人犯和诗人，因谋杀两人被判死刑，于 1836 年 1 月 9 日被送上断头台。他放荡不羁，恶名昭著，成为后世浪漫主义罪犯的代表，临死前也写有回忆录。其事迹影响到后来巴尔扎克《悲惨世界》和陀思妥耶夫斯基《罪与罚》的小说创作，参见边码第 227 页。——译注

妮耶（Henriette Cornier）案、帕巴弗瓦（Papavoine）案或者雷加（Léger）案一样[1]，里维耶案永远都不会成为刑事精神病学的经典案例。除了《公共卫生年鉴》的文章以外，我们几乎无法在医学出版物中找到关于里维耶的其他资料。[2]最后，里维耶的律师贝尔陶德（Berthauld），在事后获得了相当的声望，似乎从未在他的文章中对其前委托人有过任何提及。

可见，里维耶案根本就不是一件“大案子”。《年鉴》所刊登的那些异常丰富的档案，或许能够通过意外状况和一般情理的混杂来加以说明。卡昂（Caen）地区的一个医生，或者当地的一位知名人士，曾告知当时巴黎的大专家们说，在1835年 15
11月12日，判处一名被大家视为疯子的弑亲者死刑。然后，他们同意在请求特赦时进行斡旋，并根据为了达到此目的而建立的档案，在判决之后，他们不管怎样还是草拟了有关该案的证明书，虽然他们从未见过皮埃尔·里维耶。随后减刑获得了批准，这便是他们在《公共卫生年鉴》上所出版的这份全部或部分的档案。

---

1. 昂利耶特·科妮耶杀害了邻居家的小孩，并把小孩的头颅扔在大街上，雷加杀害了过路的陌生小女孩，挖心嗜血。参见边码第404页注释。——译注
2. 1836年，《医学与实用外科学期刊》（*Journal de médecine et de chirurgie pratique*）对《公共卫生年鉴》（*Annales*）上的这篇文章进行了综述。范特雷涅（Vingtrinier）在《刑事司法部门的账户审查》（*Examen des comptes de l'Administration de la justice criminelle*，Rouen，1846，p.9）中简要提及了皮埃尔·里维耶案（鲁昂，1846年版，第9页）。——原注
   范特雷涅（Arthus Barthélémy Vingtrinier，1796年—1872年），法国医生，曾担任监狱医生，毕生致力于减少司法中对刑罚的滥用。——译注

不过，一个更为普遍的争论出现在这些情况之外，这正是埃斯奎诺尔[1]和他的同事们出版该案的档案卷宗所导致的结果。在1836年，在刑事司法中使用精神病学概念的争论正如日中天。更准确地说，我们正处在这场争论的一个关键的时段上：对于埃斯奎诺尔曾提出的“杀人单狂症”（monomanie homicide）的概念（1808年）[2]，律师诸如克拉尔·德·蒙蒂涅（Collard de Montigny），医生诸如于尔班·科斯特（Urbain Coste），特别是法官和法院，以非常强烈的态度加以反对（尤其是在1827年以后）。对此，医学专家或者辩护律师都对使用该概念犹豫不决，因为在法庭和某些陪审团看来，该概念具有某种“唯物主义”（matérialisme）的不良声誉。在1835年前后，似乎人们能在医生中看到某种特定的倾向，即表明“单狂”的概念少有直接的医学报道：就像他们同时要证明，这种抵制会导致严重的司法失误，而且精神疾病会透过一种非常广泛的症状显露出来。无论如何，刊载在《公共卫生年鉴》上的里维耶案的档案，只能非常审慎地使用“单狂”的概念；与此
16 相反，它还必须广泛依赖各种征候，各种症状，各种证词和各种不同的证据。

然而，在所有事实中，有一个让人感到意外：即按照“当

1. 埃斯奎诺尔（Jean-Étienne Dominique Esquirol，1772年—1840年），法国精神病学家和精神病医生，曾在巴黎的萨尔佩蒂耶医院工作，是另一位著名精神病学家菲利普·皮内（Philippe Pinel，1745年—1826年）的学生。——译注
2. 埃斯奎诺尔曾于1827年出版了《关于杀人单狂症的笔记》（*Note sur la monomanie-homicide*）。

地”或者一般的情况，允许出版一部大部头的卷宗档案，不仅对于那个时代是大部头，对于我们这个时代也堪称详尽。然而，对于它，对于这部独一无二的里维耶回忆录，却立即陷入了宁静，完全地死寂。在如此强烈地吸引了医生们的注意力之后，是什么东西能够在此扰乱他们的认知？

坦白地说，这也许还不是我们在这些文件上花费一年多时间的原因。而只是因为里维耶回忆录的美。一切都始于我们的惊愕。

*

然而，出版就从那里开始吗？

我觉得，虽然我们有各自互不相同的方法和旨趣，但是有一个东西把我们凝聚在一起工作，它是一个“档案”（dossier），也就是说它是一个事件，一个案件，一个事态，它关涉到对起因、形式、组织和不同功能的交叉论述：这是治安法官的论述、检察官的论述、重罪法庭庭长的论述、司法部长的论述；这是乡村医生的论述和埃斯奎诺尔的论述；村民以及他们的镇长和他们的本堂神甫的论述；最终这也是杀人犯本人的论述。他们都谈论着，或者看起来好像谈论着同一件事情：这正是发生在6月3日的那件事情，所有的论述都与它息息相关。但是，对于所有人而言，以及在他们的异质性中，这些论述所形成的既不是一部作品，也不是一个文本，而是一场古怪的角力，一种对抗，一种权力关系，一场关于话语和通过话语 17
的战争。仅仅说它是一场战争还并不充分；同时展开并相互交织在一起的还有许多战斗：医生们相互之间在战斗，也与法官战斗，与里维耶本人战斗（他骗他们说他曾经装疯）；法官们则与医学鉴定书战斗，与酌情减刑这种相当新颖的用途战斗，与把弑亲者和弑君者等量齐观战斗（即费耶斯基和路易·菲利普相差无几[1]）；欧奈镇的村民们的战斗则是，通过指定古怪与奇异，来消除在他们中间犯下的罪行的恐慌，并拯救一个家庭的尊严。最终，在所有这些的中心，是皮埃尔·里维耶与他那无数的、复杂的战争机器：他犯下罪行，以便能讲述出来并确保他能光荣地死去；他预先准备好讲述，以便导引出其犯罪；他做出口头解释，以便让人相信他的疯癫；他写下文本，以便消除谎言，给出解释，召唤死亡；他的文字充满美感，这被一些人视为一个理性的证据（这是他被判处死刑的原因），而其他人则视之为其疯癫的一个征候（这是他终身监禁的原因）。

我想如果我们要出版这些文件，所有的文件，这就是为了以某种方式拟定各种战争的计划，重新构建起这些对抗和战斗，重新发现这些话语的作用，即作为武器，作为在权力和知识的关系之中的攻击和防御的武器。

更确切地说，这份档案的详尽出版，似乎能够给我们提供一个处理该类资料的案例，即它们目前保存在档案馆中，但它

---

1. 路易·菲利普（Louis Philippe），此处指的是路易·菲利普二世（Louis Philippe II，1747 年—1793 年），别名菲利普·平等（Philippe Égalité）；是法国波旁王朝奥尔良公爵与后来的七月王朝的国王路易—菲利普一世的父亲。他年轻时曾支持处死自己的表弟——法国国王路易十六。所以，福柯引述此二人，意在指出两个人犯有弑亲罪和弑君罪，其性质都差不多。参见边码第 341 页注释。——译注

们具备各种分析的可能。

1. 因为它们的存在和关联性的规则，既不是按一部作品 18
的规则，也不是按一个文本的规则，他们的研究应允许抛弃文本分析的传统学术方法，以及所有源自写作所具有的单调乏味且学究气的观念。

2. 诸如里维耶案的这些文件应该允许，在知识与制度及其既定角色的关系中（例如司法体制及其专家、被告人、疯子罪犯等角色），去分析知识（例如医学知识、精神病学知识、心理—病理学知识）的构成及其作用。

3. 它们能够使我们破解权力、统治、战争之间的各种关系，在这些关系的内部，话语得以建构自身并发生效用；因此，它们允许对话语（甚至科学话语）进行分析，这些话语或许同时既是叙事上的和政治上的，因而又是战略上的。

4. 最后，我们能够在此把握作为里维耶案及其策略整体的话语中所特有的失常的权力，基于这种策略，我们试图囊括和插入这种话语，并且给它一个身份，即作为疯子的话语或者作为罪犯的话语。

*

在此可以解释一下我们对该出版物所持有的偏见：

1. 我们试图找到有关该案的所有文件。因此，我们的意思不仅是指司法文件（《公共卫生年鉴》里只出版了一部分），而且也指报刊文章，尤其是里维耶回忆录的完整版。事实上，
《年鉴》仅仅转载了第二部分。这些文件大部分存放在卡昂 19

的省立档案馆；搜集工作主要是由 J.-P. 皮特（J.-P. Peter）进行。除了一些无关紧要的法律文件之外，我们在此出版了皮埃尔·里维耶撰写的或者与他相关的所有材料，只要是我们搞得到的，无论它是印刷的还是手稿的。

2. 为了呈现这些文件，我们放弃使用一种类型学方法（先是司法档案，然后是医学档案）。围绕着与这些文件相关的事件，我们在一种近似编年体的顺序中将其重新分类如下：犯罪、预审、重罪法庭、减刑。因而，话语的不同类型的对峙，以及这些对峙的规则和效应，都表现得清晰可辨。

在其撰写之日，皮埃尔·里维耶的回忆录就完全占据了其中心位置，即一种将所有事物整合在一起的机制（une machinerie）：这个机制事先隐秘地铺陈开来，在整个回忆录的第一部分都若隐若现；然后一旦出现，它就困住了所有人，包括作者本人；因为它被当成里维耶显然没有发疯的证据之后，幸亏有埃斯奎诺尔、马克和奥菲拉，它就变成了一种里维耶曾审慎以求地使其摆脱死刑的方法。

3. 对于里维耶的这些话语，我们决定不做阐释，不对其进行任何精神病学或精神分析的评论。首先是因为我们将它设定为坐标系的原点，以便我们测量其他话语之间的距离，评估在这些话语中所建立的各种关系。

其次是因为，如果不在这些（医学的、司法的、心理学的、犯罪学的）话语中重新采用一种的话，我们就不太可能谈论它，因为我们要从它开始讨论。因此，我们会把这种力量关

系强加给它，以此达到我们想要呈现的简化效果，而我们反过 20
来也会成为这种简化效果的受害者。

最后要说的是，基于一种敬重之情，可能也是一种畏惧之心，因为这个文本夺去了四条人命，我们不希望把我们的文章加诸里维耶的回忆录之上。我们已经被那位血红双眼的弑亲犯征服了。

4. 在这本书的最后，我们汇集了一些文章：它们一部分涉及精神医学的知识，这是医生们的分析成果；另一部分涉及该案的司法方面的知识（从轻情节、弑亲罪的判例）；另一部分涉及在各种文书层面（证人证言、诉讼笔录、合议书）之间的关系；另一部分涉及对各种犯罪的叙述。

我们知道我们已经忽视了很多主要方面。我们本来可以分析由里维耶回忆录的第一部分所构成的这份优秀的农民人种学材料。或者一再唤起那些出现在村民证言中的关于疯癫的通俗的知识和定义。

然而，对于我们来说，最主要的工作便是刊行这些文件。

该书是在法兰西学院研讨班上集体研究的结果。作者有：布朗迪安·巴盖—克里格（Blandine Barret-Kriegel）、吉贝尔·布尔赖—托尔维克（Gilbert Burlet-Torvic）、罗贝尔·卡斯特（Robert Castel）、让娜·法威（Jeanne Favret）、亚历山大·丰塔纳（Alexandre Fontana）、格奥尔格·勒雷（Georgette Legée）、帕特利西亚·穆兰（Patricia Moulin）、

让—皮埃尔·皮特（Jean-Pierre Peter）、菲利普·里奥（Philippe Riot）和玛丽冯娜·赛荣（Maryvonne Saison）。

21 我们的研究还得到以下诸位的帮助：国家图书馆的柯瓦塞女士（Mme Coisel）和布鲁诺先生（M. Bruno）、国家档案馆的拜尔塞先生（M. Bercé）、卡尔瓦多省立档案馆的 M. G. 贝尔纳先生（M. G. Bernard）和格哈尔小姐（Mlle Gral）、历史研究中心的安娜·索耶女士（Mme Anne Sohier）。

在审判的同一年，皮埃尔·里维耶的回忆录就成为一个小册子出版物的主题。但我们在国家图书馆并未找到它。《公共卫生年鉴》部分转载的正是这个版本，但是有很多错误。我们复原了手稿的文本、拼写和标点符号。出于司法文件的原因，我们采用了它实际的拼写和标点符号。卷宗的全部内容见之于卡尔瓦多档案馆，编号 2 U 907，卡尔瓦多重罪法庭，刑事审判，1835 年第四季度。

现在，该卷宗在同一个档案馆编号为 2 Mi 204，作为微缩胶片流通（J.-P. 皮特附注）。

M. F.

上篇　档案

第一章

犯罪与逮捕

一　治安法官的笔录

现在，1835年6月3日，午后一点钟。

本人，弗朗索瓦—埃杜瓦·博杜安（François-Édouard Baudouin）是欧奈地区的治安法官[1]，由书记员路易—雷昂德·朗格利内（Louis-Léandre Langliney）从旁协助。

就在刚才，欧奈市镇（la commune d'Aunay）[2]的镇长先生通知说，一个穷凶极恶的杀人犯刚刚在上述欧奈镇的名叫福克特耶村（Faucterie）的地方行凶了。人们告诉我们，案发地在农民兼户主皮埃尔—马尔格汉·里维耶（Pierre-Margrin Rivière）先生的家中，而且直到今天早上他都不见踪影；于是，我们与欧奈镇的镇长先生立即前往上述的皮埃

1. 治安法官（le juge de paix），英译为太平绅士（Justice of the Peace），其角色和功能类似于英国的太平绅士。——译注

2. 欧奈市镇（la commune d'Aunay）是位于法国西北部诺曼底大区卡尔瓦多省的小镇。据人口统计数据显示，在案件发生的1835年，该地区的居民仅有两千人左右。市镇（la commune）旧译为公社，以下文中一般省略为"镇"。——译注

尔—马尔格汉·里维耶的家中，同去的还有医学博士莫兰先生（M. Morin）和医务官员[1]高迪耶先生（M. Cordier），他们两人都是欧奈镇的居民，依照法律应我们的征召前来协助。进入房屋的第一层，它被用作客厅，在从欧奈到圣—阿尼昂（Saint-Agnan）[2]的乡间小路的北侧，客厅被南向的一扇窗户与一扇门以及北向的一扇玻璃门所照亮。在这里，我们发现有三具尸体倒在地上：（1）一位年龄大约40岁的妇女，她仰面躺着，面
28 朝着壁炉，似乎她在被杀之时，正忙着煮粥，那锅粥尚在炉火之上的平底锅中。这位妇人日常穿着，头发凌乱；她的脖颈和后脑勺被砍伤并且被砍断。（2）一个七八岁的小男孩，穿着一件蓝色的罩衫、裤子、长袜和皮鞋，他趴在地上，脸朝地面，头被从后面劈开，形成了一道非常深的伤口。（3）一个女孩，穿着印花棉布衫，长袜，既没有穿皮鞋，也没有穿木鞋，她仰面躺着，双脚搭在房门的门槛上，朝向院子，指向南方，她的花边织机扔在身上，棉布软帽丢在脚边，在她遇害时，似乎有一大把的头发被扯了下来；一道非常深的伤口把右边脸颊和脖颈切断。这个不幸的年轻人当时应该正在织着花边，她坐在那扇玻璃门的旁边，然后就倒在了相反的方向，她的两只木鞋还落在摆放在那里的椅子腿旁边。

1. 医务官员（officier de santé）是1803年5月由法国政府设置的负责居民健康的医务人员。任命者一般从事医学专业的工作，但是没有医学博士的学历。——译注
2. 圣阿尼昂，现名圣阿尼昂勒马耶尔布（Saint-Agnan-le-Malherbe），位于欧奈镇东北5公里，有乡村公路连通。——译注

这三起凶杀似乎皆由锐器所致。

这些受害人已经确定：第一位是皮埃尔—马尔格汉·里维耶的配偶维克多莉·布蕾雍（Victoire Brion）。第二位是于勒·里维耶（Jules Rivière）；第三位是维克多莉·里维耶（Victoire Rivière）。后两位受害人是第一位受害人的孩子。

公诉指出，该案的凶手名叫皮埃尔·里维耶（Pierre Rivière），他是第一位受害人的儿子，并且是第二位和第三位受害人的哥哥。在我们明确罪行为该嫌犯所为之后，该嫌犯早已逃之夭夭。于是，我们将这桩凶案通知了驻扎在梅斯尼·奥苏（le Mesnil Ozouf）[1]的宪兵队长[2]，如果可能的话，请求他立即动用军队，搜寻并逮捕嫌犯。

我们还邀请莫兰先生和高迪耶先生，进行他们认为必要的
所有检查，以便确定和查验死亡的各种原因，他们遵从我们的 29
征召，就该案的情况进行宣誓之后，都注意到一个众所周知的事实，就是这位母亲应该有孕在身。

在我们的协助之下，医务官先生们完成了他们的检查，并将其笔录交给我们，我们为其打上副标，盖上治安法庭（tribunal de paix）的印章，附在了下面。

1. 梅斯尼·奥苏（le Mesnil Ozouf，今为 le Mesnil-Auzouf）隶属于诺曼底大区的卡尔瓦多省，位于欧奈镇的西南方向，距欧奈镇大约 11 千米，今已撤编。——译注
2. 维持法国公共安全的警察部队有两种，一支是法国国家警察部队（Police nationale），拥有法国各大城市及市区的警政管辖权；另一支是法国国家宪兵（Gendarmerie nationale），拥有法国乡郊以及 2 万人口以下地区的警政管辖权。——译注

二　医生的死亡确认笔录

今天是1835年6月3日。

我们是医学博士泰奥多·莫兰（Théodore Morin）和医务官员托马—阿德里安·高迪耶（Thomas-Adrien Cordière），也都是欧奈镇的居民。应欧奈地区治安法官先生和欧奈镇福克特耶村村长的征召，我们于午后两点来到皮埃尔—马尔格汉·里维耶家。刚一进入家中，我们就看到三具尸体，呈现出如下状态：

（1）一个妇女，据说她的名字叫维克多莉·布蕾雍，是上述里维耶的妻子。她仰面躺着，双脚靠在炉膛上，稍微有些倾斜，右手放在身旁，手指挛缩，左手弯曲，放在胸前，她的衣着十分整洁，除了头上戴的棉布软帽摊在头下方；在头的周围涌出大摊鲜血。脖颈的右侧和前部，以及脸颊，都被完全劈
30 开，颈椎与躯干已经完全分离，只有左侧皮肤和肌肉依然与头部相连，右侧顶骨已被完全击碎；重击延伸到颅骨顶部，它的力量如此之大，以至于大部分的脑浆已经和颅骨分离；其余的几次重击都在面部，这样的暴力使得骨头和肌肉似乎已经捣成一团糨糊。根据官方的要求，我们进行了尸检，这名妇女当时已经怀孕；我们划出一个切口，打开子宫，发现了一个妊娠时间已达六个半月左右的雌性胎儿。打开胃腔之后，里面没有任

何东西。我们没有再做更深入的检查。因为死亡的原因已经确定，如前所述，死者的头部几乎与躯干分离，颈部和颈动脉被切断，瞬间毙命。

（2）在我们刚刚记录的尸体的最远端，是一个七到八岁的儿童，据说他叫于勒·里维耶；他脸朝下趴在地上，穿戴完整，头部浸在一大摊鲜血之中；我们注意到，头的两侧和后部有大且深的刀伤，从不同方向贯穿了大脑，同时，多次的重击已经伤及小脑，因为顶部颅骨已能够轻易地剥离下来；重击还击中了颈背，但是没有伤到颈椎。其余的数次重击透过罩衫和其他衣服，击中了肩部；此外，最后这几处伤口本身并不是非常的严重；我们不必再检查内脏和胸腔，因为死亡的原因已经确定， 31
大脑和小脑几乎被完全切断，贯穿它们的动脉也被完全切断。

（3）我们刚才记录的尸体的旁边是一具年轻女子的尸体，她躺在房间的中间，大约 18 岁。她仰面朝天，脚上没有穿鞋，她的花边织机扔在身体左侧，衣服凌乱，她没有戴帽子，头发摊开，我们看到在脚边有很多头发，她的胳膊几乎交叉着放在胸前；头巾和围裙已经被扯掉，这说明受害人对行凶者做过一些反抗。在颈部右侧，我们发现有两处大且深的刀伤：第一处在颈部下方，不但切断了皮肤和肌肉，而且也切断了颈动脉；第二颈椎被完全切断。在第一处的上方，同一方向上还有其他几处刀伤，这些伤口尽管很深，但是被下颌骨的上行分支[1]所

1. 下颌骨的上行分支（la branche ascendante de la mâchoire inférieure），是下颌骨向耳朵根部延伸的上行的板状骨骼，位于脸颊下腮帮子的位置。——译注

阻断。面部有多处不同方向的伤口，大且深，下颌骨几乎从下颌骨连接处[1]裂开。上颌骨同样也已脱离，这记重击从眼眶上方几乎洞穿到大脑，造成了一处从右到左的斜向刀伤，完全切断了鼻腔。根据这些观察，我们认为，这些不同的伤口大部分是致命的，已经不用再做尸检。而且基本上可以确定，这些伤口皆由尖锐和锋利的凶器所致。

32 这份笔录结束于上述年月日，我们保证所有内容均真实可靠，在我们的检查完毕后，已直接呈送给治安法官先生。

签名见下

三　犯罪的目击者在治安法官面前的证词

玛丽·里维耶（Marie Rivière），74岁：

今天中午大概11点半到12点。我正在我家的大门口，如您所见，我家大门正对着发生凶案那家的院子，我从他们家院子的另一边走到它左边，我瞥见维克多莉·里维耶小姐正在他们家的门口，她面朝着我们家，她的哥哥正揪着她的头发。她似乎想要逃命。我朝他们走近一些，看到皮埃尔·里维耶手里拿了一把砍柴刀，正向着他的妹妹砍去。我大声喊道："天

1. 下颌骨连接处（la symphyse du menton），位于人的两颗门齿中缝的下延线颌骨上。左下颌骨与右下颌骨在此处交错联接。——译注

哪，你这是在造什么孽呀！”我正试图去抓住他的胳膊，然而与此同时，他拿着砍柴刀朝他那可怜的妹妹头上连砍了数刀，他的妹妹直接倒在了他的脚下，一命呜呼。所有的这一切发生在不到一分钟的时间之中。然后，凶手就从朝向乡间小路的那道门逃了出去，那条路通往欧奈镇。与此同时，我就走进了他们家，我看到他的母亲和弟弟的尸体，我彻底崩溃了，我大声喊道，上帝啊，这是造的什么孽呀，上帝啊，这是造的什么孽呀。有好几个人都赶来了，而我们家的所有人当时都不在家。

让·波斯岱（Jean Postel），50岁，勒浩先生（M. Lerot）家的佣人：

大约在今天中午，我把收好的苜蓿扛在头顶上往回走，就 33
在路上听见寡妇里维耶大声喊叫：“上帝呀，这是造的什么孽呀，上帝呀，这是造的什么孽呀！”与此同时，我也听见另一个我不认识的人的声音：“他们都死了”；当我走到我家马厩门口时，我瞧见了那个名叫皮埃尔·里维耶的人。他手里握着一把沾满血污的砍柴刀，手上也满是血迹。他正要到镇上去，他对我说，“请你照顾好我母亲”（à ma mère）。我听到了这句话，却不清楚它是什么意思，但得知了凶手的行凶后，我立刻明白了他的意思，他指的是“请你照顾好我的祖母”（à mamère）[1]。

1. 事实上，在里维耶家族中，他们通常用Mamère来称呼他们的祖母。亦可参见皮埃尔·里维耶的回忆录。——编者注维克多·艾梅·勒浩（Victoire Aimée Lerot），让·安德烈（Jean André）的妻子，40岁：

今天大约中午时分，当我正准备去我哥哥家，他家与皮埃尔·马尔格汉·里维耶先生家正好是对门，我就瞥见他的儿子，那个叫皮埃尔·里维耶的人，从他家的那扇玻璃门里走出来，这个门正对着通向欧奈镇的乡间小路。他握着一把血迹斑斑的砍柴刀；从我身旁经过，他对我说："我已经把我父亲从所有的不幸中解救出来了。我知道我会死，但是我无所谓"，他补充道，"我把我母亲（ma mère）托付给您"。[1]

四　维尔区的王国检察官的笔录

本人，是维尔区民事法院的王国检察官[2]，在欧奈镇刚刚发
34 生的一起凶杀案，已经引起公愤。在把我们的行程通报给初审法官后，我们就立即前往，同去的还有宪兵中尉先生。事件的

1. 此处应该也是目击证人维克多·艾梅·勒浩听错之后所记录的内容。如前一条脚注所述，这里应该也指的是凶手的祖母（Mamère），即"我把我祖母托付给你"。——译注

2. 法国在1835年间的政体是君主制，处于七月王朝的统治之下，国王是奥尔良家族的路易—菲利普一世。在位时间迄于1830年的"七月革命"，止于1948年的"二月革命"。随后建立的是法兰西第二共和国。七月王朝的终结，标志着君主制在法国的彻底结束。维尔（Vire）是隶属于诺曼底大区萨尔瓦多省的行政区，位于欧奈镇西南方向，相距30公里，当时人口约8千人。——译注

过程如下：

欧奈镇的治安法官先生告诉我们，通过前天的笔录，他们已经确定了犯罪事实。我们认为不必再展开一次调查，在这一点上调查的目标已毫无必要，因为有确凿的证据说明，一个名叫皮埃尔·里维耶的人，现年20岁，欧奈镇农民，蓄意杀害以下数人：1. 里维耶夫人——玛丽—安娜·布蕾雍（嫌疑犯的母亲）。2. 玛格丽特·里维耶（嫌疑犯的妹妹）；3. 于勒·里维耶（嫌疑犯的弟弟）。我们首要的是采取有效措施确保其被捕：于是，我们要求欧奈镇镇长，鲁康普村[1]村长，普莱希村[2]村长以及其他邻村村长，组织一定数量的国民警卫队队员，负责抓捕该人犯皮埃尔·里维耶。

随后，我们就前往事发地福克特耶村，在那里我们搜集到了有关该案犯皮埃尔·里维耶的下述情况。

我们认为应该听听嫌疑犯的父亲、祖母以及他的一个妹妹的声音，不过他们均未对此宣誓。下面是他们陈述内容的概略。

对他的家人来说，皮埃尔·里维耶自幼就是灾祸的主角。他执拗倔强且沉默寡言；他的双亲那相同的社交能力应为其负责。他从未向他的父亲和母亲表现出一种子女的亲情。他的母亲尤其讨厌他。他偶尔会把对母亲的亲近体验为一种反感和狂乱的行为。

1. 鲁康普村（Roucamps），位于欧奈镇正南方向，距离欧奈镇四公里。——译注
2. 普莱希村（le Plessis），位于欧奈镇正南方向，鲁康普村以南，距离欧奈镇8公里。——译注

35 而且，皮埃尔·里维耶在所有的生活习惯中都一直如此，这种冷酷无情的性格使他的家人感到绝望。有人想起来，曾见到在皮埃尔·里维耶小的时候，他把一只幼鸟夹在两个石头中间碾死取乐，或是拿着可以致人死命的器械追赶同龄的小孩。

有时，他从父亲家逃走，然后在采石场找一个废旧洞穴，熬过一宿。当他夜游归来的时候，他就声称他见到了魔鬼，并与魔鬼缔约。

有人发现他向来讨厌女人。

在一些确定的例子中，他自言自语，愤怒并且狂热。

长大之后，他就满怀热情专注于阅读若干本书，并且在阅读中，他的记忆力好得惊人……似乎在一段时间中，他熬夜读了很多哲学书。

他从无神论转向了一种巨大的虔诚，或至少是在行为中表现出了虔诚。

在两年前的大赦年，他似乎就已经表现出了这种变化。

一天晚上，他的父亲吃惊地发现他在读蒙彼利埃的教理问答[1]（书是从欧奈的本堂神甫那里借来的）。

1. 即《蒙彼利埃教理问答》（*Catéchisme dit de Montpellier*），原书托名为夏朗熙殿下（Mgr de Charency）所作，该书最早以法文版出版于1702年，全名为《夏朗熙殿下所撰之蒙彼利埃教理问答，或者教理形式的概述》（*Catéchisme dit de Montpellier, par Mgr de Charency, ou Instructions générales en forme de catéchisme*）。该书有全本和简本之分，简本主要面向儿童读者，有三十多个版本，均为作者亲自汇集编次，后迅速传遍欧洲，影响很大。该书的真实作者为法国神学家弗朗索瓦—艾梅·普杰（François-Aimé Pouget，1666年—1723年）。——译注在过去的几年里，他领过两次圣体，并且参加复活节的活动。

星期六，上个月的三十日，他穿上了节日的盛装。行凶当天，在换了三次衣服之后，他穿上了安息日的衣服[1]，他的祖母看见他如此这般，就问他说，“你这是想要干什么呀？”他回答道，“今天晚上您就知道了……”就在那天早上，皮埃尔·里维耶抱怨说他感到非常不舒服，说他心脏疼痛。

孤僻、不合群以及残忍，这是人们对皮埃尔·里维耶在品 36
行方面的看法；可以说他是一个怪人，是一个失去同情心，不擅社会交际的野蛮人，因为社会对他和他的家人一样憎恨，因此，他曾问他的父亲，人类是否不可能在森林里只靠吃草和树根存活。

皮埃尔·里维耶的身体表现出如下显著特征：他身材不高，前额狭窄而又扁平；眉毛浓黑，相互交错，呈弓状；他的头总是不断点地，目光歪斜，好像害怕与别人的目光交汇，或是害怕自己的想法流露出来；他走路不稳，一颠一跳，与其说是走路，不如说是蹦蹦跳跳。

在行凶之后，皮埃尔·里维耶并没有逃走；他沉着镇定地离开，然后冷静地出现在两个人面前，手上满是鲜血，他告诉他们：“我刚刚解救了我父亲，现在他不再痛苦了。”接着他依旧平静地走着，好像什么事情都没发生过；他的砍柴刀还在滴

1. 安息日即星期日，基督教国家星期日为礼拜日，礼拜日（安息日）多穿盛装去教堂礼拜。——译注

着血。

我们在行凶的地方收集到的信息就是这些，在场的还有欧奈镇的治安法官先生；市议会的议员兼医生莫兰；国民警卫队队长兼欧奈的税务官昂戈（Angot）；以及宪兵中尉波努瓦（Benoît）。诸位先生与我们都已在该笔录上签名，1835 年 6 月 5 日。

签名见下

鉴于我们的笔录已经结束，我们续写如下，我们得知有人在丰特奈勒的森林里看到了该人犯皮埃尔·里维耶，我们要求
37 夏尔·德尼（Charles Denis）先生到庭，在其发誓所说为真之后，做出陈述如下：

吉耶麦特（Guillemette）夫人，即（埃夫勒西[1]地区的）阿玛尔（Hamard）女士，她对我说，她跟一个人说过话，此人给她讲述了发生在福克特耶村之凶案的详尽细节；根据维耶迈（Villemet）先生和博内迈松（Bonnemaison）的女儿提供给她的相关信息，此人不是别人，正是人犯皮埃尔·里维耶。

签名见下

1. 即埃夫勒西（Évrecy），是法国卡尔瓦多省卡昂区的一个市镇，位于欧奈镇东北 15 公里。——译注

五　谋杀嫌疑犯皮埃尔·里维耶的体貌特征

维尔区的王国检察官要求诸位司法警察官员做出最积极主动的搜捕，以便逮捕嫌疑犯皮埃尔·里维耶，此人杀害了他的母亲、弟弟和一个妹妹。

他的体貌特征如下：
年龄：20岁。
身高：5尺。
头发和眉毛：黑色。
胡须：黑色，有点浓密。
前额：狭窄。
鼻子：中等。
嘴巴：中等。
下巴：圆胖。
脸部轮廓：椭圆，丰满。
脸色：黝黑。
目光：斜视。
头部向前倾斜，
走路一颠一跳。

身穿着一件蓝布罩衫，头戴一顶鸭舌帽，脚穿一双高帮皮鞋。里维耶身无分文，以行乞度日。

本月21日，有人看见他在洞弗宏（Domfront）区的弗莱尔（Flers）[1]镇。

本月10日，维尔区的初审法官先生发出了对皮埃尔·里维耶的逮捕令。此人一旦被捕，务必将其押送至该法官面前。

1835年6月23日，于检察院。

王国检察官

罗贝尔（Robert）

附注：王国检察官建议诸位治安法官先生将该犯的体貌特征信息转交给区上的各级行政长官和乡村警察。

六　欧奈镇镇长给王国检察官的信

1835年7月24日，欧奈

王国检察官先生，

我很荣幸地把随信附上的报告转交给您，在本镇的乡村警

1. 洞弗宏区（arrondissement de Domfront），现为法国奥恩省的一个旧市镇，2016年与相邻的另外两个市镇合并为“洞弗宏昂普瓦莱”（Domfront en Poiraie），位于欧奈镇以南60千米。弗莱尔（Flers）现为法国奥恩省的一个市镇，位于欧奈镇以南前往洞弗宏区的国道上，距离欧奈镇40千米。——译注

察抓捕到杀人犯皮埃尔·里维耶返回之后，他们把该报告转交给我。有关该犯的情况，我在22日给您的信中已经告知过。虽然为了最终抓获上述人犯里维耶，抓捕行动可能完全充满干劲，但是此次活动并没有什么成效。

如果弗莱尔的宪兵对该案早有充分的了解，我们完全有理由相信，该犯早已经被捕了，因为他在弗莱尔镇附近的一家小酒馆门前暴露了至少三到四个小时，他手里拿着一本书，39
在那里阅读。根据公众得知我们已经展开抓捕行动时所说的，从此人的外表来看，我们一点也不会怀疑他有能力制造凶案，大家也仅仅是把他当作一个精神病患者，而现在全乡镇的人都能认出他，所有的人都认为他不久就会受到法律的制裁。

欧奈镇镇长

奥尔松（Harson）

据乡村警察的报告称，皮埃尔·里维耶在弗莱尔附近前往洞弗宏的国道上，被一个苹果酒商所发现。

他在沿着篱笆和干草垛寻找番红花的球茎充饥。弗莱尔乡村警察的一个小孩邀请他去家中，要给他一片面包。他多次致谢后才接受下来。小孩问他是哪个地方的人，他回答道他四海为家，然后他说他来自欧奈。

七　朗加内耶的宪兵队长讲述皮埃尔·里维耶被捕的笔录

今天是1835年7月2日，下午五点。

本人，驻扎在卡尔瓦多省朗加内耶[1]的谦卑的宪兵队长，签名下附。兹证明在通往朗加内耶的国道上，我碰到了一个看似可疑的人；我就上前盘问，问他从何处来；他说是四海为家；再问：您要到哪里去？答：到神要我去的地方去。通过对他的检查，我认出此人正是欧奈镇的人犯皮埃尔·里维耶，他杀害了他
40 的母亲，他的弟弟和他的妹妹：因为他与我们长官所提到的体貌特征一致，维尔检察院于1835年6月10日下发了关于该犯皮埃尔·里维耶的逮捕令。我们把他带到营房，将其扣押。我们询问了他的姓氏、名字和住址，他回答说他姓里维耶，叫皮埃尔，住在欧奈镇；我们询问为何他要杀害他的母亲，他回答说她在神的面前有罪。我们同样也问他为何杀害他的弟弟和妹妹，他说因为他们和他的母亲是一伙的，也都有罪。他随身带了一些木头做的小物件，有一截绳子连接着木棍的两端，形成一把弓；其他一些木棍则加工成弓箭，在木棍的一端插着大头针的钉子。我们还在他的鸭舌帽里发现一张持枪证，是于1829年10月30日

---

1. 朗加内耶（Langannerie），现名格兰维尔—朗加内耶（Grainville—Langannerie），位于卡昂以南23公里。——译注

签发给住在拉毕涅（la Bigne）[1] 的勒费夫（Lefèvre）和让—德尼（Jean-Denis）的。人犯里维耶说，这是他在通往于克（Jurques）村的国道上捡到的。我们问他把行凶时所使用的砍柴刀如何处置，他说他已经扔在离欧奈不远的麦田里了。然后，我们把他羁押在看守所内，以便移交有关方面，共计有：案犯本人、两把小刀、一把小折刀、一截硫磺棒 [2]、一段细绳子。

于朗加内耶，年月见上。

签名见下

八　法莱斯的王国检察官给维尔的王国检察官的信

1835 年 7 月 3 日，

王国检察官先生，

我很荣幸地告知您，日前寄送给我其体貌特征的案犯皮埃 41

1. 法文版原文为 la Bigue，或为编校者失误，应为 la Bigne。按：欧奈镇正南方向 90 公里，确实有一个村庄叫拉比各（la Bigue），隶属于尚佩翁（Champéon）镇，属于马耶讷大区（Mayenne）的勒奥尔普县（Le Horps）。而卡尔瓦多省维尔区的欧奈镇辖区内也有一小村庄拉毕涅（la Bigne），正好与后文提到凶手捡到持枪证的于克村（Jurques）相邻。——译注

2. 硫磺棒（bâton de soufre）是硫磺制成的金黄色小棒，直径约 2 厘米，长约 8—9 厘米，是一种在西方民间频繁使用的外用药物。原产地为南美洲，经意大利而传到欧洲，北美。据信将其涂抹在疼痛部位或发炎部位，可以起到止痛和消炎的效果。——译注

尔·里维耶，已于昨天在我们区的一个市镇被捕。他现在正关押在看守所里。他刚一到就试着想逃跑，不过为了预防和阻止他的逃跑，我们已经采取了一些措施。他有一些随身携带的物品。今天早上，我见到了他，但是他不想回答我向他提出的任何问题。我已要求将其移送给您，同时将扣押的里维耶的物品一并移送。

王国代理检察官

雷诺（Renault），代理检察官

九　报刊文章

《卡尔瓦多领航者报》[1]，1835年6月5日

奥东河畔欧奈（Aunay sur Odon）来稿，昨天，6月3日：一起案件，或者毋宁说一起连环杀死三人的可怕凶杀案刚刚给我们当地带来恐慌：马车夫里维耶先生，与妻子婚姻不和，其妻性格彪悍，她不想与丈夫继续生活。在频繁的吵架之后，里维耶夫妇就分居了，婚后他们育有五个子女，妻子分得两个，丈夫分得三个，其中最年长的孩子就是本案的凶手。我

1.《卡尔瓦多领航者报》（*Le Pilote du Calvados*），为卡尔瓦多省的当地报纸，创刊于1830年，原名《领航者报》，1831年改为《卡尔瓦多领航者报》，1857年停刊，出版社位于卡尔瓦多省的省府卡昂，主要涉及政治、商业和文学，每周三期。——译注

将向大家报道的正是此人。据说，自从某时开始，这个年轻人似乎无法运用他的全部道德功能，而且发展得很少。他看到他的父亲忍受着妻子无尽的烦恼，因此，他就想要帮父亲摆脱这种烦恼。于是，他就在今天早上去了母亲家，用一把砍柴刀致母亲于死命。这名妇人当时还怀有七个月的身孕。然后，他又砍向大约18岁的妹妹和7岁的幺弟，二人皆遭杀害。这个愤 42
怒之人的母亲差不多脑袋和身体已经分家了。在连杀三人之后，这个疯狂的人就逃走了，不过在大家读到此报道之时，他应该已经被抓获了。他现年20岁。当儿子在实施他的凶残的解决方案之时，他的父亲估计正在村里的田野上劳作。当局刚获悉案发的消息，就立刻前往场面骇人的案发现场福克特耶村，并撰写了它的笔录。（文章几乎是逐字地转自1835年6月8—9日的《法庭公报》）

《卡尔瓦多领航者报》，1835年6月7日

尽管我们已经获悉了里维耶在星期三上午所犯下的三重谋杀，而且搜捕行动在其家乡也已经展开，但该嫌犯却一直逍遥法外。他可能在欧奈镇周遭的森林里避难，他需要离开欧奈，因为他不想在一开始就被抓住。

《卡尔瓦多领航者报》，1835年6月17日

截至目前发稿时，我们之前所报道的三起凶杀案的肇事者，那个欧奈村的年轻人里维耶依然没有被抓获归案。有个卖

鱼的声称，数天前在欧奈村周边的一个村庄曾见到过嫌犯。他认出了嫌犯，并把自己的所见汇报给了执法机构，但是想抓捕他归案已经太迟了。此外，我们也只是报告了谣言。当地的很多人认为，这个可怜虫在第一天就已经自杀了，他的尸体会在
43 某个池塘里被找到。

《卡尔瓦多领航者报》，1835 年 7 月 5 日

我们之前报道过的三起凶杀案的肇事者，案犯欧奈镇的皮埃尔·里维耶已于前天，7 月 2 日，被朗加内耶的宪兵队长抓获归案。在被抓获的时候，他随身带有一把弓和一支箭，两把直刀和一把小折刀。同时还随身搜到一截硫磺棒。

《法莱斯报》，1835 年 7 月 8 日

杀害其母亲、弟弟和妹妹的欧奈镇的皮埃尔·里维耶，已于周四（按：即 7 月 2 日）在朗加内耶被宪兵队长抓获，并于同一天送往法莱斯的监狱。此人在森林和山野里逃亡了一个月。其中有几天，似乎他用案发之时顺便拿走的钱，跑出来买面包和其他吃的。自此之后，他就以草根、树叶和野果为食。据他所说，在被捕之前，他在桑格莱[1]的森林里待了三天三夜。他做了一把弓和一支箭，想尝试射杀一些鸟，不过他一只也没有命中。在他被捕的时候，人们发现他带着这把弓。他声称，

1. 法文原文作 Cingalis。按应为桑格莱（Cinglais）镇，位于欧奈镇以东 20 千米。——译注

他的行凶是上天的命令；天父在众天使中向他显现；他被上帝之光所照耀；上帝对他说，做他要做的事；而且上帝向他保证，决不丢弃他。在回想起行凶过程的时候，他表现得毫无情感，毫无悔意。他说，这件事必须发生。按照他的说法，他已经策划好了行凶过程，并且提前好几天就磨利了斧子，只等着时机的到来。他好像还真相信他即将获释，再送回到森林里。 44

里维耶是中等身材，褐色头发，面色红润。他以一种阴郁的方式低下眼睛，好像害怕看到跟他说话之人的脸。他回答所有的问题都只用一个单音节词[1]。他的回答要么狂热，要么愚蠢，但都是一脸的严肃。真是一个冷酷的狂热异端。他说他读过许多书，尤其是宗教方面的。他提到了他的神父借给他的《蒙彼利埃的教理问答》，这是他的首要读物。他还严格遵守教会的各种规定，既不与同龄的其他年轻人玩耍，也没想要找个女朋友。目前他吃得比较多，就像一个很是挨饿的人。他睡得似乎很安静，内心没有歉疚。

在法莱斯所做的关于此人的观察报道就是这些了，假如他干的这些残忍的事情不是因为大脑混乱所致的话，那他就是我们这个时代的魔鬼。今天早上，他已经移送维尔市，在那里即将完成对他的初审。他可能会在接下来的卡尔瓦多的重罪法庭上得到宣判。（该文的大部分内容转载自 1835 年 7 月 18 日的《法庭公报》）

1. 法语对话中使用的单音节词，如是的（oui），不是（non），啊（ah?），您（vous?）等等。——译注

第二章

初　审

一　皮埃尔·里维耶的第一次讯问（1835年7月9日）

1835年7月9日，维尔区初审法庭，刑事初审法庭。我们是上述区的初审法官埃苏拜赫·勒格汉（Exupère Legrain），和协助者书记员提奥多·勒布略（Théodore Lebouleux）；执行于1835年6月10日颁发给我们的对人犯皮埃尔·里维耶的逮捕令。

上述人犯里维耶到庭，我们对其进行口头讯问，过程如下：

问：你的名字，姓氏，年龄，职业和住址？

答：皮埃尔·里维耶，20岁，农民，生于库尔沃东（Courvaudon）[1]镇，家住在欧奈镇。

问：你因何动机杀死你的母亲、你的妹妹维克多莉和你的

---

1. 库尔沃东镇位于欧奈镇的正东方向，相距5千米。——译注

弟弟于勒？

答：因为上帝命令我这么做，为了证明神的旨意。他们是一伙的。

48 问：当你说他们是一伙的，是什么意思？

答：他们三个一起虐待我父亲。

问：你刚才给我说，上帝命你杀掉你所指责的这三个人。但是，你应该很清楚，上帝绝不会让人去犯罪。

答：上帝让摩西处决那些金牛犊的崇拜者[1]，即便他们是朋友，或是父子，也概不赦免。

问：这是谁告诉你的？

答：我从《申命记》里看到的：摩西在给利未人祝福时说，你们的荣耀与你们的富足都归于你们所选的圣人。他在谈论自己的父母时说，我不认识你们。对自己的兄弟说，我不认识你们。[2]这就是天主（Seigneur），他看管着你们律法和你们的盟约；当你们愤怒时，他焚香安抚你们。

问：那你看了很多遍《圣经》吗？

答：是的，我看了很多遍《申命记》和《民数记》。

---

1. "摩西挨近营前，就看见牛犊，又看见人跳舞，便发烈怒，把两块版扔在山下摔碎了，又将他们所铸的牛犊用火焚烧，磨得粉碎，撒在水面上，叫以色列人喝。（32：19—20）……那一天百姓中被杀的约有三千。（32：28）耶和华杀百姓的缘故，是因他们同亚伦作了牛犊。（32：35）"参见和合本《旧约·出埃及记》第32章，第4—35节。——译注

2. "他论自己的父母说：我未曾看见，他也不承认弟兄，也不认识自己的儿女。"参见和合本《旧约·申命记》第33章，第9节。——译注

问：你难道不是从书中这些你并没有理解的段落中得出了一个非常有害的结论？

答：我的父亲已经被虐待了，人们会怀疑神的旨意的。

问：你什么时候养成了阅读《圣经》的习惯？

答：从很久以前，从两三年前吧。

问：你通常也读敬拜的书吗？

答：是的，我读过《蒙彼利埃的教理问答》（*Catéchisme de Montpellier*）[1]。

问：在此之前，你还读过完全是其他种类的书吗？ 49

答：读过。我用了大约两个小时翻阅过一本书，名叫《梅叶神甫论健全的思想》（*Bon Sens du curé Meslier*）[2]。

问：在阅读过程中你对这本书有什么印象，你都看到了什么？

答：当时我并不信教。我怀疑宗教。当然不是这本书使我不信教的，但是它证实了我的疑惑。

问：你想说的其他书是什么呢？

答：我在历法书和地理书里看到，地球可以分成好几个部分，我就怀疑亚当是在其中的一个部分上创造出来的，他可能

---

1. 参见边码 35 页的脚注 1。——译注

2.《梅叶神甫论健全的思想》，该书注明由让·梅叶神甫撰写，但实际上是由法国唯物主义哲学家霍尔巴赫（Holbach）撰写，于 1772 年首次托名出版。让·梅叶（Jean Meslier，1664 年—1729 年），法国天主教神甫，空想社会主义者，唯物论和无神论者。其去世后被发现一部“遗嘱”（*Testament*），为宣传无神论和唯物主义的哲学论著。霍尔巴赫即伪托此书。——译注

是其他人的后代。

问：在6月3日行凶之前，你是何时设计了那个邪恶的计划？

答：两周前。

问：为什么你有这样的计划？

答：因为我父亲遭到虐待。而我见到了上帝，他让我做这件事。

问：给我讲讲你所见到的？

答：因为我父亲所遭受的虐待，我也无法做工。当时我正在田里，然后上帝就在天使的陪伴下向我显现了，命我去验证他的神意。

问：在你给我所讲的这些话之前的很长时间，你就已经对你的母亲、你的弟弟和妹妹，同样也对你的父亲，都表现出了憎恨之情。

答：因为我母亲的所作所为，我就不喜欢她，然而我从未对她有过邪恶的念头。此外，上帝的诫命也禁止我伤害她。

50 问：那后来你是怎么相信，世上还有完全相反的诫命呢？

答：即便会有相同的诫命，我也是格外被上帝眷顾的，就像利未人一样。

问：你说一些荒诞的、大逆不道的话，你说上帝命你这样做，想为你的罪行开脱；你还不如坦白，你生来不幸就有一种残暴的性格。你就想沉浸在你已经憎恶了许久的母亲的鲜血中，自从你母亲有了一个要与你父亲合法分居的计划以后，你就尤其憎恨她。

答：我再重复一下：我所做的事情，是上帝命令我去做的。神甫先生曾给我父亲说，敬拜神可以使他安心，神会帮助他摆脱困境。假如说他没有摆脱困境，那么人们会质疑神的存在，质疑神的公正。

问：行凶的两周前，你所说的在田里经历的那些事，你有透露给其他人吗？

答：没有。

问：既然你担心会被迷乱的幻象所迷惑，为什么你不咨询一下明白人，把自己的念头讲给他听？

答：我认为没必要这么做。

问：不过，你好像以前也去告解忏悔过，你在复活节的时候也去领圣体，你去咨询一下你的告解导师应该不是什么难事。如果你做了这个明智的决定，三位受害人就不会死。为什么你没有这么做？

答：我没有这么做，并且我认为我也没必要这么做。 51

问：你多次表现出对父亲的憎恶之情，这不是真的吗？

答：这不是真的。

问：有人说你小时候曾干过各种冷酷残忍但审慎缜密的事，比如把小鸟放在两块石头之间磨死，再比如你手持各种凶器追逐并以死亡来威胁跟你玩耍的小伙伴？

答：我想不起干过此事了。不过，我曾向小鸟扔过几次石头，砸死过几只，就像小学生杀死公鸡一样。

问：在你逃走之后，有人看见你在弗莱尔镇看一本书，你在干什么？

答：我随身就没有带书，我没看书。

问：在这一点上你必须坦白。因为有人看见你在弗莱尔镇，手里拿了一本书。

答：那可能是我的那一本老历书，我给你看过了。我还有几页纸。

问：当你被捕的时候，你手里拿着弓和箭之类的东西，你拿它们干什么？

答：我想用它们射杀一些鸟。

问：你随身还带着硫磺，你想拿它干什么？

答：用它在树林里生火。

问：你想在树林里生活吗？

答：是的。

问：在你的物品中，还有两把小刀？

答：是的。在我父亲家的时候，我就经常拿着这两把小
52 刀，然后我就把它们拿出来了。一把用来挖根茎，一把用来刮皮。

问：你很理智，因为你知道你不可能逃过法律对杀人犯和弑亲者的惩罚。何以这个想法没有让你从你所犯之罪上回头呢？

答：我顺从上帝，我不认为在证明上帝的神意上会有错。

问：你很清楚你的所作所为是错误的，因为在行凶之后，

你不就立刻逃走了吗？在很长一段时间，你不都在躲避所有的追捕吗？你在树林里生活不也是小心翼翼的吗？

答：我隐匿在树林里，是为了离群索居，独自一人在树林里生活。

问：如果在树林里离群索居是你的目的，那为什么你在杀死你的亲人之前不隐居？

答：在行凶之前，我还没有这样的目的；经过这个行为，我把自己奉献给了神，于是我想要遁世隐居。

问：直到目前为止，你还想强词夺理，没有向真相表达敬意。昨天你好像有更好的说辞整理，今天就都告诉我们吧，是什么原因使你杀害了你的母亲、你的妹妹和弟弟？

答：我在坚持一种我不再想长期坚持下去的策略和角色。
我要讲出真相。我干了这些事情，为了使我的父亲脱离囹境。
我想让他摆脱那个恶毒的妇人，自从她成为他的配偶之后，她
就不断地摧残他，糟践他，置他于绝境，以至于他多次想要自 53
杀。我杀死我的妹妹维克多莉，因为她跟我母亲是一伙的。我
杀死了我的弟弟，因为他爱我母亲和我妹妹。

至此，被告给出了一份条理清晰、细节丰富的陈述，过程持续了两个多小时。据他所说，这是对他父亲所遭受的来自他母亲的无数次欺压的历史。里维耶答应转交给我们一份材料，他把那些说给我们的内容都写了下来。

二　证人的证词

1835年7月15日

米歇尔·阿尔松（Michel Harson），57岁，农户主，欧奈镇镇长：

在皮埃尔·里维耶作案之前，我对他知之甚少，基本上有两年时间，我就没见过他，或者见到了也没有注意；我时常听到人们议论他，因为他头脑狂热而顽固，如果他的念头使他成了这样，那是因为他父亲和他的家庭的劝诫未能使他偏离去干那一件事。这个年轻人没有朋友，据我所听到的，他这辈子去酒吧的次数都没有三次。

我不太了解被告人的父亲和母亲之间已发生吵架的情况，但是我听别人说，他们夫妻关系不和，且由来已久，在案发之时，他们已经分居生活。里维耶的父亲性格太软弱，证人们多次见到他和他妻子吵架，他们都批评妻子的不是。

54 在案发之前和之后，我都没有听到有人指责嫌疑犯，说他表现出一种暴戾的倾向。

我知道他不和其母亲同住，而和他的父亲相处得很好，不过我压根不知道，他对父母的吵架有自己的看法；我从来没有听说过，他的母亲讨厌他。我注意到我是住在欧奈镇上的，而里维耶家则住在离镇上五里远的小村庄，这种情况就使我无法获得除了刚刚给你们的信息之外的其他信息了。

泽菲尔·泰奥多·莫兰（Zéphyr Théodore Morin），31 岁，医学博士：

在案发之前，我从来没有听说过里维耶这个人；今天，我在拘留所里见到了他，我不记得之前是否见过；直到案发之后，我才在公共场合听说，并听他父亲亲口说他性格倔强，一旦决定要做一件事，九头牛都拉不回来，即便是他所尊敬的父亲也不能。据说被告人总是离群索居，跟同龄的孩子完全没有来往。

我对被告人的父亲和母亲之间发生的争吵完全不了解。不过，所有人都知道他们的婚姻生活非常糟糕，大家普遍指责他母亲很过分。

博屈艾（Beauquay）镇[1]的一位名叫阿迈勒（Hamel）的先生告诉我，案发前的几日里，他听见被告人讲着一种怪里怪气的话，让人觉得他要么是傻子，要么是为了逃避服兵役而装疯卖傻。 55

我这里无法再提供其他信息了；也许可以从福克特耶村里维耶家的邻居们那里获得其他信息。

1. 博屈艾（Beauquay），今作 Bauquay，是法国卡尔瓦多省的一个市镇，属于维尔区奥东河畔奥奈县。与欧奈县东北方向毗邻。——译注让—路易·苏里雷（Jean-Louis Suriray），43岁，欧奈市镇的本堂神甫：

被告人总是向我表现出一种非常软弱的性格，他在他们村以及整个教区都被当作傻子看待，不过通过与他的几次对话，我并不这么认为。相反，我总是察觉到他在科学方面的才能，以及一种非凡的记忆力；不过，似乎他有一种在幻想中的怪癖（un travers dans l'imagination）。

我在公共场合也听说，他曾经在他家的院子里拿着长柄大镰刀追逐跑来的小孩子；不过也有人说，这不代表他的本意，这只是一个玩笑。毫无疑问，倘若没有他的行凶杀人，人们也只能想到这一点。

在不同的时期，被告人的邻居们似乎都看到过他的一些所为，这些事情表明了一个精神错乱的状态。我可以给你们一些目击证人：欧奈的老镇长加布里耶—皮埃尔·雷图，尼古拉·里维耶，夏尔·格雷莱，拉米·比奈，路易·阿迈勒的妻子，寡妇凯奈尔以及皮埃尔·福尔丹。

1835年7月16日

加布里耶—皮埃尔·雷图（Gabriel-Pierre Retout），63岁，地产主和农民：

我对被告人所知甚少，所以对于他的性格及其既往，我都无法给出有用的信息。我只记得大概是六到七年前，我正在路

边的田地里休息，就听见路上传来好像是在狂怒中对骂的两 56
个声音，相互骂道：你这个混蛋，我要割断你的喉咙，还有其他的混蛋；我被吓到了，就起身透过田边篱笆旁的一个缺口看看究竟。我一眼就瞧见了皮埃尔·里维耶，他独自一人，正缓步向前，神态自若，说着我刚才提到的恐怖的话。你这是在干什么？我问他；被告人中断了对话，看了看我，没有回答，然后继续向前走去。当走出去一段距离以后，我听见他又开始说话，只不过没有刚才那么大声。

皮埃尔·福尔丹（Pierre Fortin），50岁，木匠：

我认识里维耶，当他小的时候，他很喜欢学习阅读和写作。从他10岁到12岁时开始，他似乎不再如前，似乎变成了傻子，表现得极其顽固，当有人跟他打招呼，他熟视无睹；他独自去教堂，并独自回来，他总是一副羞怯的样子，几乎不与任何人说话，他经常耷拉着头，目光朝下，好几次，他无缘无故地咒骂他的马，对于他的性格，他的父亲似乎多次向我表示痛心，他说他永远无法为他的儿子做任何事。

在行凶之前，我全然没有察觉到被告人有暴虐的迹象。

我的一个孩子（我的女儿）对我说，大概三年前，她看见皮埃尔·里维耶在我们家的顶楼里大声说话，身体扭曲古怪；尤其是她看见他亲吻大地，用胳膊摆出许多姿势。当被告人觉
察到有人在看他时，他就逃走了，他从建筑物的后面下去，然 57
后翻过一道篱笆墙，毫无疑问他是不会再回来了。

里维耶的父亲是最软弱的人；在他与妻子发生的那些争吵中，后者都是不对的。

在6月3日里维耶想要杀害他母亲之前，我没有再听说过他。但是有一天，他的父亲跟我说，被告人比他更憎恨他的妻子。如果他能有他儿子皮埃尔的那种性格，那么维克多莉·布蕾雍就不会如此心安理得。

我只能提供这些信息了。

皮埃尔，绰号叫拉米·比奈（Lami Binet），59岁，短工：

我和里维耶的父亲在一起做工很久了（大概有五到六年）；我在采石场开采碎石，里维耶的父亲负责用车拉走；他儿子帮他把碎石装车；有一次，他父亲发现车已经装满了，于是就对他儿子说，不要再装石头了；被告人还继续装，就好像没听见一样。他父亲再三说，这是白辛苦；他父亲不得已只好亲自上到车上，把他觉得多了的石头又扔到地上；但是他才稍微远离了一下车厢，比如忙着去调整马匹准备离开，儿子就把父亲已经扔下去的石头又装回到车上。他的父亲对儿子的顽固倔强抱怨过多次，还说有这样的儿子真是非常不幸。

在同一时期相隔不远的一天，当时我也在场，被告人的父亲叫被告人去饮马，被告人驾马飞驰，横穿田野，他父亲则在
58 后面追他，最终把他带了回来。半个小时之后，虽然他的父母指责了他，但是他还是骑着当时他父亲正急需的马，逃之夭夭了。此前稍早，他父亲曾给我说，当时他与儿子都正在地里，

他儿子对他说，他想当一个有角的动物，他想要撒蹄子乱跑。他父亲继续说，事实上，被告人已经撒蹄子乱跑横穿田野了，完全不见了踪影；在寻找到他之后，发现他在马厩里，脱得一丝不挂；他父亲问他为什么是这般模样，他只得回答说，他脱掉了他的衬衫，因为它太湿了。

我只能提供这些信息了。

玛格丽特·高勒维尔（Marguerite Colleville）女士，绰号为“拉瓦莱特”（Laviolette）的路易·埃贝尔（Louis Hébert）先生的配偶，58岁，农民：

我是里维耶家的邻居，我多次见到被告人干出那些异常的和荒诞的事情：有一天，我见到他在用一根棍子劈砍他父亲菜园里的卷心菜，他一边劈，一边大声喊，他喊的是：*右、左、左、右*；这样的事他还做过几次。

皮埃尔·里维耶通常晚上才出门，当他走过我家门前时，他大声喊叫，发出悲哀的声音，哎呀！哎呀！别人就问他为什么这样喊叫，他用一种似乎表示出恐惧的语气回答说，哎呀！哎呀！魔鬼！魔鬼！与此同时，他又放声大笑起来。

三四个月前，被告人帮他的祖母用车拉厩肥；他没有按照父亲的建议，把粪肥堆放在另一堆的底部，而是试图把装载的粪肥都堆到粪堆的顶上去。这一堆粪肥大概有三法尺[1]高，而 59

1. 法国古长度单位，1法尺相当于32.5厘米。3法尺接近1米。——译注且就在粪坑旁边。我对被告人说，他会害死他的马的。他回答道，“我说它到哪里，它就必须到哪里。”他对他的马说，“你到那里去，因为是我命令的。”果不其然，他粗暴地驱赶着他的马，要把车开上粪堆，马摔倒在地，我想马肯定受伤了；我丈夫和里维耶的父亲赶紧跑过去，立即把马救了出来，当时的处境真的是很危险，他父亲厉声斥责他，他一言不发。

大概两年前，有一天，我坐在被告人的旁边，想要跟他的祖母聊天，她想与我说说话。里维耶连忙后退，好像他非常害怕。他的祖母对他说，“你这是怎么了？”他回答说：“哎呀！魔鬼！魔鬼！”大家问他想要说的这些是什么，他回答说路上有魔鬼。里维耶似乎经常是用相同的方法来对待其他的女性，他好像觉得她们很恐怖。

据我所知，被告人总是喜欢离群索居，他经常藏到别人找不到的地方，或者只有当别人叫了很多遍时，他才回应。一天晚上，他的父亲找他找了很长时间，不知道他出什么事了。最后发现他藏在自己家的顶楼里。我看他父亲从未教训他，因为他父亲性格太软弱，太能忍耐。

大概两年前，被告人的父母不在家，只有他和凯奈尔（Quesnel）夫人在家；他弟弟普罗斯佩有一只松鸦，而且他也很喜欢它，但是它快要死了。一天早上，这只松鸦就死了。凯
60 奈尔夫人指责皮埃尔·里维耶弄死了松鸦，但是里维耶坚决否认。皮埃尔·里维耶叫来了一些村里的小孩，举办了一场模拟的葬礼，他把松鸦埋葬在离房子不远的地方；坟墓上还写了

祭铭，我只记得这些话："在这里安息的是普罗斯佩·里维耶的松鸦——夏洛，……"，还有其他的话，但是我想不起来了；被告人此时已经 18 岁了。

其他情况我就不知道了。我只补充一点，在我们镇上，人们都把被告人视为一个傻子。

热奈维耶·里维耶（Geneviève Rivière），让·凯奈尔（Jean Quesnel）的遗孀，36 岁，家庭主妇：

里维耶有一个固定的习惯，就是躲避在偏僻的地方，他逃离人群，以便在去教堂和回来的时候，他不用继续走那条常走的小路；他抬着头自言自语，好像是在跟树说话；有时候，他会厉声尖叫。当有人问他为何会这样的时候，他时而回答说他在和仙女说话，时而回答说他在和魔鬼说话。有好几次，他在壁炉前叫住我：您快来看，您快来看，我就过去看看究竟，他对我说：您看，魔鬼就在那里呢！还有一次，他对我说：嘿，您瞧！莫埃勒（Mourelle）在磨牙呢（莫埃勒是他父亲的一匹老母马，他经常跟这匹马说话）。他的双亲总是尽其所能地隐瞒儿子的怪异行径；他似乎害怕猫和母鸡，尤其是害怕女人；经常是当我靠近他时，他因为害怕而立即向后退；当我问他为何他会后退时，他以放声大笑作为回答；当有人就他的那些怪诞行径而质问他，或者指责他的时候，这就是他惯常的反应。 61

就在案发的两周之前，里维耶走过我们家门前，叫住我；我问他，你要去干什么？他回答，我要去见魔鬼；与此同时，他放声大笑，继续赶路，朝他父亲的小树林走去。

两年前，里维耶父母不在家的时候，我帮忙照看他们家；他弟弟普罗斯佩把他的松鸦用心托付给我，他非常喜欢这只松鸦。我就给皮埃尔说，让他给松鸦找点吃的，他在我面前照做了；松鸦似乎很正常，但是到了第二天早上五点钟，我发现它死在了笼子里。我指责皮埃尔弄死了松鸦，他说不是他干的，但是他边说边笑；语气和神色都让我断定我的指责是对的。当天晚上，他叫来一些小孩子，做了一个木头的十字架，举行了一场模拟葬礼，然后把松鸦埋入土中。

就在差不多两年前，里维耶经常在他的阁楼里做东西，用小刀和他从邻居家弄来的一些小工具，还有各种各样猜不出用途的木头片；不过，我家孩子跟我说，他所做的好像是一把火枪；里维耶还给这个东西起了个名字，叫“卡力倍”（calibine）。[1] 有一天，他带着村里的一帮孩子，把它埋在了草地里。两三个月之后，他又带着孩子们去把它挖了出来：这就是大约两年前所发生的事情。

维克多·玛丽（Victor Marie），26 岁，夏尔·格雷莱（Charles Grelley）先生的仆人：

两年前，我看到皮埃尔·里维耶手里握了一把大镰刀，威
62 胁他的一个弟弟，这个弟弟在八九个月之前刚刚死去；当时小

1. 里维耶在其《回忆录》中记录的叫 calibene。参见边码第 156 页。——译注

孩子边哭边喊叫，我就问皮埃尔，您这是想要干什么？皮埃尔不再把大镰刀指向他的弟弟；但也不回答我的问话，小孩子对我说：皮埃尔想要砍掉我的双腿。

据我所知，被告人经常以吓唬小孩子为乐。有一天，大概是一年前，他抓住夏尔·格雷莱的儿子，把他放在马正在吃草料的石槽中，并说要让马把他也吃掉；小孩子哭着跑回了家，然后讲述了刚才发生的事情，而我就是他家的仆人：这个小孩真的是被吓坏了，很长一段时间他都不敢从里维耶家的门前经过。

我还听大家说，被告人多次虐待小鸟和青蛙，他把青蛙皮剥掉，把小鸟活生生地钉在树上。

米歇尔·纳提维尔（Michel Nativel），38 岁，制麻绳匠：

在五六年之前，当时我在里维耶家中，碰见了普罗斯佩·里维耶，当时有六到七岁，坐在炉灶前的凳子上，他的双脚被绑在挂锅铁钩上，在双脚的下面，火焰越烧越大，眼看要烧到他的脚了；小孩子已经感觉到这种烫，然后哭了起来；他父亲的姑妈正好背对着火炉，跟聋了似的完全没有听见；皮埃尔·里维耶在房间周围转来转去，发出古怪的笑声，傻子一样的笑声；我赶紧跑过去，解开并剪断把小孩双脚和铁钩绑在一起的绳子，这时火苗已经把他的袜子烧焦了，我看如果我没有及时赶到，恐怕这个不幸的孩子，他的双腿就会被烧伤的。我 63
严厉训斥了里维耶的所作所为（因为孩子跟我说，那是里维耶给他绑的），他也不回话，继续发出怪异的笑声。

我好几次都看见他在笑个没完没了，笑了整整一刻钟，就一直像傻子一样笑。

他总有想要吓唬小朋友的习惯，而我担心他会伤害到他们；当我出去的时候，我往往建议大家不要让小孩子们留在里维耶走的那条路上。我好几次见到他把小孩子抱到井边，吓唬他们说，我要让你掉下去或者我要把你扔进去。

里维耶不喜欢猫。有一天，他杀死了我的一只猫，他是用粪耙将它杀死的；我不知道他之后把尸体怎么处置了，不过，我听他的弟弟和妹妹们说，他以折磨小动物为乐，当他杀死了某一只动物之时，他会像一个傻子在动物面前狂笑。有人告诉我，他曾把青蛙和小鸟钉死在十字架上，然后，他一边盯着这些可怜的动物看个不停，一边狂笑不止。

皮埃尔·阿尔芒·格维庸（Pierre Armand Quevillon），24岁，农民：

我经常见到里维耶无故发笑。我见到他在地上打滚，当有人问他为何如此，他以笑作为所有的回答；我认识他的时间不长，其他事情我就不知道了。

路易·阿迈勒（Louis Hamel），58岁，消防员：

大约三个星期以前，我曾有机会见到过被告人；在他的目
64 光中似乎有某种异常的东西，似乎显现为疯狂（la folie），他

拒绝跟我们坐同一桌，尽管当天他和他的马都要我们帮忙。我们需要在要砍倒的那棵树的最高处系上绳子，我笑着对被告人说，皮埃尔，你，去系绳子去；我自然很怀疑他是做不到的，尤其是已经下雨了，而且当时，爬上其他树上去绑绳子的工人都拒绝爬上这棵树。然而，里维耶并不着急，他敏捷地爬到了山毛榉树的顶端，高度超过了三十尺，那里几乎没有树枝了，他爬得比要绑绳子的地方还要高；他下树也非常迅速，直接从十到十二尺高的地方跌落下来。他的所作所为向我证明了他是个疯子。

那天下午，由于他要驾驭他的双轮马车，因而我看到他无缘无故地粗暴虐待他的马。当我们到达鲁康普（Roucamps）[1]的山丘顶之时，我发现里维耶车上拉的木材已经滑到了马匹的那头，如果马车下山时木材还在那头的话（下山速度很快），马匹有可能会被压死或者压至残废。我大声喊他停下来；他并没有听我的，而是想驾车继续前行，他是如此坚决，以至于我不得不跳到他前面来阻止他；对于我所有的指责，他都只是发笑，而不予回应，只见他低着头，一副疯子的神情。我的儿子跟我说，当他和里维耶一起去学校的时候，他看见里维耶用钉子把青蛙和小鸟钉在十字架上，然后对着它们发笑，直到它们渐渐死去，他经常会在他的口袋里带一些钉子，就是干这个事的。 65

1. 法文原文误为 Roncamps，按应为 Roucamps，鲁康普镇位于欧奈镇正南方向 4 千米。——译注

1835年7月17日

夏尔·格雷莱（Charles Grelley），49岁，商人：

关于里维耶的性格及其既往，我只能给您提供很少的信息。因为我住的地方离他们家住的地方非常远。我只想告诉您，他通常被视为一个疯子，当人们聊起他的时候，人们通常称为里维耶家的傻子。我只见过他一次，当时他有10岁或者12岁，他用一种刺扎烂并撕扯他的手帕，就好像在梳理麻线。我听说（不过对此事我自己并不知情），里维耶对动物经常表现得很残酷，当他在草地里碰到青蛙、田鼠时，便虐待它们来取乐。

三　皮埃尔·里维耶的第二次讯问（1835年7月18日）

本人，即上文提到的初审法官埃苏拜赫·勒格汉，由总书记员彼多先生（M. Bidaux）从旁协助。我们前往案犯里维耶所在的新监狱，再次质询如下：

问：你给我的手稿以及那份本月9日讯问之后你所撰写的材料，它们都是真的吧？

答：是的。

问：你确定在你的记忆中没有漏掉什么东西？比如你就没有说，有一天你把你的弟弟普罗斯佩的双脚绑在挂锅铁钩 66
上，而炉子里的火焰很大，他的袜子已经烧焦了，如果不是邻居割断了绑着双脚和挂锅铁钩的绳子，他很有可能就被严重烧伤了。

答：这件事被夸大了，我弟弟绝没有受到伤害，也没有任何危险；我可能只是想吓唬他，仅此而已。你们要注意，我有取暖的习惯，因此，我把我的双脚从绳子中穿过去，而绳子则绑在挂锅铁钩上。我的小弟弟也想这么做，于是我就帮他这么做，那时他8岁。

问：好像你一直以来就以恐吓接近你的小朋友为乐？

答：是的。我经常这么干，但是我并没有想伤害他们。

问：你真是经常这么干，因而我们必然会认为，你就是通过看到他们的恐惧，听到他们的尖叫来获得快感？

答：我的确对此有一点着迷。但是我再重复一遍，我没想他们有任何伤害。

问：资料显示，你有确切的行为能够表明，在你的性格中有一种暴虐的本性。同时，你也在你的手稿中亲自坦白，你常常把青蛙和小鸟钉死在十字架上，当你做类似事情的时候，你怀着一种什么样的心情？

答：我以此为乐。

问：你还真是以此为乐，因为可以证实，你几乎整天口袋里都装着钉子，你在寻找每一次施虐的机会，以便得到一种你

67 渴望已久的快感。人们都说，你会花好几个小时，一边欣赏着你残忍虐待的受害物，一边傻笑着观察他们的痛苦？

答：这是真的，我着迷于此；我可能的确在发笑，但是我并没有那种很强烈的快乐。

问：你没有在某天威胁你的一个弟弟，就是现在已经死去的那个弟弟让·里维耶，说要用你手里的大镰刀割断他的双腿？

答：我绝对没有想要伤害他，我已经想不起来您说的这个事情当时的场景了，即便它是真的，那也不是我的本意，那是一句玩笑话。

问：你好像害怕猫和小鸡？

答：是的。我一直以来就讨厌猫和小鸡，通常也包括所有动物，这是一种对动物性犯罪的憎恨。

问：你一直是一种非常固执的性格；在你行凶之前的数周，尽管有各种提醒和劝告，为什么你想把你满载的马车赶到粪肥堆上面去，这么做完全没有必要，而且显然你想把马弄伤或者弄死？

答：我当时确信把货车赶到粪肥堆上面是完全可能的，这样一来工作就完成得更快。

问：同一时期稍晚些，在运送原木的时候，你赶着马车上到了一个山坡的山顶，装载的原木被弄乱了，会压垮你的马，你难道不是在没有调整车上货物的情况下继续坚持驾车下山坡
68 吗？阿迈勒先生看到了迫在眉睫的危险，这威胁到了你的马

匹，而且告知你，而你难道没有继续赶着你的马往前走，虐待折磨你的马吗？

答：这不是真的，当我发现装载异常的时候，我自己把马车停了下来。

问：大约两年前，似乎是你残忍地杀死了你弟弟普罗斯佩非常喜欢的一只松鸦，那个可怜的孩子因此而残废了。

答：松鸦的死完全不是我的责任；我还给它喂了食，但这只鸟已经不能独自进食了。

问：那时你至少有18岁了；你领着村里的小孩子，搞了一场模拟葬礼，然后把松鸦下葬，你还写了一个墓志铭。为什么在那个年龄，你干了一件人们只能在小孩子那里看到的事情？

答：这件事是真的。我喜欢这样做。

问：你能给我说一下那个墓志铭写的什么？

答：墓志铭的内容如下：

“这里安息的是普罗斯佩的松鸦——夏洛，来自大优山下（bas du grand Yos），死于……”

我在纸的背面还写道：

“在所有的生灵中，他刚被带走。

“照顾某一个人，这是他全部的目标。

“他语言的光影道说出希望，

“所有人都目瞪口呆，这是向他致意。

“他已寿终正寝！……”[1]

问：你是不是有一天对你的父亲说，你想做一只有角的野兽，你想撒蹄子乱跑？

答：是的，先生，天气太热了，我就这么跟我父亲说的，
69 我想逃出我家，跑去喝一杯；这是我开的一个玩笑。

问：但是有人说，那天，你父亲找了你很久，最后发现你在马厩里，而且赤身裸体？

答：那是另外一天，暴风雨把我的衣服全都打湿了，因为我家的门还没有开，我父母还没有回来，所以我就在马厩里脱掉衣服。

问：为什么你把手稿中提到的那件东西起名叫做“卡力倍”？你是用它来打鸟的吗？

答：我构想出了这个词；我迷恋于找到一个尚未分配给任何其他东西的新词。

问：为什么你带领着一帮村里的小孩子去把它给埋了？

答：当我把它埋了之后，我觉得很孤单；于是我又把它挖了出来，我给村里的孩子们说我要去，于是他们就都跟着我。

问：只是为什么你要埋了它？

---

1. 这是里维耶写的一首诗，法文如下：
Au nombre des vivants，naguères il fut porté.
Des soins d'un être humain il était tout l'objet.
L'espérance disait qu'un jour de son langage,
Tous les peuples ébahis viendraient lui rendre hommage.
Et il est mort! ...——译注

答：这东西我做了很久，我不想毁掉它。为了能保存起来，我就把它埋到了地下。

问：你认识我给你看的这把砍柴刀吗？

答：是的，先生。这是我的凶器。

问：为什么你，这个不幸的人，见到它却并不流泪？

答：我甘愿去死。

问：你至少对你所犯下的可怕罪行有过后悔吧，后悔对你的家人大开杀戒吗？你真的心生悔意吗？

答：是的，先生。在我行凶一个小时之后，我的良心告诉
我，我做了一件邪恶的事情，我希望它不再发生。 70

我们对人犯里维耶宣读了本次讯问的内容，他说他的回答内容真实。他和我本人，以及书记员都签了字，讯问到此结束。

四 起诉庭的移送状

维尔区民事法庭的王国检察官，宣读关于皮埃尔·里维耶的初审刑事诉讼，其陈述如下：

6月3日，欧奈镇发生了一起严重的凶杀案。司法机关立即赶到事发地点，他们确认：欧奈镇福克特耶村的农民，里维耶先生的妻子安娜·维克多莉·布蕾雍，以及他的儿子于

勒·里维耶和他的女儿维克多莉·里维耶，三个人光天化日之下在家中被人用锐器杀害。三位受害人身体的各个部位上，都布满各种走向的大且深的伤口，这位可怜的妇人里维耶遭受了非常严重暴力的打击，她的骨头和肌肉似乎已捣成一团糨糊。医生对她进行了尸检，发现了一个已经发育约六个半月的雌性胎儿。

犯罪凶手很快就为人所知，因为安娜·维克多莉·布蕾雍的女邻居，一个名叫玛丽·里维耶的人，看到杀人犯抓着自己妹妹维克多莉·里维耶的头发，拿砍柴刀朝着她的头部连砍数下，她倒在了他的脚下，一命呜呼。玛丽·里维耶喊道：天哪！你这是在造什么孽呀！她的喊声并没能阻止凶手，因为行
71 凶过程不到一分钟就结束了。

与此同时，另外两个邻居，让·波斯岱，以及让·安德烈的妻子维克多·艾梅·勒浩都看到皮埃尔·里维耶从他家朝向乡村小路的那扇玻璃门里出来；手里还拿着那把滴着血的砍柴刀，他对他们说：我刚刚把我父亲从所有的不幸中解救出来了。我知道我该死，但是我无所谓。

宪兵立即开始抓捕凶手，但是没能追赶上。直到7月2日，凶手才在法莱斯区被朗加内耶的宪兵队长擒拿归案。

维尔区的初审法官先生讯问他是因何动机杀死了他的母亲、他的弟弟和他的妹妹，皮埃尔·里维耶回答道，神“在天使的陪伴下显灵”给他，命令他“去验证神的旨意”。但催问再三后，里维耶放弃了这种说辞，宣称他想让他的父亲摆脱那

个恶毒的妇人，她置他的父亲于如此的绝境以至于数次他都想要自杀。他补充说，他杀死他的妹妹维克多莉，是因为她和他的母亲是一伙的，而他给出的杀死弟弟的动机是他的弟弟对母亲和姐姐的爱。接着，他给出了一个次序分明、条理清晰且非常详尽的叙述，按照他所说的，讲的是他父亲自从结婚第一天以来所遭受的来自他母亲的数不尽的欺压。

在第二次讯问中，皮埃尔·里维耶坚持最后的说辞，他在回忆录中对其进行了充分的发展。他的回忆录也成为诉讼的材料。

我们把作案凶器拿给皮埃尔·里维耶看，他指认凶器，但是没有流下一滴眼泪。他说，他甘愿去死。 72

我们开始仔细搜寻关于里维耶既往状况及其导致的结果，我们发现，在他童年时期，他就有最暴虐的倾向。他以吓唬小孩子和虐待小动物为乐。他习惯在口袋里装着各种钉子，以便把要玩虐的动物钉在树上，最后，他坦白说，他也以相同的手法把小鸟折磨致死。

教育并未能纠正里维耶的邪恶习性，因为他不接受任何教导；他只学会了阅读和写作，没有人专注于在他的思想上给予一个正确的指引。他生来就记忆力惊人，但是他在阅读中似乎只得到了能够证明其行为的特例，和使自己成为世人眼中荣耀之头衔的特例。当他决定用谋杀来解决问题，并给他的犯罪行为找到一套逻辑论证的时候，他的理智就败坏了。

里维耶并不是一个宗教的狂信者，他首先尝试着去理解上帝；他也不只是一个傻子，有很多证人可以证明这一点；而且，正义女神在他身上只看到一个被心中的邪恶所驱使的残忍之人，因为就像所有罪大恶极的犯罪分子一样，他泯灭了自己良知的呼唤，没有跟自己的本性中的邪恶坚决做斗争。

因此，根据《刑事诉讼法》（code d'instruction criminelle）第 133 条和第 134 条，《刑法典》（Code pénal）第 296 条和第 299 条，王国检察官要求法院在合议庭举行合议，颁布拘提人犯皮埃尔·里维耶的法令。有充分证据表明，本年 6 月 3 日，该犯杀害了（1）他的母亲安娜·维克多莉·布蕾雍，（2）他
73 的弟弟于勒·里维耶，（3）他的妹妹维克多莉·里维耶。案件卷宗已经移交给卡昂王家法院的总检察长先生。

王国检察官

1835 年 7 月 20 日于检察院

五　起诉庭的判决书

卡昂王家法院起诉庭做出判决如下：

根据总检察长在上述法庭的初审过程中所作的报告，人犯皮埃尔·里维耶，现年 20 岁，农民，欧奈镇居民。根据维尔区初审法院的初审法官所作的报告，系预谋杀人。

法庭已阅该案件的所有卷宗。这些卷宗由书记员宣读，并

置于办公室公示，一同展示的还有被告人撰写的回忆录。

总检察长和书记员退庭

已阅之民事起诉书，该文件由总检察长让吕斯提涅（Lustigue）先生代为签字的，也一并收录在案件卷宗中，

在法官合议之后，

认为对被告人皮埃尔·里维耶的判决充分。首先，1835年6月3日，被告人在欧奈镇故意杀害里维耶的妻子，被告人的母亲，维克多莉·布蕾雍，

系预谋犯下上述杀人罪行

其次，在同一时间，同一地点故意杀害他的弟弟于勒·里维耶和妹妹维克多莉·里维耶， 74

系预谋犯下上述两起杀人罪行

根据重罪法庭的管辖权以及《刑法典》第295条、第296条、第297条和第299条[1]，这些事实已构成犯罪，

支持总检察长的公诉，

1.《法兰西刑法》，颁布于1810年2月，是著名的“拿破仑五大法典”之一，在刑事立法史上具有重大影响。一直沿用至1994年，使用了184年之久，后为《最新法国刑法典》所取代。该处所引用的法条，可参见《法兰西刑法》(1810年)，第三编，第二卷，第一章。《法兰西刑法·美国刑律》，王大错编，民立图书公司1913年版，第117—118页。第295条：凡故意杀人者，曰故杀。第296条：凡谋加害于人、或袭杀人者，曰谋杀。第297条：凡袭杀者，其于未加害之前，既预定其害人之计划，或料其人必可相会，而谋于其人之身体加害，苟如是，则其间于此等谋意，及景况、与夫约定之时等、无论如何、皆与上条同科。第299条：凡杀适法之父母，不适法之父母，或养父母，及其他尊属之亲者，谓之逆杀。——译注

法院正式起诉该犯里维耶，并移交至在卡昂市开庭的卡尔瓦多省重罪法庭，故此，起诉书由总检察长草拟

命令把所有案件卷宗移交至卡昂王家法院诉讼档案室，命令维尔区民事法院合议庭所颁布拘提案犯里维耶的法令，根据其程式和期限，开始执行。

上述法令内容如下：

“1835年7月20日，维尔区的初审法院在合议厅颁布法令如下：

听到诉讼程序的初审法官所作的报告，王国检察官起诉被告人皮埃尔·里维耶所犯之罪，内容见下：

本年6月3日，一系列的恐怖杀人事件使欧奈镇陷入惊骇与悲痛之中。作儿子的，杀死了自己怀孕数月的母亲；作哥哥的，杀死了自己的弟弟和妹妹。有人看见犯人在他们家门口给三位受害人以致命打击，他可怜的妹妹想要逃走，发出凄惨的
75 呼叫；他站在旁边，那把砍柴刀还攥在手里，犯人正是用它夺去了家里的三条人命，当他逃走时，他对碰到的邻居们说：我已经把我的父亲从窘境中解脱出来。我知道我要死了，但是我牺牲我的命，也要做这件事。

这个杀人犯，即弑亲者，名叫皮埃尔·里维耶，现年20岁，在所有认识他的人的眼中，他都被视为是一个傻子。他通常也被叫做里维耶家的傻子，傻子里维耶。他们家的邻居和朋友报告了里维耶的很多特点，说明他理智完全缺乏，甚至显然是精神错乱。

这种观点已经无人再信。因为自从其被捕以来，被告人已经给出了大量其机智和聪明的例证。首先，里维耶似乎是自首的，在维尔区的宪兵队为了抓获他而展开最大规模搜捕的时候，他到维尔区去过多次；他无家可归，没有面包，以根茎和贝壳为食，他经常沿国道行进，夜晚则露宿田野或者树林，如果里维耶说的是真的，那么他应该知道当他在路上的时候，肯定碰见过宪兵们，他就这样几乎毫无躲藏，无忧无虑地走遍了卡尔瓦多省的大部分的区，在外逍遥了 29 天，直到 7 月 2 日才被捕。里维耶于 7 月 7 日被送到维尔区的看守所，于 9 日进行讯问。首先，他采取了一种辩护体系，并坚持到了最后，使他得到了白痴和愚蠢这种名声的帮助；这种名声使他在欧奈镇居民中招来了若干异常但被误解的行为，因此可能会使他因为 76
患有精神错乱而被无罪释放。他声称直接获得了上帝的旨意，上帝命令他杀死自己的母亲、弟弟和妹妹，他在验证上帝的旨意。有人反驳他说，上帝决不会命令人去犯罪，他引述《圣经》上的话来答复，非常恰当地找到了一个他要自圆其说的立场；他以一套出人意料的逻辑发展出一种辩护立场，并且坚持不懈地辩护了三个小时，而他只是一个年轻的农民，并没有受过任何教育，或者只不过是学会了阅读和写作。然而最后，在不断追问下，他坦白说，直到那时，他还想通过使人们相信他患有精神错乱，来欺骗法律与正义。他补充说，他杀死他的母亲是因为她一直在折磨他的父亲，她摧残他，置他于绝境，他杀死他的妹妹是因为她和母亲是一伙的，杀死他的弟弟是因为他爱他妹妹和他母亲。自那以后，他宣称他谋杀了他的弟弟，因为他想要招致他父亲的怨恨，以便提前除掉他，直到父亲对他的死不再惋惜。

在讯问的过程中，里维耶放弃宣称是上帝的启示促使他犯罪的说法，他请求一个陈述的许可，然后，他有次序和条理地叙述了在他的父母之间产生的各种争吵，远远超出了人们所能意料的，据他所说，人们难以想象她的母亲是一个恶毒、暴躁、邪恶、记仇的人，而他的父亲则是一个软弱、安详、受众人爱戴和尊敬的人。

在 7 月 19 日的第二次讯问中，里维耶坚持他最后的供述。第二天，也就是 7 月 20 日，他被送至初审法官处，为的是给
77 诉讼过程附加上一份大约 50 页的材料，这份材料是他在进入维尔看守所之后所撰写的。这份材料分为两部分：第一部分是关于他母亲长期以来欺压他父亲的详尽细节；第二部分则概述了被告人的性格，他的概述具有一种令人扼腕的能量，使人产生了深深的惋惜：由于一次残暴的行为，里维耶今后对社会来说就成了无用的，那些上天通过教育而慷慨地赠予他的天赋，那种惊人的记忆力，那种对科学的优异禀赋，那些有着自我教化成长和实现荣耀上帝之愿望的生动而强烈的想象力，都没有以任何方式帮到他。在他回忆录的最后一部分，里维耶宣称，在行凶之前的 1 个月，他就构想出了计划，为此他在那个月底就磨利了他的砍柴刀。在他的指引下找到的这把砍柴刀，已作为物证公示。

听取13名证人的证词……

在此情况下，7月20日，诉讼被提交给检察院，并在同日做出结案。

据此，文件被宣读如下：

鉴于对本年6月3日，案犯皮埃尔·里维耶故意且预谋杀害了里维耶先生的妻子、他的母亲安娜·维克多莉·布蕾雍，他的妹妹维克多莉·里维耶以及他的弟弟于勒·里维耶，羁押理由充分，

鉴于《刑法典》第295条、第296条、第297条和第299条，上述事实构成犯罪，

鉴于《刑事诉讼法》第133条、第134条，

法院与检察院一致得出结论，将诉讼请求上交卡昂王家法 78
院的总检察长先生。皮埃尔·里维耶，现年20岁，农民，出生于卡尔瓦多省维尔区的库尔沃东市镇，家住在维尔区的主要城镇欧奈市镇；身高一米六二，头发和眉毛为黑色且稀疏，前额狭窄，鼻子中等，眼睛棕红色，脸型椭圆，嘴巴中等，下巴圆胖，胡须浅褐色，脸色黝黑，目光斜视，头部倾斜。此人将被拘禁于该区看守所，直到接到王家法院的其他命令为止。

该判决于上述时间在维尔区上述法院的合议厅做出，在场的有：初审法官勒格汉先生，他履行因休假而缺席的伊贝尔法官的院长职能，第一代理法官欧让（Ozanne）律师，面对着王国检察官罗贝尔先生，以及从旁协助的书记员提奥多·勒布略。

因此，按照《诉讼法》第233条，案犯里维耶将被送往设在卡昂市的法律之家（la maison de la Justice），他将监禁于此，当前文件副本和起诉书副本都将送达本人。

1835年7月25日，
撰于卡昂

79 六 起诉书

卡昂王家法院总检察长

根据本法院起诉庭于1835年7月25日做出的判决，宣布被告人名叫里维耶，现年20岁，农民，出生地为库尔沃东，家住在欧奈镇，依法确定其罪行，并将案犯里维耶押送卡尔瓦多的重罪法庭，其将在卡昂开庭。

执行此次判决的总检察长对诉讼材料进行了新的检查，宣布得出事实如下：

本年的6月3日中午11点到晌午时分，里维耶的妻子维克多莉·布蕾雍，年仅8岁的小孩子于勒·里维耶，以及大约18岁的维克多莉·里维耶，三人在其欧奈镇的家中被残忍杀害。一位女邻居正好亲眼看到，第三位受害者惨遭凶手割喉杀害，在她与凶手的搏斗中一直把凶手拖拽到房门口。三起谋

杀案的元凶不是别人，正是其中一位受害者的儿子，另外两位
受害者的哥哥。趁着恐怖所导致的第一位目击证人的失声尖
叫，他悄然离去，似乎都不曾想过要飞速逃遁；而且他还带着
刚才用过的斧头，凶器上面血迹斑斑，令人作呕。当众人想起
提防他这个人的时候，他早已经消失不见，没有人知道他逃向
了何方。距离最近的司法人员立即被征召，在两名医生的协助
下，他们勘察了被发现的三具尸体的状况。母亲僵直躺在壁炉 *80*
边，她当时正在专心做家务，被惊吓到了，她周围的所有东西
就是证据。她的头浸在血泊之中，头骨和面部骨骼已经粉碎，
面部有一道很深的伤口，已经毁容变形。颈椎已经粉碎，头部
和躯干仅仅靠着左边的肌肉和一些皮肤相连接；因此，这一切
表明她受到了一种锐器的暴力打击。这个可怜的妇人已经怀孕
快七个月了。——在她旁边躺着的是其小儿子的尸体，头部有
数道很深的伤口，颅骨顶部几乎裂开，充分表明他因相同的暴
力打击而死；肩部和脖颈部也同样留下了数次重击的痕迹。最
后，在这两具尸体的旁边，是女儿里维耶的尸体，她的花边织
机和木鞋散落在房间的窗户旁边，表明她曾想逃走；她的衣着
凌乱，一大片头发被扯了下来，散落在身子一侧，说明她有
反抗。——相同凶器的数次重击严重深入到喉部，面部也被划
出大的伤口，因此，死亡的原因和作案的凶手自不必再找，不
过，是什么动机促使被告人犯下了一件如此伤天害理的大罪
呢？在第一时间，对作案动机进行解释的不可能性，促使人们
相信如下看法，即他已经屈服于进入一种狂怒的疯癫状态。里

维耶性格的古怪行为通常表现为阴郁、悲观和不善社交，而有
81 些状况则少有注意，因为它们似乎无足轻重，并且立刻被不完整的回忆和成见所歪曲，这样就很快促成了这种共识。就在里维耶在外流浪了一个月之后，他在朗加内耶镇被捕；他的步态使自己成为可疑对象；他没做任何反抗，也没想隐瞒自己的身份。他表面上毫不在意，他那带有解释性的供词，似乎透漏出一种精神的错乱，这些似乎在一瞬间证实了大家对他的判断。然而，假装患有精神分裂是很难坚持到底的。因而，他的理智便在所有并不依靠他采用这种策略的地方显现了出来；这种装疯的策略本身带有算计的特点。所以，从第一次讯问时起，被告人就放弃了以一种天启来说明：即上帝对他显灵，命令他去犯罪；并且他也给出了最为详尽的供词。由此，他杀死了他的母亲，对她长期以来对其父亲的错误而报复，从而确保了他父亲的安息；他杀死他的妹妹，因为她爱他的母亲，整天与他的母亲联合起来伤害他的父亲；他杀死他的弟弟，因为他的弟弟爱母亲和姐姐。他精心思考、计划和准备了这起犯罪。他所说的话表明，他对自己的所作所为以及他的立场有最完整的自知：对被告人的性格、偏好和习惯的若干观察亦不容置疑。

里维耶现年 20 岁；自从他小时候起，就显示出凶残的性格，这种性格使他不断地在逃避同龄的年轻人，并且试图离群索居。严肃认真而耽于幻想，他的相貌所表现出来的就是一种沉思的习惯，与他的态度如出一辙；他沉默寡言——只有当别人询问的时候才会说话，而且他的回答总是短促而精练。他那

天生的好记性，能够轻松记住所有东西，并且什么都不会忘 82
掉，他因其学习的天赋以及其求知的强烈欲望，在同学中引人注目。他一直对读书抱有相当的热情，利用他能得到的一切机会去阅读各种书籍，他的阅读嗜好导致他经常晚上熬夜看书。

他的暴虐倾向总是在他的娱乐中表露出来，他通常以野蛮地对待动物为乐。他喜欢让动物遭受折磨，从旁观看得到快感。有些事证明他的确是一种残酷暴虐和冷酷无情的性格；此外，他的性格固执而倔强，只要是他想要做的事情，任何人都不能劝服他，就算是他的父亲也不例外。

这就是被告人，阴郁悲观，爱胡思乱想，并伴之以一种强烈的、冷酷而暴虐的想象力。

在他的生命中，他目睹了父母亲在家里的各种争吵。与大家的观点一致，他也把这种不幸归结于他母亲的品行，这些不幸持续不断地禁锢着他父亲的生命。显然他是站在父亲一边的，因为他和父亲长期生活在一起，而他母亲已经离家在外。在这样的环境下，他对他的母亲就产生了一种仇恨的情绪，甚至于直到今天，懊悔和内疚之情都没能完全遏制住这种仇恨。他天天都见到父亲的悲伤，知道个中原因，就想要设法使其终止。一旦这个念头在他阴郁的想象力中扎下根，并逐渐地牢牢霸占住这个位置，那他就无法摆脱这个念头；这就成为一个他
持续关注的目标，成为他孤独沉思时的对象。他立即被这种邪 83
恶的计划所占据，他头脑中的全部力量通过其阅读中的误解而错误地被组织和激发了起来，使得它们都朝向一个目标，他完

成心切，再加上他本性嗜血残暴，都必然地给他指出了一种达到目标的可怕方法。

因此，他母亲必须死，其他两个受害者也一样。几天后，行凶的工具已经准备妥当，各就各位。不过，按他自己的说法，之前已有两次，只是因为他的凶狠劲儿差了一点，没有成功。于是最后，6月3日，在他伺机观察等了一早上恰当时机之后，他就行凶了。也许，非同寻常的不只是凶手的性格，还有他讲述自己构想时的冷酷无情。

一名熟练的医生在监狱里探望并观察了里维耶。根据他的专业眼光，没有任何东西能够表明里维耶有精神错乱，即便他在行凶之后逃走，或者他试图通过装疯卖傻逃避法律的制裁，并不足以证明他能完全理解自己的行为以及随之而来的后果，显而易见，在他被捕之后所撰写的细节丰富的回忆录中，他的理性应该会再次出现。毫无疑问，他所表达的大量思考，无论是在观念上，还是在判断上，都表现出一种糟糕的失常与错乱；不过，说这是疯子的作品，也有些欠妥；在这篇独特的作文中，他的风格已经不是最令人惊讶的了。

最后，根据诉讼材料确定诸事实如下：案犯皮埃尔·里维耶被控（1）于1835年6月3日，在欧奈镇故意杀害他的母亲，里维耶的妻子维克多莉·布蕾雍。

84 系预谋犯下上述杀人罪行。

（2）在同一时间，同一地点，故意杀害他的弟弟于勒·里维耶和妹妹维克多莉·里维耶。

系预谋犯下上述两起杀人罪行。

于卡昂检察院

1835年7月28日

七 报刊文章

《卡尔瓦多领航者报》，1835年7月17日

皮埃尔·里维耶已经递解移送至卡昂，两三天之前他刚刚在朗加内耶被抓获。目前，该案的调查工作已基本完成，将尽快提交给起诉庭。

据信，这桩杀人案是一起上帝启示类型的犯罪，或者是一起想要假冒上帝启示类型的犯罪。基于非常有限的理性能力，以及与其年龄不相符的阴郁性格，他行凶作案，连杀三人，他声称，他是在顺从一个上天的命令而行事。这个可怜的年轻人似乎对读书充满热忱，他读了很多敬拜的书。正是在这些阅读中，由于缺乏充分的辨别力，他获得了一种幻象，把他引向犯罪的道路。因此，他如此骇人地执行了他的犯罪想法，它似乎是他身上的一种钻牛角尖思维的结果，即一种单狂症的结果，里维耶已经多次深受其害了。

此外，司法调查了解到了这个疯狂的年轻人的既往史，他的智力水平，以及那个要命的神启，正是它促使里维耶把罪恶

之手伸向了三位家人。

85 又及，我们从维尔区获悉有关皮埃尔·里维耶案的新消息。我们获悉，在一次初审法官对其展开的漫长讯问之后，此人放弃了扮演接受上帝启示的那个角色；而是坦承，替他父亲复仇的想法使他走上了犯罪的道路。因为在民众看来，里维耶夫人长期以来处于支配地位。

《卡尔瓦多领航者报》，1835 年 7 月 29 日

据悉，皮埃尔·里维耶，这位谋害三位家庭成员的凶手，在维尔的监狱里向负责起诉他的法官们讲述了导致他走上犯罪道路的令人难忘的往事。大家首先确定，这个年轻人是一个傻子，大家觉得他无法对自己行为的残忍程度给予一个恰当的理解。如果有人相信里维耶在他的回忆录中所说的，他自己有点理智不健全，并且给法官做出诸多解释；这不是为了替自己辩护（因为他似乎已经招供了他的罪行和意图），而是为了展示引导他犯罪的那些理由；然而，它反过来说明，一个表面上看来头脑简单的人，实际上可能根本不简单。据说，我们所讨论的那个回忆录实则充满了理性，它居然写成了这样：大家不知道何者才是最令人意外的，是回忆录，还是写回忆录的这个人所犯的罪。（文章转自 1835 年 8 月 1 日的《法庭公报》）

第三章

回忆录

凡　例

1. 与其他文件不同，我们从皮埃尔·里维耶的手稿誊写了他的《回忆录》。这部分给我们带来了麻烦；其他部分的获取和编排似乎并未给我们造成更大的麻烦。我们中的一位在下面的脚注中对此进行了解释说明（参见法文版第318页，脚注1）。

2. 不过，我们决定采取一些干预措施来辅助阅读。手稿中没有任何的大写字母，我们为专有名词，以及每句话之前和每个句号之后，都重新设置了大写字母。

3. 我们维持原有的标点符号，但除了以下两种情况：

（1）当维持原有的标点符号会导致含义的晦涩和混乱的时候；这样的情况有三句或四句，手稿在那些地方给出了一个句号，或者在含义暗示一个逗号的地方给出了一个句号和逗号，或者正巧在句号的地方标了逗号。

（2）当手稿中在一行结尾处的句子没有标出重要的标点符号（句号或者分号）。视线从一行到另一行的滑动足以标示出语句的断续；为了便于阅读，在接下来的文本中，我们已经逐次重新设置了句号以及随后的大写。

4. 我们把皮埃尔·里维耶漏掉的词印在方括号［　］中，
88 以便能够使上下文得以恢复。[1]

1. 原文还有第 5 条，提到“文中标有星号的词语”是诺曼底当地的方言。译文中已经随文译出，不再标注，故将方言表也一并删除。参见译者前言最后一部分“译文的体例说明”。——译注

一　由肇事者所撰写的关于6月3日发生在欧奈镇福克特耶村之事件的详情与解释

我，皮埃尔·里维耶，杀害了我的母亲、我的妹妹和我的
弟弟，我想要让人们知道促使我做这件事的动机是什么，我把
我父母婚姻期间在一起的全部生活都写了下来。我亲眼见到了
大部分的事儿，它们都记录在这个故事的末尾，至于说在一开
始，是当我父亲跟他的朋友，以及跟他的母亲，跟我，还有跟
了解这些事的人谈论这些事的时候，我听到他讲述的。在此之
后，我会谈到何以我下定决心要行凶作案，当时［我］是怎么
想的，我的意图是什么，我也会谈到我在这世上过的是什么样
的生活，我将会谈到在行凶杀人之后，我头脑中所想到的东
西，我所挨过的日子，从案发到被捕期间我所处的藏身地点，
以及我所采用的各种解决办法。这份记录的文笔可能会非常粗
糙，因为我只会简单的阅读和写作。不过，但愿大家能够理解
我想要说的东西，这也是我所拜托的，而且我已经尽我所能写 90
下了所有的东西。

二　从1813年到1835年我父亲所遭受的来自我母亲的痛苦和折磨之摘要

让·里维耶（Jean Rivière）和玛丽耶·科尔德（Marianne Cordel）有三个儿子，我父亲排行老二，他生长于一个虔诚的、宗教氛围浓厚的家庭，他总是性格柔弱，与世无争，待人和气，自然所有认识他的人也都很尊重他，1813年，他去服兵役。按他说的，当时所有的小伙子都去了，新兵配额第一次补充完毕，不久他们就再次进行清点，征募剩下的人，不过在第二次清点之前结过婚的人可以免于分配；我的伯父也就是我父亲的哥哥，正在军中服役，他担心尽管我父亲年龄大了，但是免不了还是得去服兵役。因此，他就决定我父亲赶快结婚。他的一位公职人员朋友答应，一旦征兵配额补充完毕就立刻告知他，在此期间他一直在找一个合适的女友。经过库尔沃东镇的弗朗索瓦伯爵的一个朋友介绍，我父亲就去向维克多莉·布蕾雍求婚，他们的年龄和家庭状况基本相当，她就同意
91 了他，我父亲在六个月里经常去找她，之后大家就提醒他，是时候该结婚了，就在此时，我母亲的父母不同意他们交往，他们的儿子在服兵役时死掉了，他们害怕他们的女婿也会遭此不测。于是，我父亲对他们说，如果他们不同意，他们应该提早就说出来，现在说出来让他非常难堪。我母亲也赞同他说的，

她看到她的父母亲反对他们的结合，她就哭了，我父亲看到她哭了，心想：她是爱我的，她都哭了，最终，她的父母同意了他们的婚事，他们去欧奈镇的公证人勒拜利（Le Bailly）先生那里签署了婚前协议书。协议书中有条款规定：配偶双方的动产和不动产都是夫妻的共有财产，如果配偶中的一方在另一方之前死去，没有子女的情况下，那么幸存者可以拥有婚姻生活期间配偶的所有财产。还规定如果有子女，那就只能拥有自己的财产，而子女继承配偶的另一半财产。规定妻子的父亲和母亲需要置办嫁妆，或者女方以不动产作为嫁妆，那么女方就能够继承她父亲和母亲的这个遗产。她所收到的这些财产由她的丈夫按照奁产制进行管理和支配。在民法典中，以及在协议书中都明确规定，这些财产是不得转让的。还规定，在夫妻共 92
有财产中丈夫带来的财产价值100法郎，而妻子的份额由如下内容组成：各种日用织物和旧衣服，双门衣柜，一张床，床单以及提到的其他东西。总额估计在400法郎。还规定结婚当天给新娘出示夫妻共有财产的收据明细。还规定上述被授权的妻子如其所述在某时保有放弃其夫妻共同财产的权利，并且她可以利用对上述夫妻共同财产关系的解除，将重新获得这种关系，从而免除上述提及的她所带来的全部债务和花销，并且这将终止所有她的合法所得之遗产。还规定这种夫妻共同财产之关系的解除必须在配偶生前进行，并规定绝不能剥夺幸存者的上述这些利用配偶的个人财产而生活下去的权利。协议书的相关条款就是这些了。几天之后，他们举行了世俗婚礼。然后

是在教堂举行婚礼。就在要进行后一个仪式的时候，我母亲的
态度与以前不同了，他们没有举办婚宴，而且在结婚当天他们
也没有同房，因为部队的重组整编还没有完成，我母亲说：他
仅仅是想跟我生个小孩，然后就会离开我。因为这么说确实有
些道理，我父亲没有强迫与她共寝。数天之后，部队开始整编
93 重组，我父亲带着他的结婚证书，随后由于延误，他在卡昂
（Caen）待了三天，超出了他的预期。在这段时间，我母亲并
没有前往欧奈镇（Aunay）看看究竟发生了什么。我父亲从卡
昂返回途中，经过库尔沃东镇（Courvaudon），这是他第一次
与她同房。我在此将谈一谈我的家庭，我父亲的家庭以及我母
亲的家庭是如何组成的。在欧奈镇的我父亲家，有我的祖父和
祖母，我父亲的一个姑妈，还有我的叔叔，他比我父亲年轻十
岁，共计五人。在库尔沃东镇，有我的外祖父母和我母亲，共
计三人。我的祖父有大约六亩地，我父亲和我叔叔忙于种地，
也干些其他活儿并做些其他小买卖。他们有一匹马，也把马借
给已经有一匹马的人去耕地。而我的外祖父家，他有大约三亩
地，需要按天雇劳力去种地。他所居住的布雍村（Le village
du Bouillon）离我父亲居住的福克特耶村（la Fauctrie）有一
段距离。结婚之后，我母亲与她的父母亲都住在库尔沃东，我
父亲就去她家，干些他要干的农活。在他与我母亲刚结婚的那
段时间，他经常去她家，但是得到的只有她的冷漠，这让他感
到困惑不解，好在他的岳父母对他的态度非常好。由于我母亲
94 所表现的这种冷漠态度，我父亲不再非常频繁地去她家看她

了。我祖母感到奇怪，他儿子没有新婚夫妇该有的激情。她对
她儿子说，你今天晚上不想去布雍了吗？他回答说，哦，您想
让我去吗？我父亲曾说，在婚前协议书中，我母亲应该置办好
一件家具。但是按惯例也会把她没有陪嫁的东西写进婚前协
议书里，因为她想要一张床，而大家一般都在不远的镇上买
床，她就给我父亲说，［她］很想要那张床，我父亲问她是不
是不想要新的，她说她不想要，并且大声指责我父亲说，床运
到家会很晚的。于是，我父亲想，无论多少钱，他都要把这张
床买下来，然后他就按价格买入。然而，就在要买的时候，其
他女人对我母亲说，她们才不想要那张旧床。然后，我母亲就
给我父亲说，她不想要那张床了，因为它太贵了。我父亲回答
她说：但是那张床已经买下了，我们必须得用它啊。但是她说
她不想要，我父亲说：那就不要声张了，然后他把床拿走，不
得已转卖掉了。在1815年年初，我母亲生了我，这次生产使
她大病了一场。我父亲全身心地照顾她，六个星期都没有睡
觉。他说，当他躺在床上时就睡不着觉，他已经习惯了熬夜，
在我母亲生病期间，她得了乳房糜烂，为了去除毒液，我父亲
帮她吮吸溃烂之处，然后吐在地上。我母亲在患病之时表现 *95*
得轻蔑而冷酷，尤其是对她自己的母亲，因为她发现她的母亲
没有为她做过任何事，她发现当时我祖母能够照顾她。当我祖
母问她为什么不愿意让她母亲来照顾她，她回答说，因为她的
母亲非常愚蠢。因此我母亲已经遭受了病痛，如果她的行为后
来没有一直持续的话，是可以让人原谅的。在患病期间，她得

了腹泻，她不想要其他任何人的旧衣服垫在她下面，只想要她
母亲的。六个月之后，她康复了，正如我所说，我父亲又去库
尔沃东干他的农活了。在他的婚姻生活中，为数不多的时间是
她来与我父亲同房，这个稍后我会讲到。除此之外，他要想和
我母亲同房，都是他去做完农活或者干完其他事情之后，比如
整理谷物、伐木、种树、酿苹果酒等等。次年，我母亲又怀孕
了，她的父母亲决定把女儿送回她的丈夫家，我母亲告诉我父
亲，她已决定和我父亲住在一起了。我父亲对此非常高兴，为
了安顿他们的夫妻生活，他整理出一间小屋子。我父亲买了一
个衣橱，他把我母亲在库尔沃东的全部家当都搬了回来，她就
和我父亲的父母住在了一起。这样相安无事一直过了两到三个
96 月，直到她再次生产，她生下了一个名叫维克多莉（Victoire）
女孩，她的病情重新加剧，这次持续了三个月，她得到了病人
应有的照顾，我父亲和我祖母整夜整夜地照顾她，给了她医生
所吩咐的看护，他们从欧奈的寡妇面包师傅米歇尔·盖尔尼
耶（Michel—Guernier）那里拿来了面包。虽然我父亲和我祖
母给她提供了所有的照顾，但是她却对大家恶语中伤，出言不
逊。因此，我祖母不再可能为她做任何事情了，她的母亲就
从库尔沃东来照顾她，她发现她的母亲是唯一可以照顾她的
人，她给自己吃了好几盘在烤炉中烤熟的猪肉，还有其他一些
不好消化的东西，因为我父亲和我祖母很反对，她就说他们吝
啬得很，他们要害死她。我的外祖母来照看她，她说必须给她
吃烤肉，她母亲就给她做烤肉。最后为了满足她，她要吃多少

就给了多少，等她吃了全部的东西之后，她就发生了痉挛，大家都说这将对她的康复耽搁不少。她刚一恢复健康，我外祖母就来看她，说很想让她回我外祖母家去，我外祖父非常想见到 97
她，她得坐小推车回去。我母亲也说，她想回去，她不在欧奈镇住下去了。我父亲徒劳地对她说，她要是回娘家对他来说是非常没面子的，她说她非回去不可，如果他不把家当都送回去的话，她就准备寄回去。然后，她就和她的父母亲回去了。我父亲把她的家具送了回去，因为怕大家嘲笑，有一部分家具是晚上装运的。然而在那个时候，我母亲对我父亲表现出一种巨大的厌恶之情。她在库尔沃东到处散播说，她只能回来，因为他们要害死她，她一无所有，而且在她生病期间，他们只磨了两斗面粉，还没有筛过，以便吃的时间更久些。当我父亲去她家干活的时候，她就对他表现出所有的嫌弃；他还是想让她回心转意，他对她说：既然你不想和我住在一起，那你想让我能来这里和你的父母住在一起吗？她回答说，那他们会怎么待你呢？他问她想要他做什么？她想让他把自己作为仆人雇到她们家，她想让他年年都从工资中给她提供钱，以便她随意花，我父亲说，他还要干自己地里的农活，无法去她们家作仆人，然后看到她是如此对待自己，他决定不再回去看她了。很多人都建议他回来，其中包括我祖母，已故的他曾借过马车的尼古 98
拉·德·圣阿农（Nicolle de Saint Agnan），而我父亲没有告诉其他人，只给他弟弟和尼古拉说他要去库尔沃东她家的地里干农活，完后他就回来了，但是，我外祖父母还是看见他去他们地里了，我外祖母来了，给我父亲带了吃的。过了些日子，我父亲去收苜蓿，我母亲来了，给他带了汤。我父亲就问她，你想要抱抱我吗？我母亲说，没有这个必要吧，我父亲说，好吧，那我也不想喝你的汤。于是，他没有吃饭，收完所有的苜蓿，也不回欧奈镇。当时，我并不知道事态是如何发生的，因为我和我父亲住在欧奈镇。我三四岁的时候，我母亲和她的母亲一起来找我，她看见我在翻晒的草料下面，我祖母把我抱在怀里，她没有对任何人讲一句话，就把我抱过来然后带走了。因为我大声呼救，我父亲就在后面追她，说他不想让她把我哭着带走，他说他第二天会骑马把我送到库尔沃东去。这时，就见我母亲对和她一起来的我外祖母说，拦住他！拦住他！我外祖母虽然有点坏，但是她还没有我母亲那么坏，她还不时好心接纳一下我父亲，她没有按我母亲对她说的去做。我母亲
99 发现我父亲不想让她当天把我带走，就在大街上大喊大叫起来：我还要我的孩子，我还要我的孩子，然后她就去找维莱尔（Villers）[1] 的治安法官，问他是否我父亲有权利扣留她的孩子。我父亲信守诺言，第二天把我送到了库尔沃东，所有的事情都被打乱了，他不再想回到那里了。人们都劝他再回到那里，于是他又顺从了，他继续来库尔沃东我外祖父家做工。我母亲做了可能所有粗鄙的事情来恶心他，其中就包括：撤走了我父亲睡觉的床那一侧的枕头和被子。当时，我父亲和我叔叔以他们

1. 即维莱尔—博卡日（Villers—Bocage）是法国卡尔瓦多省的一个市镇，属于卡昂区和奥东河畔欧奈县。——译注

的名义，买了1000埃居（écu）[1]的土地和房屋，他们正沉溺于他们的产业之中。他们借了一半的钱，我父亲仍然在还利息；而另一半的钱，他们有一部分，他们希望能挣到剩下的部分。虽然我叔叔于1825年生病然后去世了，但我父亲差不多已经挣到了剩下的钱，而此时一起针对我母亲财产的诉讼官司突如其来，这个我后面还会讲到。虽然这件事似乎并不是这个故事的原因，但是我还是要提一提。因为我母亲多次对人散播，说我父亲是个酒囊饭袋，养不活她的孩子们。有一些间歇，我母亲不再对我父亲表现出厌恶之情，但也没有表现出足够的热情，也只是在我父亲和我叔叔来帮她家耕地或者搬木头的时候，不再对他们恶语相向而已，因为我母亲的父母家收获的并不够多，我父亲收获的却很多，所以当他们需要的时候，他就 100
去给他们带一些。我叔叔比我父亲更容易生气，他再也不能忍受我母亲对我父亲说的所有话了；他说，我听她说这些话已经让我忍无可忍了，如果她还继续，我就弄死这个狗日的！我父亲怕他真的会这么做，就给他说让他不要再去了，因此，我父亲就更频繁地去她们家干农活了。1820年，我母亲生下了一个女儿，取名艾梅（Aimée）。1822年，又生下一个儿子，取名普罗斯佩（Prosper）。在此，我说一说我母亲和她父母在一起的生活。她成天与她的母亲吵架，她对她母亲说的每一句话

1. 埃居（écu）为法国古货币中的一种，原意为盾牌，它的面值历代都在变化。1798年，法国大革命以后，政府规定5法郎的银币称为一埃居，一直沿用到1878年。故文中的1000埃居相当于5000法郎。——译注

都是在羞辱她的母亲，她们相互指责了对方成千上万的事情，我父亲作为目击者，听到她们俩吵架的对话，就告诫我母亲应该对她的母亲更尊重一点，但这实属徒劳，我母亲对此嗤之以鼻。我六岁之前一直住在库尔沃东，我见证了所有的吵架，而且我可以［说］非常不喜欢我的母亲，我更喜欢我的祖父和祖母，尤其是祖父；当我和他出去时，他给我讲了很多事，他被公认是一个正直的人，他的职业是木匠，而就在我讲述他的这个时候，他不再成天外出了，他的腿脚不灵便，他只在他的作
101 坊里忙活，他在作坊里很安详，因为它足够远，完全听不见房子里蔓延过来的嘈杂的争吵声。我妹妹维克多莉（Victoire）与我父亲在欧奈镇生活了一段时间，当时她大约三或四岁，我外祖母以前曾有个女儿，在与我妹妹一样年龄的时候夭折了，她看我妹妹就如同那个女儿又失而复得，于是我母亲就来找我妹妹，我父亲就用我刚才说的话来劝告她，但是他更应该说的是我妹妹还要靠他抚养。而我，在我十岁那一年，就回来和父亲一起生活了，并且一直与他生活到现在。1824 年，我母亲又生了一个儿子，取名叫让（Jean），必须承认，是我祖母和我给他起的这个名字，因为孩子出生的时候，我父亲并不在家。我祖母当时在库尔沃东，在我母亲刚生完孩子之后，她就去看望我母亲，她仔细看了小孩，小孩被几件破烂衣服裹着，我祖母就说，哎呀，我们没有给他带来，我明天带些别的衣服来给他穿吧。我母亲说，唉，我这里没有其他衣服了，幸好你那里还有。于是，我祖母意识到，能给新生儿起名字的应该就是她

了。她带着悲痛的心情回到欧奈镇，把所发生的事情告诉我叔叔，当时他已经生病了；我叔叔说，唉，这会重蹈覆辙么，你把这个可怜的小家伙带来，这会是个不好的教训么。我祖母去了镇上，买了一顶无边软帽，要给小孩做成衣服，女裁缝连夜改好，第二天大家给小孩子受洗，我父亲回来了，就问我母 102
亲，如果她抚养得很费劲，那他是否可以带走几个小孩。她说，她觉得他带走她刚生出来的这个吧；我父亲说，那好，他就把他带走，然后就要去往教堂，教堂正好在通往去欧奈镇的路上；当时，我母亲看见他们正要离开，她对我父亲说，呜，我看你这会要了我的命，我不想让你把他带走了。当时，我的外祖父已经完全残废了，他还有一些钱，想给我父亲，与他的妻子和女儿相比，他更加偏向于信赖自己的女婿。我父亲对他［说］，他应该把钱托付给他的妻子，也就是我外祖母，更合适一些。他最后就给了我外祖母。他死于1826年。当时，我父亲想让孩子们都跟着他；我妹妹艾梅就想来我父亲家，此外，我母亲也是在借粮食养活她们母子，她都去磨坊主那里讨要过一袋面粉，我父亲说，他家里有面包，可以给孩子们吃，他们可以来家里吃，但是他并没有把粮食送给我母亲，她知道我父亲跟欧奈镇的各位助理神甫的夫人们关系很好，她就穿得像个乞丐一样，来到欧奈镇，她进了我父亲家，痛斥他说，他是一个贪鄙小人，一个包养妓女的淫棍，她骂他道：你假装虔诚，你并没有给你的忏悔神甫说出你所有的事。我就是来找他的，我把你的真面目告诉他；然后，她又谩骂我的祖母，她对我祖 103

母说：都是你的错，在一种这样的恶习中把他养大，真是卑鄙无耻，呸！听到这些话，我祖母就说她：喂，你说什么呢，你出去，我母亲说，出去就出去。我父亲在整个争吵的过程中只是表现出他惯常的情绪，还是很和缓，他还想要说出真相，想为自己辩解。随后，我母亲径直去找了欧奈镇的本堂副神甫格雷莱先生（Mr Grellay）。她对神甫说她丈夫要害死她，她缺衣少食，而他却背着她有其他女人。总之，我母亲用她能想到的一切去诋毁我父亲；本堂副神甫先生说，这让我非常震惊，我以为里维耶是个好小伙呢。最后，他给我母亲说，听着，如果你跟他过，你只能有他所有的。当天，他就去见了我父亲，跟我父亲谈了此事。我父亲尽其所能地澄清了自己，本堂副神甫先生就不再相信我母亲给他说的话了。有一段时间，在库尔沃东我母亲的房子旁边，有一栋房子要出售，于是她就想要，但是我父亲觉得她们已经有够多的房子了，她们并不必需，而且担心最终会导致对我母亲的财产提起诉讼，就不同意买下这栋房子，但是我外祖母以她的名义买了下来，用的是她们自己的钱。有人马上提起了诉讼，是关于我外祖父从一个男人处买到的一块地皮，此人的妻子按照其婚前协议，以一笔1200法郎
104 的嫁妆获得了这块地皮，而且这个抵押并未解除，这比一开始设想的更加严重，我父亲和我母亲去咨询了好几个懂这个法律的人，这些人都提醒他们说，他们会陷入这个诉讼的泥潭之中，而这明显就是一种抢劫。

那个女人没有给她丈夫带来任何嫁妆，正如我母亲想要为

自己辩护的那样，他们请教了卡昂的律师，律师们说，如果能够证明这个女人没有带来任何嫁妆，那么她就不能提任何要求，同样也包括提起诉讼，然而，诉讼很快就失败了。正如我之前说过的，我父亲有很多朋友，他们都给他提供钱，让他有所准备，不要失掉那块地。他就做好了准备，他要不惜血本花费总计 850 法郎。我母亲有一份年金，它的分期偿付可以提供大约 200 法郎，我父亲出了剩下的部分，他必须出去借这笔钱：并为此负债两年之久。我祖母有一份 90 法郎的年金，是当时她的哥哥给她用来结婚的钱；他们分期为三份，这才凑合达到我父亲需要的总额，也就是说，我祖母的年金都用来支付我母亲的产业了。在整个打官司的过程中，我母亲对我父亲的脸色非常好，从那时起到随后的两年间，他们俩之间也再没有出什么太大的问题；官司打完之后的一年，也就是 1828 年，我母亲生了一个儿子，名叫于勒（Jule）。我妹妹艾梅，我弟弟普罗斯佩，都过来和我父亲一起住了，接下来的一年，我弟弟 105
让也过来一起住了；而我妹妹维克多莉和我弟弟于勒直到现在还留在我母亲那里。在这段时间，我跟着我父亲一起神出，我发现我祖母和我母亲之间的争吵一直就没有间断，不过我母亲逐渐占了上风，而我祖母则虚弱了下来，这个可怜的老太太真是非常倒霉，她不只是忍受着持续的吵架；而且很多人都说看见我母亲拽着我祖母的头发打她。我父亲从来没有打过我母亲，除了有几次我母亲对我父亲表现出极大的嘲弄和蔑视，我父亲打了她之外，这个我后面会谈到；他说，如果他曾在场，他也会忍不住揍她；此外，我母亲还教唆我妹妹维克多莉，让她不要听我祖母说的所有的话，她们两人达成攻守同盟，一起欺负我祖母。我母亲不止一次地对我父亲说，她希望分家产，然后居住到旁边其他屋子的一个房间中。我父亲就给她说：难道我想跟你分家产，所有东西都根本不是你的。在吵架中，我祖母多次指责我母亲说，她对她的丈夫不忠，指责她有数个情夫，我父亲对此全然不信，他说，我祖母遭受了很多痛苦，使她做了这些想象，说了这些话，我父亲则尽自己最大的可能，
106 确保与我母亲关系的平和与无恙。他给她买了几只奶牛，必要的时候就卖掉一些，她们的钱就这样一块一块地攒着，我母亲在她的菜园中有一丛柳树，要是我父亲想要几根柳条，我母亲就把柳条卖给我父亲，他就按我母亲的要价付钱，有一天，他从我母亲那里带来了 25 根长茅草，他是绕路回来的，他说有个人问他长茅草多少钱，他便说他多少多少钱买的，但我母亲却说长茅草是白送给他的……然而他是付了钱，然后才把长茅草拿走的；因为如果他不是如此谨慎地拿走它，我母亲就会一直说他没有按照货物的价格付钱。我父亲和我母亲的所有交易，没有一次是公平的；他购买的时候总是非常贵，而他卖出的时候又总是太便宜。她经常为了无聊之物和无谓之事而发怒。一天，她的一个邻居钉了一个木桩，伸进她的地里有大约 1—2 法寸，她就给我父亲说了此事，我父亲很心烦，就说这没有太大影响吧。她就开始万般指责我父亲，进入那种泼妇状态，涎沫横飞，口无遮拦。1833 年的年初，在他们婚姻的最后两年，

我到过我母亲家；我的外祖母已经因病卧床不起，最后她死于此病，我母亲让人给我妹妹维克多莉做一件衣服，因为她每周六都要去欧奈镇上卖黄油，所以会经过福克特耶村，在经过的时候，她就说要给我妹妹艾梅也做一件衣服；我父亲考虑到我 107
妹妹已有很多衣服，而且他也没有钱可花，便回答说，眼下暂时不需要。接下来的一个周六，我母亲对我祖母说，是不是他们还没有决定要做衣服，我祖母说还没有。她说，唉，就是这样，大家根本不想为了别人而多花精力；等她出门走远了，我祖母才明白过来，她这是又在控诉我父亲的堕落与不忠；接下来的一个周六，此事就被证实了，我母亲路过，就去谷仓找到了我父亲，当时他和我正在打谷。我父亲之前让人做了一个小木屋，她来的时候，我父亲正给门刷漆，她说，哈，你在小木屋上受的罪，比在你房子上多多了，你决定给我一些钱让我买些缝纫用品了吗，我父亲说，我给你提供钱，你不能当成是一种习惯，我母亲说，快给我钱，你还欠我那头小牛的尾款呢，我父亲说，你知道我们前面就有事儿，这跟上回又差不多了。事实上，我父亲已经给我母亲买过一头母牛了，她们已经赚了大概 30 到 40 苏（sous）[1]。此外，我父亲还给我母亲买过 108
一头母牛，后来发现它生病了，我父亲就在他家照看它，最后

1. 讲这些真是让人感到羞耻，然而法官和律师都说，在这起案件中，我母亲是非常不幸的，你们看一看主席先生签署的法令，我母亲已获得合法分居。而维莱尔的治安法官先生的信函，以及库尔沃东的一些人也都说，我母亲是一位非常不幸的妻子。——原注

苏，为旧时法国辅币名，今相当于 1/20 法郎。——译注

它还是死了，我父亲并没有骗她。我母亲对他说，哦！对！你想要偷我的钱，你手头有钱，你就好好守着，你这个老无赖、老淫棍、老皮条！你就喜欢接济你那个老相好！就为了要接济她[1]，你要害死我的孩子！她所有的地，都是你在帮她种，帮她耕；而我父亲说，我确实需要养活我自己。我母亲对他说，你干了所有的事，而她只顾享乐消遣，这个该死的贱货，叙尔皮斯（Sulpice）早给我说了，你应该羞愧而死，你跟我有了小孩，而你还去找姘妇，我要来照顾孩子们，我不想让你把他们都养死了，我要制止你的荒淫堕落，然后她就离开了。我父亲含着眼泪对我说，当初从她手里买普兰（le Champ-Poulain）那块地皮的时候，我真不应该付给她那么多的钱，普兰就是他给我母亲买的那块地皮的名字。虽然她说了所有恶心的话，但是从镇上回来后，她没有忘记再去找我父亲，给他说让他去帮她杀猪，因为我父亲擅长杀猪和腌制猪肉，之后有一周的光景，他去了，然后问她哪里能拴他的马，我母亲说，没有地方
109 拴他的马，如果她想找，她肯定能找到地方，但是她说门外边就很好呀，我父亲只好把马拴到她的一个邻居家里，然后就开始准备腌制猪肉，按惯例他应该带一块肉回去吃，但是这一次他没有带。我母亲就问他为何不带；他说，如果我带了回去，就可能是为了在回去的路上送给那个该死的贱人。我母亲对此表示同意。然后我父亲就立刻起身离开了。我母亲并不经

1. 她要说的是我父亲村里的一个女人。她一个人寡居，抚养着三个孩子。她是一个非常正直的人。她有很多块地，就付钱雇我父亲帮她耕种。

常去忏悔告解，有几年时间她甚至都不过复活节，不过，当我
父亲和库尔沃东镇的本堂神甫先生成为好朋友之后，她也去忏
悔告解了。此外，她也跟神甫谈到了我父亲，她对我父亲的控
诉，也就是我之前讲过的她对我父亲的指责，以及她想来照
顾她的孩子，因为我父亲养活不了他们。数天之后，我［父
亲］见到神甫先生，他给我父亲［说］他见到了我母亲，她想
回来和我父亲一起生活。我父亲就问他，她没有跟你说些别
的事吗？神甫说，嗯，当时是这样，我们都很了解你，但是
她想要和她的孩子们一起生活。我父亲说，我也想和她一起
生活，但是现在这个时机是挺尴尬的。那边，她的母亲正病
重，可能就要不行了，必须等到她母亲康复了吧，或者如果
她非要来不可，那也要找一个人来照顾她母亲才行，神甫觉得
他说的有道理，而我外祖母的病不断恶化，十四天之后就去世
了，我父亲支付了葬礼中他应该负担的，过了几天之后，他给
我母亲说，你想要搬去和我一起住，现在你再没有什么掣肘的 110
事了，你可以搬来了；不过，因为我父亲非常了解她，就给她
提了一个建议，他对她讲，如果你来住在这里，我还是要出去
给别人种田的，我也会给你种田，就跟以前一样。我母亲说，
不，我不准你去施舍恩惠，我父亲对她说，看来你还是本性难
移，你这么说是要让我痛苦呢，还是你真的就是这么想的，我
母亲一直都是这么想的，她对我父亲说，前段时间他来做苹果
酒，正是他的原因，使我母亲被迫一天支付比原本应得的要
多的工钱，但她知道，早上在来她家之前，他先去找了他的

妓女。[1]她还当着我妹妹艾梅的面谈这件事，我妹妹泪如雨下，
徒劳地恳求她不要再生出这样的想法来，我妹妹说，我父亲去
找妓女，这不是真的，是村里的另外一个人去找了妓女，他的
名字叫纳提维尔（Nativel），我母亲说，如果真是纳提维尔去
找了妓女，他也不是什么都没做，他给纳提维尔付的钱。滚
吧，你这个可怜的小傻瓜，你当然以为啥事都没有，因为你啥
都没看见。我父亲给我母亲说，既然她想来和他一起住，那么
他们就必须把她的地给租出去，我母亲不同意了，她说，她可
111 以让两个女儿留下来种她的地；她们可以在那里做做家务，喂
喂牲口；我母亲想着她可以来去自如，并且坐收所有的钱；她
不满足于只拥有对自己家产的掌控，还觊觎支配我父亲的家
产，我父亲没有任何的决定权，没有我母亲的允许，他甚至周
末都不能跟他的朋友们去喝几杯酒，我父亲给她说，如果把女
孩们单独留在一间屋子里，对她们的名誉是不好的。要么跟以
前一样，我母亲继续留下来，要么把她的地租出去，他问她，
是愿意把地整块出租，还是分块出租。我母亲说她愿意只租给
一个农夫。因为我父亲在欧奈镇家里有足够的家具，他就给我
母亲说，我们可以把在库尔沃东的家具卖掉，我母亲说她不想
卖她的家具，我父亲就说，好吧，那我们就不卖了。过了几
天，我去库尔沃东劈柴，到了中午，她对我说，对了，他让我

1. 当我父亲去库尔沃东镇干活的时候，他推着小车，带着所有的农具，准备好所有东西，然后还要走一法里的路，因此他无法一大早就赶到。——原注
文中的一法里约合四公里。——译注

卖掉我的家具，这一定是他的母亲给他出的鬼点子，想要赚几块钱，真是一点都不好笑。言语间对我父亲充满鄙视。我对她说，如果他想卖，那就让他去卖，我母亲说，啊，对，如果他能够卖掉的话。我给她说，如果你[1]想要卖给其他人，那他们会以另外一种方式引导你，而我父亲也会给你另一个报价，你先保持镇定。啊，对呀。我母亲说，当他卖了些东西之后，他 112
会保管着钱，那我就不留在那里了。我妹妹维克多莉似乎在嘲笑我说的理由，我父亲就开始发布信息他想要外租土地，他的表兄皮埃尔·勒·孔德（Pierre le Comte）就来询问他，此人在布雍有地，但是没有房子，所以他想在这个地方安定下来，并且觉得这个地方适合他，我母亲对此非常满意，当着她的面就把价钱给定了下来，她还可以收到红酒。他租下了所有可用的耕地和牧场，以及我母亲之前住过的整栋房子，包括两个房间，一个谷仓和一个牲口棚，全部都租下来了。租金为一年 250 法郎，他还会额外提供 50 法郎的红酒，租期为九年，租约规定佃户要按照使用情况给土地施肥；规定他要养护房屋；规定他要保证果树，如有倒掉的则要在原地换一棵活的；规定他在住进来时可以带些麦秸，在他离开的时候必须恢复原状；还规定在租约的最后两年不能砍树。此外，依然有两栋房子还没有租出去，它还能再租 60 法郎。两周之后，我母亲觉得不好，她说租的价钱太便宜了。后来我父亲就不停地去库尔

1. 我一直习惯于称呼我的父亲和母亲为“你”。——原注
按照当时的习惯通常要用尊称“您”。——译注

沃东，因为我母亲一直住在里面，直到米迦勒节[1]那天。那天，
113 租户准备入住使用，我母亲却给他说，她要终止合同，因为她女儿在不停地哭，她女儿不想搬走。我父亲就问我妹妹这是不是真的，我妹妹说不是。鉴于我母亲一直坚持要废止租约，我父亲只能给租户说，他们两个一起去找我母亲，他们把租约拿去给她，然后我父亲给她说，如果你想要终止合同，你就终止吧，这是那两份文件，但是请注意，我是不会再来这里了，你好自为之吧。我母亲并不想终止交易，她不说行，也不说不行。我父亲和租户又回来了，重新拿走了他们的租约合同；不过，我母亲一直坚持说，她绝不离开她的家。有一天，我去她家跟我妹妹聊天，我跟她聊了很多，尤其是提到，她不能在这里再住一年下去了。她问，为什么我不能再住下去？我们看吧，皮埃尔·勒·孔德会不会把我们从家里轰出去；我给她说，可是他肯定会让父亲把你轰出去。她说，哼，如果父亲把我们轰出去，母亲就会一直骂他，她会尽其所能地让他痛苦；因为我觉得租户并没有让我父亲这么做，于是我就对我妹妹说，如果你继续待在这，你怎么过活？父亲又不会再来这儿种地。她说，你听着，我们找得到人手。倘若过去十五年他没来过，我们都过得很好，母亲不会为此缠着他的。我父亲希望租户不要逼迫他，因为当时已经开始收庄稼了，而我母亲又坚持
114 住着不愿离开，在这种情况下，她跑来问我父亲，是不是他不

1. 米迦勒节（la Fête des Saints Michel）是天使长圣米迦勒的庆祝日，根据西方基督教的教会年历一般为每年的 9 月 29 日。——译注

来给她送粮食，我父亲对她说，如果你想要粮食，我可以去给你带些，由于她对此并不满意，就讲了很多话，然后走了。我父亲对她说，快走吧，你这个可怜的老糊涂。当她正要离开，我父亲说，我绝不会再对她说这么多了。就在这时，我父亲旅行去了一趟拉代利夫朗德（la Délivrande）[1]，带着我弟弟普罗斯佩，因为他视力不好。我妹妹维克多莉也想一起去，我父亲就再去告知我母亲，我母亲说，哈，我们没有时间出去胡逛，因为我们马上要收庄稼。她就找人手，开始帮她收庄稼。但是，已经租下土地的租户想要履行合同，他和我母亲谈了很多次，我母亲轻蔑地说，他总不能撵她出去，这就激怒了租户，他更加固执地要履行合同。我母亲也多少担心他砍了 8 月刚种的几棵树，担心他不再履约。他来告知了我父亲；不过我父亲能做的，也只能是恳求他放弃合同。但是，这个租户觉得我父亲和我母亲一伙的，以便让他放弃合同。他说，他们俩达成攻守同盟，但是他们不能在我眼皮底下把事弄成。米迦勒节就要到了，我父亲就去找了租户，租户要多少钱，他就给他多少钱。有几个人跟着我父亲，他们也帮我父亲劝说租户，最终，租户决定放弃合同，条件是他们必须写个字据，确保我父亲不 115
能再把地租给其他人。但是接下来的星期日，他又来了，说他反悔了。于是我父亲对他说：你想对我做什么都行，就算你要杀了我，我都一动不动。他回答说，但是你要我怎么做呢，老

1. 今名为 Douvres-la-Délivrande，拉代利夫朗德是法国卡尔瓦多省的一个市镇，属于卡昂区。位于欧奈镇东北方向，距离约 46 公里。——译注

人家[1]，您可没有权限啊。他一边往出走，一边说，他要看看这事得怎么搞定。就在那一周，他又重新签了合同，他把合同拿给我父亲，我父亲眼见木已成舟，决定去搬走家具。在这之前，他已经找了我母亲，是由库尔沃东村的弗朗索瓦·勒·孔德（François le Comte）领着的，此人是我母亲的老熟人，想着能跟我母亲好好说说。我母亲说，干什么都没用，没有人能把她赶走，她会战斗到死。数天之后，我们带着小推车来搬家具。我们一行三人：我父亲，福歇（Fouchct）赶着他的马，还有我；在路上，我父亲还请镇长助理跟他一起去，可以劝诫一下我母亲，镇长助理就去了，他说如果她什么都没说，他就不出面了，到了之后，我父亲开始装粮食，粮食已经装在大口袋里了，我母亲一句话也没说，镇长助理就转身回去了。我
116 父亲要谷仓的钥匙，她不给，我父亲就搬在房间里的一个箱子。我母亲不让他搬，他就抓住她，这时我和跟我们来的那个人一起把箱子装到了车上。就在我父亲抓住我母亲的时候，她就用手指头把我父亲抓伤了，还咬伤了好几个地方。我的弟弟于勒走了过来，她对他说：咬他，我的孩子，快咬他，咬这个流氓无赖。我父亲说，于勒咬住了他的手指头，但是他不敢使劲咬。不过看到我父亲被于勒制住了，我就把于勒抓住，把他带到了一个邻居家里。我们装完车，然后就离开了。下午，我们回来了，就在到家的时候，村里所有的人都站在门外，我母

1. 他通常就是这么说话的。

亲就开始吵架，我父亲从窗户翻入，想要进阁楼，却被我母亲拽住他的腿，他从上面直接摔到了地上，怀表的链子也被扯断了，衣服也被扯烂了，我父亲并没有打她，不过他说，他要把她关在房间里，好让她消停下来，他抓着她的胳膊，要把她拽回去，而她的手乱抓起来，我父亲被抓得比第一次还严重，这时他抓住她的手，把她拉到一个房间里，她故意摔倒在地上；我母亲说，他也不把她拉起来，但是为了抓住她，我父亲已经尽力去拉她起来了，我妹妹为了拦住我父亲，也掺和了进来，见到她搅和进来，我把她拉了出去并给了她几个耳光，当时我父亲正在拉扯我母亲，我母亲大叫起来，我妹妹也跟着喊：报仇！他要杀死我，他要谋杀我，他要杀死我，报仇！我的上帝，报仇！到了房间之后，她的一个表妹来了，安慰了她几 117
句然后说，我母亲最好帮我们装东西，然后跟她的丈夫一起回家去，而不是在这儿干这些事情。这让她稍稍平静了一些。我父亲已经疲惫不堪，他进了房间之后就开始咳血。他又继续装货，我母亲一再把他要带走的东西拿了回来，他又把其他东西装到车上作为替代，然后我们就离开了。我跟我妹妹说到这些时，她对我说，我要杀死他，我要弄死他。我对她说，为什么你也要掺和进来？你难道不知道是母亲想象出了所有的东西来污蔑他吗？她反驳我道，她一件事都没有想象，我父亲，还有福歇也都跟她谈了，我父亲对她说，应该好好劝诫她的母亲而不是袒护她，我妹妹回答道，她每天都建议母亲去和父亲住，但是她一无所获。我父亲也问在那里的打谷人，是否他还欠他什么东西没有，打谷人说，不欠。第二天，我母亲来了，想要回她的母牛，我父亲不同意，她就说了很多难听的话，她说得很过分：你已经拿走了箱子，你觉得你拿走了钱，但是你得不到它。然后她对我祖母喊道：是你给他说来抢我的东西！我看就是你让他这么做的，你这个欠 × 的。然后，她就立刻出去找维莱尔的治安法官，治安法官信以为真，给我父亲寄来一封信，条款
118 罗列如下：你的配偶申诉，你于昨日带着小推车去了她的住处，因她的母亲去世，她是家业的唯一合法继承人，而你却搬走了她的粮食、牲口以及所有家当。我认为你的妻子有权利拥有其遗产中的动产部分，而且你没有权利对其非法占有，至于因为她反抗你的破门而入，而你抓住她的胳膊和手拖拽她，你与她交恶也同样不妥。可以确定，如果她对你提出法律诉讼的话，那么她就能因你的过失而得一个公正的赔偿。为了避免夫妻之间经常遇到的不和谐，我建议你下周末早上九点到我在朗德（Lande）的办公室来一趟，以便找个和解之法。或者，你可以去找你们市镇的治安法官先生，我想他也可以传唤你去并促使你重回正途。

我母亲把这封信呈给了欧奈镇的治安法官先生，然后就又跑来把信转给了我父亲，而他正准备去我母亲家找回那头还没有卖掉的小牛，他是带着大货车去找的，但是他到了之后，我母亲又开始新一轮的抵抗，他空手而归，两天后，我母亲和帮她打谷的伙计，两人一起去维莱尔卖掉了小牛。欧奈镇的治安法官先生看了这封信，就和欧奈镇的警察局长聊起了里维耶先
119 生以及他的弟弟，他说：混蛋啊，太让我震惊了，我真没想到

里维耶竟会是这种人，他们告诉他发生了什么事，由于丈夫有义务和自己的妻子住在一起，我父亲就给欧奈镇的本堂神甫先生说，那个租户并不想终止租约合同，说他希望如其所愿。当时，我父亲去找了神甫，让他看了自己的脸，啊！神甫说，我真同情你，我可怜的里维耶。我父亲又把他收到的信也交给神甫看。神甫先生给他写了一封信，推荐了他在孔岱（Condé）[1]的一位熟人律师朋友，达沃先生（$\mathrm{M^r}$ Davou）。我父亲拿着租约合同去了，其中涉及一个条款，这个在我下面的讲述中能够看到，他对我父亲说，他可以做一个动产清查，这是很有用的。我父亲就问他如何做起来，他说：让你夫人自己做一个估算。我父亲无法给他解释清楚自己的状态，大家都可以按照我之前说过的来加以判断，这个建议是否具有可行性。我父亲问他，他如何能让我母亲来和他同住。他给我父亲说；所有的手续都可以在国民警卫队办理，只要镇长或者卫队长许可。我父亲周末没有时间去维莱尔找治安法官，他忙着要与他的邻居去立界石。小麦需要收割，工作量很大。我父亲没有时间去打架，也没有时间去吵架；他给租户做了一份树木的清单，承诺他可以在签租约的第二年伐掉这些树，但由于我母亲已经砍掉 120
了这些树，所以补给他稻草的肥料，他也表示同意。就这样，租户终于获得使用权，并开始种小麦。我父亲也开始种他的小麦。如此一来，我父亲也就没有足够的精力去安排交出那个房

1. 现名黑水河畔孔岱（Condé-sur-Noireau），是卡尔瓦多省的一个市镇，位于维尔镇以东 25 公里。——译注

子。之前，他曾对佃户说，他要去找维莱尔的治安法官，召集
他们俩，他的妻子和租户。但是，治安法官说，他已经给租户
写过信了，不需要再接见他了，因为治安法官认为他的妻子说
的在理，她解释得非常清楚。既然他已经把房产出租给他，他
就能要求他交出房产。如果他未能交出，则他可以提出赔偿要
求。租户说，他不想让自己遭受损失。法官问他，那么，你想
要什么？他提了自己的方案然后回去了，过了几天，我父亲跟
他一起去，给他腾空房子，然后我父亲给我母亲说，你想让
我们把你的家当搬到你那间不租的房间里吗，你可以住在那
里，继续收你的房租。但是她说不用，她要把家当都搬到外面
去。我父亲问她，为什么要搬到外面去，接下来可怎么办。但
是她想要他们把家当都搬出去。于是，他们把东西都搬出去
了，我父亲对她说，你想要我们把家当搬到另一间房子里吗？
我母亲说，不必了。然后，我父亲就把那间已经搬空了的房子
的门锁上，与租户一起走了。然而，他们前脚刚走，我母亲和
我妹妹就把所有的家当又搬回家去了，我妹妹一边往回搬，一
121 边说，毫无疑问，这是担心让我们错过了他们干的那么多活儿
么。就在那一周，我父亲决定叫上镇长助理和一些村里有名望
的人一起去，他还叫了一位锁匠同去，让他把锁子撬开，把房
子腾空，然后再把门锁上，把所有的家当全都拉走。就在他准
备行动的前一天晚上，他想着，租户是不是还想和解，他想赔
偿租户所有的损失，他觉得再给他赔偿金，也比强迫他妻子来
和他一起生活要好。到了早上，他给我们说了他的想法，告诉

我他会一直走在前面，然后叫我拉上车去租户他们村，倘若租户同意和解，大家就不用再这么折腾了，然后租户就同意和解了。我们计算了所有他做过的活计。他播种的土地，他赠送的酒，他们登记的租约总额高达119法郎，而且为了废止这个租约，最后花费了238法郎租户才撤回了合同。鉴于他放弃了这个合同，镇长助理写了一份文书给他。我那可怜的父亲真的觉得他平静下来了，他没有这么多钱，钱是他去他的一个邻居埃贝尔（Hébert）那里借来的。我父亲说，不过，我很安心，我所有的孩子都来我这边，她想待就让她继续待在她家。所有我
期望的是，我的小可怜[1]还在那边，因为对其他人她还是讲道 122
理的。大概一个月之后，我母亲来找我父亲了，她对他说，你的把戏现在要完了吧。我就是来看看你什么时候能把你拿走的东西还给我，让我管我的东西，我父亲说，你现在就安逸着呢，你的小麦已经种了，你还有一头母牛，你什么都不缺[2]，让我安生着吧，你再也不用担心我会回到你身边。我母亲说，我还要我的家当。我父亲说，如果你把我给你的都还给我，那我就把你的家当都还给你。而她却说，我父亲根本没有给租户赔偿金，他们私下达成协议，就是为了撵她走，后来她就一直这么说。而我父亲给她种小麦，让她签订租约合同，然后书面告知她，他们做了很多事情，租户是因为得到很多钱才和我父亲

1. 他想要说的是我的弟弟于勒。
2. 可以肯定地说，我母亲还有很多钱，她可以不用干活就能养活自己，因为她整天卖各种东西。

终止了合同，这些只不过是纯粹骗人的鬼把戏。她去找了欧奈镇的治安法官先生，治安法官召集他们两人前来调解，他给了我母亲很多的告诫，没有达成什么结果，我母亲说，她对此看得更远，她去找了库尔沃东镇的弗朗索瓦·勒·孔德，他尽量让我母亲回到她的义务上来，他给我母亲说，既然她的丈夫要离开她，那她就应该保持平常心，她应在此事上表现得坚决果断。但
123 是我母亲对他说，有一天，她的女儿对她说，我父亲还是完全有理由再次跑来扫荡她的家产，而我母亲则希望投个保险。勒·孔德对她说，那你需要花些钱。她说，那好，如果这事我要花钱，那他就也得花钱。她去维尔镇待了一周，空手而归，什么都没有做成，但是她给那些询问她旅程的人说，从现在起的六个月内一切都会好起来的，如果她愿意，她可以把我父亲的所有家产全都挥霍掉。然后，她就把自己丢进各种债务之中。她经常从欧奈镇的奥德夫人（Mme Aod）那里拿些洗漱用品给她和我妹妹。她之前经常是付钱的，但那时之后她就不再付钱了。我父亲之前询问过的是否欠他钱的那个帮忙打谷的人，此时也跑来找我父亲，他给我父亲说，我母亲不想给他 12 法郎的工钱，这是她应该要付的，他也正是那个砍树的人。我父亲听他这么一说，有些吃惊，然后给他说，他没有领到工钱的确是不公平的，并且他会和他一起去找我母亲，看她是不是不想付工钱，而且他将牵一头牛去，要卖了牛给他付工钱，到了约定的时日，我父亲就去了，并在我母亲家里找到那个打谷的，我母亲和我妹妹在牲口棚里，站在牛的两边。他就此事和我母亲谈了几句，然后给打

谷的说，他会付给他应得的工钱。此人把我父亲带到治安法官先生面前调解此事，我母亲也去了。法官只对她一个人讲话[1]， 124
他再一次指责她说，她最好和她的丈夫回去一起生活，而我母亲说，她会来一起生活的，我父亲就给打谷的付了工钱。我母亲给别人抱怨说，我父亲让别人耕种她的地[2]，而他又去种别人的地。说闲话的人把这些话传得面目全非。大家以两种方式听到这些闲话。于是我父亲成了公众嘲笑的玩偶。玛丽·福丹（Marie Fortain）对他说，嗨，她下次再传唤你去见治安法官的话，我求你不要再去了，大家都看你笑话呢。我父亲改变主意，又去库尔沃东干活，因为我母亲说她要来和他一起住。他问她几时她会来，她说，啊，很快；对此，我妹妹就给我父亲说，对了，圣·克莱尔日[3]我还要去工作呢，但她不敢挑明她的想法，最后她说：哼，你认为我们几时去你那里，还要按你

1. 有一天，这个法官跟我父亲谈话，他问我父亲，他的妻子是不是一个品行恶劣之人。她是不是不爱其他人只爱她自己，我父亲说，是的，对此我深信不疑。法官说，这就奇怪了，您给我说她没有宗教信仰，这就是她不喜欢您的原因，那么她就不是一个品行恶劣之人。我父亲说：我可不这么认为，她给我说的可不是同样的话。法官说，哈，这就对了，她是嫉妒成性。
2. 数天之前，正当我母亲扬言要举债借钱，我父亲就去布雍镇，他给我妹妹谈了话，我妹妹告诉他，当他离开他们的时候，我母亲借了数不清的外债，她每天空手借钱，所有她需要的东西都是赊账买来的。我父亲给她说：为什么我想让她来的时候她就不来？我妹妹回答说，她不想和她的婆婆一起生活，她想在单另一间房子里住，以便放置我们所有的家当。
3. 圣克莱尔（Sainte Claire，1194 年—1253 年），意大利天主教圣徒。亚西西的方济各（Francis of Assisi）最早的追随者之一。她是亚西西的方济各所创立的贫穷修女会的第一任院长。她于 1255 年 9 月 26 日被罗马教皇亚历山大四世封圣，瞻礼日为 8 月 11 日。——译注

125 的安排吗？我父亲一直耐着性子对她说[1]，你说是你母亲要留下，不是你。但是，我看你和她一样坏；我妹妹说，可不是我在 15 年前把她撵回来的，你应该让她安享平静，你那时就该待在你家。我母亲也说了几句，好让我父亲明白，她就没有想要离开。几天以后，我母亲顺路过来，她问我父亲是否能马上来帮她种大麦。我父亲对她说，是不是她以为他是一个十足的蠢蛋，会放下自己手边的活，去帮一个总是试图惹恼他的人；我母亲对他说，那好，既然你这么说，你会发现这次不是 12 法郎，你会发现这次要比 12 法郎多。我父亲对她说，如果你让我陷入负债，那我就用你的那些家具来还钱。她说，那好，我们走着瞧。然后，她就离开了。我父亲担心我母亲真的来要挟他，就去找了卡昂的一个律师，波什先生（Mr Beaucher），他问律师他能不能公开宣布让大家不要赊账给她卖东西，否则他们会财货两空。该律师给他说，这么做是不合适的，他必须尽快让她来和他同住。我［父亲］就给他讲了自己现在的所处的状态。律师说，这非常不幸，你就找一个她不在家的时候，
126 去把她的家当拉走吧。然后，我父亲就离开了，他又去找了另外一个律师，布耶先生（Mr Pouillier）；他给我父亲说，他应该依法去做这件事，即给法院提交一份申请，让我母亲来和我父亲同住。这个要把我母亲叫回来同住的主意，在他看来无异于说是要招来一个魔鬼与他同住，我父亲先维持原状，他只是

1. 你们可以问一下福歇先生（Sieur Fouchet）。

提醒了帮工的，帮工的就问他，如果是这样，他给她做工，她会不会对他不好。我父亲给他说，你想在那做工就做吧，但是你不要找我要工钱。他还警告奥德夫人，此时我母亲已经欠了45法郎，没有给人家付钱了；不过，我母亲还有其他的店铺，此外她还会找那些路过她们村的小商贩。她买入粮食，又转手卖掉。她给库尔沃东的一个小贩勒·胡克斯（Le Roux）说，她想要三四个棉布软帽：你转告我丈夫，我欠您12法郎，您把剩下的货给我。小贩不想给她棉布软帽，她就把同样的话说给另一个商店的小贩，我忘了他长啥样了。当她在忙着干这些事的时候，7月，我的弟弟让（Jean）生病了，他脑部得了一
种病，14天之后就去世了。[1] 在最后几天，大家决定还是要通 127
知他的母亲，我就去找她，然后她就来看望我弟弟。当时他已经没有任何意识了，他已经认不出她了；我母亲星期一就回去了，星期二晚上又来了一趟，就在当天夜里，我弟弟每15分钟就痉挛一次，他拼命挣扎，惨极了。这孩子比我和我弟弟普罗斯佩都更讨人喜欢，他已经能够帮人干所有的事情，我父亲也非常喜欢他。大家都觉得，面对着这孩子的死，我父亲的悲

1. 我忘了讲了，在这之前的一段时间，我妹妹维克多莉来欧奈镇，给她的第二次圣餐仪式买衣服，她担心奥德夫人不卖给她，就去哈巴赫（Rabâche）家买。她花了29法郎。她给卖货的哈巴赫说，她没有钱付账。哈巴赫就问她是谁家的。和她一起的女裁缝说，她是福克特耶村里维耶的女儿。哈巴赫说，好的知道了，你拿走吧。我父亲后来知道了此事，我妹妹顺路来的时候，他跟给我妹妹谈到此事。问她到底谁应该为那件衣服付钱。她说，啊，我应该付钱，但是我要有钱才行。然后她补充说，如果不是你拿走了我们的东西，我们就有钱买漂亮衣服。

伤和沮丧是可以想见的。就在这时，我母亲交给我父亲两封信，一封是奥德夫人的，另一封是税务官的，让我父亲偿还她的债务，并当着他的面，坚持前面提到的她的主张。我父亲痛不欲生，大声喊道：我这是造的什么孽呀，啊，老天爷呀，你就对我再狠一些吧，走吧，我可怜的孩子，你逃离了这个世界，就真的幸福了，你就要去天国了。[1]我祖母来了，一再斥责我母亲，她怒火攻心，声音都嘶哑了。第二天，这孩子就断了气。邻居们想把我父亲从我弟弟身边带走。我父亲喊道，
128 不，我不要丢下他，我要陪着他去死。他大声喊道，噢，我可怜的孩子啊，他说，不，母亲，留下来吧，我不再像您那样有气力了，噢，我要离开这里。我祖母对他说，你要去哪里啊，我可怜的孩子。然后，他倒在床上，扔掉帽子，撕扯自己的头发；我妹妹艾梅（Aimée）扑进他怀里，邻居们纷纷对他说：你女儿也绝不要丢下你。我母亲回她家去了，自然是逢人就说我父亲害死了她的孩子云云，然后继续四处举债，她告诉做工的说，他可以得到他应得的工钱。但当商贩们来问她要钱的时候，她却说：你们去找那个抢走我家产的人要吧，你们想让我给你们写一个收据吗。我母亲担心我父亲会来拿走什么东西，她就立即开始收她的庄稼，为了收得快些，她抢先打了大部分的麦子。她去欧奈镇和埃夫勒西镇（Evreci）[2]的集市上全

1. 邻居们都看见了。
2. 即埃夫勒西（Évrecy），是法国卡尔瓦多省卡昂区的一个市镇，位于欧奈镇东北15公里。——译注

卖掉了，她只缴纳了税务官的欠款，因为有人告诉她，税务官可以查封她家里的动产，而其他的债主就都找我父亲要钱，我父亲发现如果任由事态继续发展下去，他就完蛋了，他决定去拿回来一些她的家当，看看它能做什么用。所有这些事使我祖母备受折磨，她给玛丽·福丹（Marie Fortain）哭诉说，啊，
我真想死了算了，我就非得［在］世上过得这么苦么[1]，就为 129
了得到这样的报应？仁慈的上帝啊，为什么让我受这种罪？为什么让我在这世上活这么久？玛丽·福丹尽力安慰她。有一次是埃夫勒西镇赶集的日子，我父亲和我，我们就去了，希望我母亲也在那里，就能牵走我们之前给她的牛和猪。我们刚一到，就看见了我妹妹，而我母亲则在不远的地方。我父亲说他去牵牛。这时，我妹妹就大喊起来：母亲，母亲，他来抢我们的牛啦；我母亲就跑过来，想要制止，我父亲抓住她，把她连同自己一起关到了一个房间里，这时，她又在我父亲身上连抓带咬，伤了好几处，然后，她又开始斥责我父亲害死了她的孩子。她说，是的，如果我要是知道，我就给他做手术了，至少我们能看到你的坏心肠，我父亲就给了她一记耳光，她又开始喊报仇。我就准备去牵牛，我妹妹就来制止，把牛给放跑了，我就去抓牛，抽了几鞭子，我们给牛犒赏了一袋子大麦，我父亲给打谷的说，让他回家去，并问他我母亲应付给他多

1. 她的一辈子都在不停劳作，20 年来，她的丈夫就一直患病，无法行走；她抚养四个孩子，深爱着他们，但是却只有一个孩子长大成人，而她又见证了他被如此不幸地对待。

少工钱，他说应付给他28苏。我们就离开了。我母亲在后面
130 追，并赶上了我们；我父亲当时挽住她的胳膊，就像步入婚礼
殿堂那个样子，她自己摔倒了三次，在第三次摔倒的时候，她
的脚下一滑摔到了腿，我父亲什么都没做，只是对她说，我觉
得你应该老老实实待在你那里，我真想好好治一治你，但是我
现在没心情。好几个人都看到了这一幕。而我母亲在随后提起
分居申请的时候会用到这件事。数天之后，她来找我父亲，想
让我父亲归还之前他拿走的那些东西。我父亲对她说，我要偿
还你的债务。但是，她打的如意算盘是，我父亲偿还她的欠
款，给她送还之前拿走的那些东西，以及给她一笔抚恤金，好
让她继续在她家待着。我父亲对她说，你觉得我的钱是哪来
的，我母亲说，就像其他人一样啊，从银行里取的么。她去维
尔镇找了福考先生（Mr Foucaut），想要得到一个夫妻分居许
可，但福考先生来了一封信，传唤了我父亲前去接受调解，我
父亲去找了他，带上了两个市镇的本堂神甫开具的操行品德证
明，我母亲也来到福考先生处，他们一致认为，我母亲应该去
和我父亲生活在一起，但规定我父亲需要把我母亲和她的家当
都安置在一个单独的房间里，规定没有我母亲的允许我祖母不
得进入她的房间，或者，假如我祖母进入的话，她就返回她在
库尔沃东的家，并且规定这个房间需要在十四天或者三周之后
准备妥当。我父亲就用小推车把我母亲从维尔（Vire）接了回
131 去。他们还认为，在周末的时候，我父亲应该去库尔沃东收割
荞麦。我父亲贴出广告，要把地租出去，因为米迦勒节马上就

到了；但是我母亲对这个安排并不满意，她在周内回到维尔，没有告知我父亲，自己就开始收荞麦，她有自己的安排，她要在我父亲来找她之前就把所有的粮食都卖掉，我父亲尽可能快地为我母亲准备房间，他得知了我母亲的意图，她正等着把粮食全都卖掉。于是，我父亲就推上小车，带了村里的两个人，去找剩下的粮食。他发现荞麦还在，其他粮食正准备打壳，他还牵走了一头猪，就在我们装货的同时，我父亲把我母亲稳在房间里，以便缓和她的情绪，我们前后拉了两趟，第二次的时候，我母亲没在场，她去修鞋了，在临走时，我父亲还想搬走一些床单，但我妹妹极力反对，于是他说，我们必须在几天之内把所有东西都搬走的，她说，不，她不会去，她要离开，让这些事都发生。事实上，她再返回维尔的时候，我父亲也去找了福考先生，问他应该怎么做，我父亲问他，是不是再没见到我母亲，而福考先生说，她还来过两次。他回答道，我没有见她，她需要再找一个圣人。晚上，我母亲去修鞋回来了，我 132
妹妹对她说：如果你想去你就去吧，我是绝对不会去和那个抢走我们所有家当的人一起住的。当时，我母亲觉得，她必须来我父亲家住，顺便可以继续搞点事情。房子已经准备妥当，我父亲就去找我母亲，同去的还有格维庸（Quevillon），他把马匹借给我们，以及格雷莱（Mr Grellai）先生家的仆人维克多（Victor），我父亲只见到了一点儿家当，连锅都没有，我母亲负债累累，这个我已经讲过了，他也只见了极少的衣服。我母亲找到了新的托词，她说让我父亲先还了她的债务之后，她才来和他同住。我父亲说，他已经偿还了一部分了，他也会偿还剩下的。但是他没有料到，我母亲以为他已经收到了那封信。我父亲请了两位夫人去给我母亲讲道理。然后，他驾着货车离开了，这次他带走了我的弟弟于勒，一路上都带着，那些和他一起去的人都能证明此事，他不时抱起我弟弟，亲吻他。他说，啊，我可怜的小于勒，我真是高兴啊，你才是我要带走的家当之中最珍贵的啊。在装第二车的时候，因为夫人们劝说我母亲去和我父亲同住，她就哭了起来。她真有爱哭的习惯，她说，唉，要是我那可怜的孩子还活着的时候他就让我去的话，我的孩子就不会死了。我妹妹和她都来了。晚上，我们没有时
133 间做周密安排，她只想和她的两个孩子一起睡在她的房间里。我父亲回来去找我祖母，她给我父亲拿出了一封信，是邮局送来的，收到的这封信使得我的祖母陷入巨大的悲痛之中；她翻倒在地，身体捶打着地面。这封信如此恶毒，我记诵如下。

库尔沃东……1833 年度债务情况备忘录。

阿玛尔镇[1]买衣服的，40 法郎；

高费，30 法郎；

维克多·布尔斯，10 法郎；

一个修鞋匠，10 法郎；

弥撒的费用，10 法郎；

1. 阿玛尔 Hamars，是法国卡尔瓦多省卡昂区的一个市镇，是库尔沃东镇的东邻。——译注

苏菲·里维耶[1]，17法郎；

玛丽安·勒·孔德，27法郎；

罗斯·勒米内，一个袋子，3法郎；

夏尔·勒巴，48苏；

勒·赫希先生，8苏；

苏菲·勒考克[2]，48苏；

皮埃尔·布莱图，70苏。

如果上述债务在八天内不能偿还，则他们可以提起诉状，并且还需偿还1834年度的债务，这些债务非常要紧。我父亲对这些债务全然不知，此外，有一笔债务我已经讲过，就是我父亲支付给种地的25法郎，本来说让他不要找我父亲的。但是此人偏就信了我母亲，而我母亲又骗了他；我父亲看到这些债务后，就气不打一处来，这封信是我妹妹维克多莉写的；我父亲一一询问了这些债务，维克多·布尔斯，我父亲已经给过他10法郎了，他说我母亲只欠他大约30苏，他相信其他人也有类似的情况。然而，除了高费的30法郎和苏菲·里维耶的 134
17法郎之外，他必须偿还余下的债务；我要说的是，我母亲去找的那个高费、玛丽安的弟弟勒·孔德，还有阿玛尔镇的一个泥瓦匠（un maçon），他们都是单身汉，这多少有点影响清誉；她们来家里的数天之后，我母亲、我妹妹维克多莉，还有我的两个弟弟，我父亲和我，我们去库尔沃东收苹果。中午，

1. 我妹妹维克多莉的老师。

2. 为她做花边的女服装店老板。

争执又起，我父亲提到了那封信，他没有和我母亲谈关于信的事，他只是问她为什么要如此地逼迫他？为什么她想要让他偿还那些他已经为她偿还过了的欠款，而她一边嘲讽他，一边回答道，他不想让她安宁，那他也休想得到他想要的安宁。然后，她就带着我妹妹和我弟弟于勒去了她的表妹家，因为我弟弟于勒一直哭，这个孩子有点倾向于站在我母亲一边，他也爱我父亲，但是也乐见他们和好。我父亲爱抚着他，想把他挽留下来，但是于勒并不想留下来。于是，我父亲给我弟弟普罗斯佩说，你也想要离我去吗？你也和他们一起去吗？他回答说，不，我们三个就待在这儿。雅克·勒·孔德的妻子当时也在场，我父亲对她说：她想要的就是要这样摧残我，在我遭受了这些艰辛之后，为了我的孩子们，为了我所获得的东西，我将
135 不得不卖掉土地，而且之后我还要卖出一片土地，这还是不够，如果她继续这样，那我肯定还要再卖其他的地了。他这么说着，眼里充满泪水。雅克·勒·孔德夫人对他说，她其他啥都想不起来，单单记得我母亲一直都有一个念头，就是各管各的钱，各挣各的钱。当天晚上，我母亲他们又回到了福克特耶村。星期天，我父亲去了阿玛尔镇跟卖衣服的谈债务的事，我母亲欠他 40 法郎，我父亲将在下一个周六还给他，此人还将给我父亲一张收据，证明债务已经偿清，并且他绝不会再借钱给我母亲和我妹妹维克多莉。周末，从欧奈镇晚祷回来时，我父亲在所有事情的重压之下，他终于病倒了，只得离开了教堂，去了寡妇盖尔尼耶家（Guernier）。我母亲想让孩子们，

即我妹妹维克多莉和我弟弟于勒，在她所住的房间里和她一起睡觉。我父亲劝她说，那间房间里放不下那么多床；有一个小房间，还有其他地方可以让他们睡觉，然而我母亲不想去。于是，两个小孩就和她挤在同一张床上一起睡觉。有些人给我父亲说：既然同住只会使她发怒，那我会想和她一起睡觉。我父亲给房间里又搬了一张床，我妹妹睡在这张床上，而他和我母亲睡，因为我母亲不想让于勒睡在其他地方，他们三人就睡在一起。自从他们的矛盾尖锐以后，我父亲就没有和我母亲发生 136
过肉体上的关系。在第一天和第二天晚上，他还想试一试，不过这足以把她惹恼了。我妹妹维克多莉听到了，她说：啊，我的上帝啊，我的上帝啊，你这是在对她做什么？我父亲对她说，你看啥，这跟你有什么关系，我对她做的事是丈夫对他的妻子做的事。她说，哼，放开她，她不想。我父亲对她说，算了，算了，我这就放了她好了。他和我母亲睡了几个晚上，然后发现她不给他那侧床上铺被褥，也不在枕头里填充羽毛，他发现我母亲为了使坏而干了所有事。他宁愿睡在其他床上，之后，我妹妹和我弟弟就一直和我母亲睡在一起。她做饭，我们就和她生活在一起，除了我祖母之外，她被禁止进入我母亲的房间；我祖母用她的年金分期付款，重新买入了我母亲的家当[1]，但是她却只能独自一人吃饭，这让她感到非常难过。有一天，她的怨恨已经无法忍受，于是她来找我们，把一件衬衣送

1. 在我祖母用她的年金分期回购的时候，我母亲说，我父亲是一个败家子，他不给他的孩子任何东西。他卖掉了我祖母的年金，以便维持他姘头的糜烂生活。

给普罗斯佩和我。我们正在房子里的一边睡觉，她说：哦，是
的，为了照顾好所有这些孩子，我受了很多苦头，我尽心尽力
137 地抚养他们长大，我应得到好的报答。然后，我就听见她用头
撞桌子或者地面，撞了两三［次］，她说，是的，我就是要用
身体捶打大地，啊，仁慈的神啊，你非要让我受这么多苦吗？
如果这里有河，我真想淹死算啦。我妹妹艾梅和她待在一起，
对她说，您睡吧，祖母，啊，我求您了；然后，她就睡下了。
我母亲还在一直使坏，她说，大家让她来到这儿就是为了害死
她，她的女儿整天都痛不欲生，她拿了一些线纱团和麻纱团到
商店里，她说她不得不卖些东西来过活，这是证人勒古瓦夫人
（Mme le Gouix）告诉勒米内（Leminée）的。面对这一切，我
父亲万念俱灰，我母亲用自己的理由来碾压他的时候，他就养
成了高声对她说话的习惯；当时，有人看见他跟她说话时无比
苦闷、时而大声喊叫、时而音调低沉，但是都没有什么用处，
我母亲对此毫不在意，她很享受对我父亲的颐指气使。一个星
期六，我父亲和她吵了一架，当时有路人经过看到，埃贝尔
（Hebert）的妻子过来对他说应该保持缄默。我母亲说，所有
路过的人都在谈论此事，我听到他们说：哎，我觉得她不习惯
这么做，其他人说，她并没有你们想得那么坏，人们说他就像
打牛肉一样打她。此后的一段时间，她做了一些准备工作。她
浆洗了些衣物，把皮鞋修好，我们正在做苹果酒，她看见我父
138 亲顾不过来，一个早上，她就带着一些衣服和什物离开了，没
有对任何人说。我妹妹维克多莉和我弟弟于勒跟着她，我妹妹

带走了她的花边织机，有人告诉了我父亲，他当时正在压榨作坊里，然后他就追赶他们，我也跟着去了，看看会发生什么事，我发现他回来了，背上背了一个小孩，我母亲跟在后头，我父亲表情凝重，气氛绝望，好像是在说：我放弃、抛弃了我所拥有的一切，就只有这个可怜的小家伙了，谁也别想把他从我身边夺走。我要监护着他，我要一直带着他；在路上，我对我父亲说：她们爱去哪，就让她们去哪好了，贴告示不要让大家给她们任何东西。他没有回答我，他的思绪都集中在事上，回到村子里之后，我母亲对于勒说：别怕，今天晚上我还会再来，然后就走了。吃饭的时候，我父亲对于勒说，我的小可怜，别再跟她去了，她这种性格，只能把你带坏。然后，我父亲抱了抱于勒。当晚，我母亲又来了，还带着我妹妹。大家都不知道她们要干什么，我母亲继续与我父亲吵架，毫不顾及我父亲正在煎熬的痛苦。第二天，他在压榨作坊干了很久，因为再过一天他需要去给格维庸（Quevillon）干活，我问他，是否需要去给格维庸说一声，我们可能去不了，但是他说，不用，然后他沉思起来，最后他说：唉！我放弃了一切，我忍让着一切，我还不如去跳井算啦。他就走出去了，我就跟着他，而且我祖母也过来找他，他没有干傻事，喝了一杯水，就又回 139
压榨作坊去了；他同意我通知格维庸，说我们第二天不［能］去他那儿了。早上，我父亲、我祖母和我，我们三个人在分拣压榨完的苹果渣子。我们聊起了我母亲做事的手段。我祖母和我，我们都建议我父亲把告示张贴出去，同时又担心她不停地摧残我父亲。我父亲说，他不想这么做，你这样做，正是让她干她想干的事情。我们对他说，你要让她到处丑化你吗？他说，唉，我不会让她这么干太久的，你们要相信，这事很快就会有个了结。我祖母对他说，唉，你以此相要挟，那好，我也以此相要挟她；然后她就离开了。于是，我父亲摘掉帽子，扯着自己的头发，显得非常愤怒和绝望。唉，唉，唉，唉，他叫喊着；我向他扑过去，对他说，我可怜的父亲，坚持下去啊。过了一会，我妹妹艾梅哭着进来了，她说，这里到底发生了什么事，我祖母在外面难过得哭呢，这究竟是怎么了，我弯腰对着她的耳朵说，你快去把神甫先生找来，父亲想要自杀。于是，我妹妹就出去了。不一会儿，我祖母和我妹妹又回来了，我祖母问我父亲道：他对艾梅说去找神甫先生，你是想让我去找神甫先生吗。不过在这时候，他稍微冷静了一些。也就没有
140 人去找神甫先生。但是，他还是存着这个念头，我记不得是在同一天还是过了几天之后，他讲了这些话：我真的没有勇气摆脱这么多屈辱，难道有人可以不要什么理由就做到吗。过了些日子，我母亲给玛丽安·勒·孔德说，还欠她一袋小麦就能付清欠款。毫无疑问，这是我母亲和这个女人一起安排好的，她会给我母亲分一斗，我父亲就问她，她怎么样把小麦给的我母亲。她说，她把小麦一斗一斗的给了我母亲，前三斗，她一次带一斗带走了，背上背个大口袋；而剩下的，她有磨坊主的马，她把斗里的都装进口袋，然后带走了。我父亲就问我妹妹，是不是她没有帮她母亲去搬这些小麦。我妹妹说，她没有

帮，但是她帮我母亲吃这些小麦了。这个玛丽安·勒·孔德来
到村子里要行骗，我父亲给她说，他不会给她偿付。我母亲让
她起诉我父亲，如有必要她就举起手和脚发誓，好像他真的欠
她的小麦。玛丽安·勒·孔德叫我父亲前来接受调解，我母亲
也跟她去了。我父亲理由充分：有些人看到她把小麦背在背上
带走了，看到我妹妹在帮她。治安法官问这个女人，是否她能
够用她的灵魂保证，她的欠账是合法的。因为她有一种厌倦之 *141*
情，于是我母亲就说：你是无辜的，如果是我，我会对此事非
常肯定。法官总结说，我看这个女人很正派，她也不愿意作
证，你就赔给她，然后和好走人吧，我父亲就给她赔偿了。那
个给我母亲干过活的打谷的人，我父亲曾经不让再给她干活
了，为了要回之后的 28 苏工钱，也来找我父亲，他想要回剩
下的钱。法官说，我父亲应该偿付该款项，于是，我父亲就给
他赔偿了。[1] 当时，我父亲跟法官讲了多次关于我母亲的事，
法官说：你看，你夫人虚弱无助，应该爱惜照顾她。有了法官
的话，接下来，我母亲就变本加厉地耻笑我父亲，并且更加确
信她是有理的。我记不清了，在这次吵架发生之前，还有另外
一次吵架。就在我母亲来和我父亲同住的时候，有一个要结婚
的人也来了，他想问我父亲租宅院中的一间房子，以便和他的
妻子一起居住。这个宅院是不能租给租户的，我之前说过，院

1. 法官很有可能最终是按照我母亲的意思来说话了，以便不受她的胁迫。此外，我父亲依然遵守各项法规，他并没有放弃自己的责任和义务。如此一来，我那受苦的父亲就泄了气，他只得屈服于强势的人。

里还附带着一个花园。我母亲什么都不想租。况且那片地已经
142 公示过不能出租，或许是因为人们根本就不关心这些时时都在发生的变化，或许是因为时间已经太迟了因为米迦勒节已经过去了，我父亲当年要使用这片地了。我之前提到过的这个宅院，它是一个卖木工用品的商店和一个地窖，租金是10埃居（écus）。据说租户可以拥有所有东西，包括花园里种的蔬菜，但是地窖我父亲要使用到来年的头一天。我母亲比所有其他人都最不中意这份合同，她说，这个人不能拥有花园里的蔬菜，她要把所有的蔬菜都拔掉。于是，有一天，正好我父亲没在家，出去做工，她来到家中，晚上，她叫我妹妹去把卷心菜都拔了，我妹妹就真去了。我父亲对我妹妹说，为什么你要这么做，我不准你拔，它们已经租出去了。我妹妹说，啊，我的上帝，它们种得太密了，我父亲把她拉了回来。但是，我母亲见到此状，就自己亲自去拔，我父亲不让她拔，她说，告诉你，我就是要全部铲除，我父亲给了她一记耳光，然后她就大声喊叫起来，报仇啊，我的神啊，他要杀了我，我妹妹维克多莉跑了过去，我也跑了过去，我看见我父亲正试图把我母亲赶出花园去；我母亲踢了他一脚，在被赶出去之后，她还打他好几拳。她说，我真是不幸啊，大半夜的有个王八蛋要杀我。但是我还会再来的，拿走我的卷心菜，我会找个好天气拿走它们的。我跟我父亲与格维庸从一条路回来。而我母亲和我妹妹则
143 从另外一条路离开了。当我们做最新的苹果酒的时候，我母亲不愿意去拿她留在库尔沃东的酒桶，当她看到有人去拿了，就

去咨询阿玛尔镇的一个泥瓦匠，看如何才能让她保持分居状态，之后，她就不停地到处找人咨询此事，到处散播说她的丈夫要杀死她，她的丈夫成天殴打她；在我们洗完衣服的一段时间之后，她也要床单被套去浆洗；但她必定还留有一些。我父亲就问她，用它们干了什么了。她没说什么，而我妹妹说：根本没有像他说的那么多的时间。[1] 我母亲似乎带走了他们的所有的最好的布料，然后和她的表兄弟们把它们藏到了库尔沃东，因为她知道我父亲已经给她提供了足够她用的东西。星期六，她的姐妹们顺道过来看她，就与她聊天，其中一个人给另一个人说，当我母亲还住在库尔沃东的时候，她已经债台高筑了；还有人说，里维耶不管到哪，都是一个十足的好人，而我母亲补充说：说他是一个十足的好人，我不能接受，为什么他不让他的妻子安宁地生活，她想要的都不给她。他们还来看过她几次，但他们不能忍受她。我父亲只得继续给她干农活，就像从没有受到她的羞辱一样；而我母亲依旧不关心她自己的家当，就好像我父亲也不关心他自己的家当一样。有个姐妹见到 *144*
我父亲的时候，对他的态度很好，她说，我母亲在欧奈镇就是一个恶女人，她让她的丈夫遭苦受难。我父亲和我，我们曾在地板上听到了我母亲和我妹妹在一起的谈话。我经常去听她们说话，但是只有当她们说话声音稍微高的时候，我才能听见她们谈话的内容。有一天，我父亲给我妹妹维克多莉说，我祖母

1. 注意：不是这回事……

不能再干更多的活儿了，必须有人帮忙照看母牛，必须由我另一个妹妹和她轮流去给牛喂饲料；当我母亲回来之后，她就用嘲讽的语气，重复了我父亲给她说的话：哦，他说必须去给牛喂饲料；说他的母亲不能再干活了。在做饭的时候，我母亲变着方儿地使坏，她给汤里加了绿叶菜，她明知道我父亲不喜欢在汤里加绿叶菜，又给其他几个他喜欢的汤里都加了。有几次，我父亲就与邻居们聊起了我母亲干的所有坏事，他提到了我母亲偷偷带走的那些布。他还说，毫无疑问，他们想回来，他们想回到她们的家里，但是他们不能把小于勒带走跟他们生活。我不让他跟着他们，我要他跟我生活，毕竟我们都不讨厌他。我母亲就去咨询博屈艾镇（Beauquay）的布兰先生（$\mathrm{M^r}$ Blain），给他散播对我父亲的诬蔑之词，她还给布兰先生说，
145 她已经有孕在身了。还有另外一个人正好也在布兰先生家里，于是此事很快在欧奈镇就传播开来，有个人给我们的一个邻居说：你们好像有个邻居，他虐待他的妻子很严重，因为他的妻子讲的都在理。我父亲知道了她说的已经怀孕的事，但是不能相信她会这么做。他说，因为她知道，怀孕这事只能是她和我，而她想着，我父亲在乎他的清誉，如果他碰到这样的事情，他会说：这怎么可能，这不是自己打自己脸么，她天天打我，我都想继续保持分居状态。我父亲继续说，我敢保证，她是在肚子上面垫了什么东西，是在假装怀孕。我必须去看看到底咋回事；他在一大堆人面前说出自己的理由，这些人有埃贝尔和他的夫人，寡妇凯内尔、格雷莱先生家的仆人维克多、我

母亲的一个表妹库尔沃东镇的乡村护士盖兰（Guerin）、欧奈镇的一个磨刀匠，以及欧奈镇的本堂神甫先生；神甫先生让他不要在意此事。我父亲接着讲，她说我坑害了其他人，但是我对她说，她必须给我说清楚她的肚子是怎么回事。不过，他又担心他搞错，所以我决定通过偷听别人来亲自搞清这件事；有一次，我听见我母亲和我妹妹在通过核查她之前几次坐月子的时间，来计算她将在这次产褥期中需要的时间。我妹妹还说，我们不需要给他做任何衣服，如果非要做，他可能会需要一顶帽子，你可以当着大家都在场说：我敬爱的丈夫啊，这儿没有 146
帽子，你给我做帽子所需要的钱吧。我妹妹补充说，这必定会笑声四起；然后，她用嘲讽的口气假装我父亲说话，她接着说，唉，他会给你说：唉，你这么做就是为着羞辱我么，你真是本性难移啊。如果这是为了其他东西，你或许还能得到一些；我母亲生怕谈话被人偷听，对她说，够了，闭嘴吧。我妹妹把声音压低说：怕啥，又不是成天到晚学呢。还有一次，我妹妹拿着她的花边织机去维莱尔做工，但是她没有拿到钱就回来了。我母亲说：我真是不幸啊，沦落至此。我的上帝啊，我们不能在这儿再这么待下去了。然后，她补充说：你有没有注意到，那个商贩是不是把钱付给了其他人了，衣服穿得跟你一样。很有可能就是这个人，商贩把钱付给她了，因而没付给你。我就把听到的事情毫无保留地全部告诉给我父亲，看他有什么想法。另有一次，我父亲出门旅行去了，我听见我母亲和我妹妹都猜测，我父亲想必是在诱惑她们拿走了布料和地契，她们说：他在于勒家里，或者在皮诺（Pinote）家里。我父亲去问我母亲要地契和其他东西，但是她们不想交还给他，她们还是必须要交出来的，假如我父亲真的一直这么做的话；尽管当时我母亲已经怀孕，但她想着，她还是能提起诉讼，以便获
147 得一个分居许可。然后，她就不愿意再做饭了，她只给那两个跟着她的孩子做饭，也不从我祖母那拿面包，她原来是去拿的，并且在三四天里，她到处找人给她支招儿，一天早上，我母亲去了她的表妹家，毫无疑问是去拿钱。另一个早上，她就离开了，前往维尔；我注意到当她离开的时候，有一个男人跟着她，这人无疑是村里跟她一伙的；在她离开期间，我妹妹维克多莉和我弟弟于勒一直待在家里，吃的是她给他们买来的面包，自从我们和我祖母生活在一起之后，他们就不愿意来我们这边。晚上，我父亲就问我妹妹，为什么她宁可把他家里的面包放坏，还要去买别人家的面包？她回答说，哼，因为我们有自己的法子买到。我父亲对她说，那就把哈巴赫（Rabâche）家和其他家的债务还了吧，你说当你有钱了你就会还的。他还问：为什么你拦着你的小弟弟不让他来我家吃饭？她说，我没有拦着他啊；我父亲给她说，你说谎，就是你拦着他不让来。我母亲带着法庭庭长先生的裁定回来了，似乎是要调解。这是勒·瓦卢瓦先生（M^{r} Le Valois）从圣·乔治（Saint-Georges）给我父亲带回的法令。所有人都被触动了，他们看到一个操行品德无可指责的人是如此的不幸，如此残忍地被他的妻子折

磨。星期日，我父亲去赞颂圣水礼[1]，因为他在弥撒时要唱诗，有将近50个人都哭了。就在这个星期，我父亲获得了一些证 148
明材料，一份来自欧奈市镇的镇长，他在证明书中评述了他的品行和他的威信；一份来自库尔沃东市镇的镇长，证明书中包括相似的内容，以及有关我母亲品行的其他东西；还有本堂神甫先生手写，当地多位居民签字的一份材料，写的是在我父亲与我母亲相处中我母亲的品行，以及我父亲为了和我母亲和睦地生活在一起所付出的历次代价与牺牲。我父亲带了他当年在福考先生面前签署的结婚协议书，他在路上把它弄丢了，然后又被人找到并交还给了他；还带着他已经撤销的契约，以及寄给他的催债的信。在耶稣升天节[2]的第二天，他亲自到庭。他发现，庭长先生站在我母亲的一边，他的证明材料并不被重视。当庭长先生看到库尔沃东市镇的证明材料时，他说：这是你为了反对你妻子，在库尔沃东镇弄的假冒材料。我父亲说，可是镇长出具证明材料是他心甘情愿的啊。我母亲开始对我父亲发起新一轮的斥责，说他害死了她的孩子。我父亲含着泪水给庭长先生解释了当时的情况。他还给庭长呈上了在福考先生面前签署的结婚协议书。庭长先生问我母亲，为何她不愿意信守这份协议书，并给她说她有三种选择：要么遵守这份协议

1. 赞颂圣水（entonner l’eau bénite）是天主教仪式，星期天的弥撒仪式中有洒圣水的仪式。——译注
2. 耶稣升天节（l’Ascension），是天主教传统节日，一般在耶稣复活日之后的第40天。——译注

149 书，要么退回她在库尔沃东的所有家产，要么打官司。我母亲说，如果她退回她的家产，那么她想让她丈夫归还之前拿走的她的东西，她的家具、她的钱、她的母牛、她的酒桶，以及她提到的其他东西，但是有许多她提到的东西，我父亲并没有拿。我父亲给她说：我会把所有的东西都还给你。然后他问把小孩交给谁抚养。庭长先生说，他们愿意去哪边，就去哪边。我父亲说：可是，先生，她说她怀孕了[1]，那这个小孩交给谁来抚养呢？他回答说，交给你妻子抚养比交给你更合适些，她要给小孩喂奶呢。但是，这并不是我母亲想履行的义务，她既不想生小孩，也不想干她该干的任何事来养小孩。我父亲说，你想怎么着，就怎么着吧。对于庭长先生所说的上述内容，她不置一词。法官还说，如果她想要继续打官司，则我父亲不得因故干预此事，不过，这个官司会花费很多钱。对此我母亲很满意，因为她知道，她跟我父亲打官司的钱都必须是由我父亲提供。在去维尔的路上，奥古斯特·格雷莱先生（Mr Auguste Grellay）就质问我母
150 亲，为什么她想把她的丈夫搞破产。她回答道，因为他把钱给了所有人。然而，那天她并没有传唤出庭。在回来的路上，从卡德

1. 对于我在上面所说的内容，我父亲不再能够保持一种理性思考了，他在那些跟他聊天的人面前说，她怀孕是有可能的，而且怀的就是他的小孩。然而，他却从来没有证实她是不是真的怀孕；当他看到她的肚子继续变大时，他说，因为她经常出去旅行，她很有可能会说她是在旅行中生产的，然后给他抱来一个别人的小孩。所以，如果她是在他家附近生产，那么他就去看望她。我父亲还说，她这么做就是为了把衣服带走，没有人能够发现，而且她也能用她的三寸不烂之舌来遮掩这些事。当她从维尔回来的时候，我父亲说：一切都完蛋了，她的肚子在维尔时并没有她往常那样的大。

奥勒（Cadeholle）[1] 到欧奈，我父亲骑着马，让她坐在他后面。到家之后，她也没有释放出更大的善意。我父亲跟她聊旅途上的事；她对我父亲说，你在那里真是风度翩翩啊，真有一种苦役犯的气派。接下来的几天，她继续出去找更进一步的咨询，并且继续从面包店拿面包，当她拿的时候，店主问她是不是她的丈夫没有面包了。她说，是的，当你想要去他家找点面包的时候，就会有一个老女人对你拉长老脸。自从我母亲想要分居之后，我就既不和我母亲吃饭，也不和我妹妹维克多莉吃饭了。我弟弟于勒从没有在我父亲、我，还有我弟弟普罗斯佩那里感受到如此之多的陪伴，他不再有像以前的那种要离开的念头 [2]。当时，他无论如何都要跟我回来，他回去我祖母家了好几次，和我们其他五个人吃饭，他非常喜欢我们，但是与我父亲相比而言，他更喜欢我母亲。在回到维尔的第二个星期六，我母亲的表妹来访，我妹妹维克多莉打开衣柜，给了她几个新的包袱，让她带走。星期日晚祷过后，我父亲拜访了欧奈镇的好 151
几个人，他们来我祖母家吃个饭后甜点。一些人吃完就走了；另一些人则没走。当时，来了一个来自库尔沃东镇的细木工匠，他住在布雍村，这是我母亲之前生活过的村子。他一来先去了我母亲的房间，他先抱了抱她，然后恭维了几句 [3]，就到另

---

1. 卡德奥勒（Cadeholle，现名 Cathéolle），位于欧奈镇西南，两地相距 16 公里。是从维尔回到欧奈镇的必经之地。——译注
2. 这个可怜的孩子，当我重新想起他的时候，他依旧让我心如虫噬。
3. 在我母亲来和我父亲住在一起之后，这个木匠还来看望过她好几次。

外一个房间里来，与父亲和在场的其他人一起喝酒，他聊起了他的木工工具，这是我母亲送给他的。我父亲说道，我母亲曾经想要他的这些工具，但是他不想给她，如此一来，他们两人都去找我母亲。然而，我母亲说的，跟木匠说的一模一样。我父亲万分惊愕，当着她的面，大声呼号起来。当时，与我待在一起的其他人纷纷说道：我的天！与这样的女人一起生活简直太不靠谱了，她真是四处乱搞啊。然后艾贝尔跟我聊天，他对我说：你可千万不能不管你父亲啊，他也不曾让你身处到那种境况中啊。哎呀！我有一个好主意。我父亲回来了，那个木匠也回来了。人们走到了庭院里，呼吸新鲜空气，木匠说：哎，里维耶我跟发飙了；我母亲和我妹妹在门口张望，她们很有一种幸灾乐祸的意味，嘲笑着我父亲的消沉沮丧，他已然不能自
152 拔。木匠坐了下来，喝了口酒，然后说他要唱首歌，弗朗索瓦·塞内卡尔（François Senecal）说，好吧，那就给我们唱个短的。木匠说这首歌是专门用来讽刺我父亲的，用来嘲笑他的伪善。第一段的结尾是：所有东西都进、进、进，但是没有东西跑出来；他在第二段唱到：哦，丽莎，为了要一直能进入同一扇门，必须等九个月后有个人先出来。[1]然后，我父亲说：我们进屋去吧。我们现在痛苦着呢，哪有心情唱歌。木匠也跟着我们进了来，他还要讲讲那些工具的事，他说：我曾经帮您的夫人收她的庄稼。她对我说：木匠，您把这些工具拿走吧，

1. 此为暗喻性交的市井艳调。——译注

这事我们就此两清。弗朗索瓦·塞内卡尔对他说：得了吧，你
这是想糊弄我们；又待了一段时间之后，木匠便离开了。在场
有几个女人就跟我父亲和我祖母聊起他们俩所经历的痛苦，他
们俩看上去已经崩溃了，她们说，刚才离开的那些人让他们俩
经历着人间的炼狱。第二天早上，我父亲就离家去了泰塞
（Tessel）[1]，我祖母等他等了一下午；但是他没有回来。直到星
期二早上三点才回来。她说：呀，你干什么去了，这段时间我
都在担惊受怕中等你哩，他说，当时他先离开了，为了赶晚上
六点回来，他在路上休息了一会儿，然后就睡着了。等他醒来
的时候，他走向了相反的路，等走了一里地之后，他才发现走 153
错了，这才往回走。就在这一天，他病倒了。我祖母把这些事
情说给了她的一个邻居，这位邻居对她说：这就是他的所有痛
苦，他备受摧残和煎熬，他已经完全没有气力去做工了，只能
卧床休息，就这样一直被煎熬着，陷入迷惘与发呆之中；还有
人说：假如他得了病，恐怕就好不起来了。

对我父亲所受痛苦的概述就写到这儿吧。

之前我答应过，解释一下我的性格，以及我在干这件事前前后后的想法，我将扼要介绍下我这非常特别的一生，还有直到今天依然盘踞在我脑子中的念头。

在我童年的时候，也就是大概七八岁，我有一个大虔信，

1. 泰塞（Tessel）是法国卡尔瓦多省卡昂市的一个市镇，位于欧奈镇以北8公里。——译注

发了一个大誓愿，我要远离对上帝的祈祷；在乞求丰收的祷告时，我也拒斥那仅有一刻钟时间的清静。我以为自己会成为一个神甫，我父亲说，他也希望我最终能实现愿望。我学习了布道，而且还在好几个人面前讲道，其中有我们村的尼古拉·里维耶（Nicolas Rivière），当时我们在他弟弟家里，他是欧奈镇开小旅馆的，有好几位先生都在场。在两三年的时间里，我一直都是如此。正是我所读到的东西启发我去这么做的。然而过了一段时间，我的想法改变了，我觉得我是另类的人，因为我
154 总是很古怪。我的同学觉察到了，他们都嘲笑我，我把他们对我的轻蔑态度归因于我从一开始就干过的一些愚蠢行为，在我看来，这就使他们永远对我失去了信任。我独自消遣的时候，走进我们家的菜园，当时我正在看关于军队的书，我假装我们家的绿卷心菜正在列队打仗，于是，我任命了老大，然后，我打烂了一些卷心菜，以表明它们被杀死或者被打伤了，我祖母说：真是不可思议，他喜欢卷心菜，但是他却把它们砍烂了。很长一段时间，我都是这么打发时间的，不过我并没有砍烂很多。里维耶的那个大儿子，就是那个壮汉，路过来看我，差不多每次来看我，他都问我：自从你与卷心菜开战以后，你现在还和它开战吗；我读书读得很好，还做数学题，但是写作方面，我掌握得不多。当我不去学校的时候，我就和我父亲在田里干活；但是，我的爱好完全不在种地上，我有想要出人头地的念头，我在阅读中获得了很多快乐；在学校里，大家读的是《卢瓦约蒙圣经》（*la bible de Royaumont*），我读了《民

数记》《申命记》，读《福音书》和剩下的《新约》部分。我还读了历书和地理书，我［读了］《家庭博物馆》（*Le Musée des familles*）[1] 和教会历法，几本历史书：《波拿巴史》，《罗马史》，《海难史》（*Histoire des naufrages*）[2]，《行动中的道德》（*La morale en action*）[3]，还有一些其他书，我只能找到一些用来擦屁股的报纸碎片，我就读这上面的，我还读了《梅利耶神甫的健全的思想》（*le Bon Sens du curé Meslier*）[4]，《费勒的哲学教理问答》 155
（*la Catéchisme philosophique de Feller*）[5]，《蒙彼利埃教理问答》

1.《家庭博物馆》（Le Musée des familles）是 19 世纪法国出现的最早且最著名的廉价图文杂志，创刊于 1833 年，旨在提高中下等收入家庭的文化素质和文化水平，创办人吉拉丹（Girardin）试图将其创办为“大众的卢浮宫”，该刊经常邀请知名作家例如巴尔扎克、雨果、大仲马、凡尔纳等人为其撰稿，在 19 世纪影响很大。该刊于 1900 年停办。——译注

2.《海难史》（Histoire des naufrages）是法国律师兼作家让—西蒙·德伯斯（Jean-Simon Deperthes，1730 年—1792 年）编写的关于海难沉船的通俗读物，在当时影响很大。初版时为三卷本，里维耶读到的应该是这个版本。该书后来增扩至 16 卷。——译注

3.《行动中的道德》（La morale en action）是法国道德家洛朗—皮埃尔·贝朗热（Laurent-Pierre Bérenger，1749 年—1822 年）于 1813 年出版的针对青少年道德教育的通俗读物。——译注

4. 即《梅叶神甫论健全的思想》（le Bon Sens du curé Meslier），参见边码第 49 页，注释 2。此处，皮埃尔·里维耶误把 curé Meslier 写作 curé Melier。——译注

5. 费勒的全名为弗朗索瓦·泽维尔·德·费勒（François Xavier de Feller，1735 年—1802 年），耶稣会神父，比利时人。他前期主要在法国和比利时活动，后期主要在匈牙利、波兰、罗马尼亚、波希米亚等东欧地区活动。1773 年，他出版了《哲学的教理问答，或者捍卫基督教对抗其敌人的论纲》，旨在宣扬天主教的精神性至上思想，对抗新教诸派。参见 François Xavier de Feller，*Catéchisme philosophique*，*ou Recueil d'observations propres à défendre la religion chrétienne contre ses ennemis*，Liège，1773。——译注

（*la Catéchisme de Montpellier*）[1]。正是我所阅读的那些天文学著作和其他著作，使我在接下来［有］三年不再虔信宗教。在这段时间中，以及在这之前的一段时间，我着魔般地沉溺于那些伟大和不朽的观念，我认为我比其他人都高尚，直到现在，我都耻于说出这些话，我感觉我可以超越现有的存在状态。在这期间，肉欲的激情支配着我。我认为，试图想要沉溺于其中对我而言是不值得的。但是，我总是对乱伦有一种恐惧，这使得我不想接近家族中的女性成员，当我觉得已非常接近某个女性时，我就用手比画出手势，好像在弥补我已犯下的恶行。此事持续了有一年光景，我父亲和我祖母对此非常痛心。我父亲说，这有点像是审慎（scrupules）[2]，但是也很奇怪，因为他又不信上帝。当有人问我为什么要做这些手势，我就试图回避这些问题，并告诉他们说，我这是要赶走魔鬼；他们还说，我也害怕其他女人，因为当他们有时坐到我祖母和我妹妹的一边时，我会抽身出来，坐到另一边去。那时，玛丽安·雷诺
156 （Marianne Renaut）还在我们家帮佣，有一天，当她打开花园大门的时候，我迅速伸手去提我的裤衩，尽管我离她很远；她说，哦，对啊，赶快，把你的裤子提好；然而，我害怕的并不是她，在她开门的时候，我担心进来的是我祖母或者是我妹妹。不过，这种念头已经消失了。我的优越感一直支配着我。

1.《蒙彼利埃教理问答》（Catéchisme dit de Montpellier），参见边码第18页注释。——译注

2. 在我不信神之前，我就已经有了其他的审慎，我担心在祈祷时会心不在焉，就无数次地重复那些话语，我也会做出一些古怪的动作和表情。

当我独自外出的时候，我自己编故事，假装自己扮演一个角色，
我脑中一直是那个我想象出来的人物。不过，我很清楚别人怎
么看我，大部分的人都在嘲笑我。为了制止别人对我的嘲笑，
为了在社会中生存下去，我采取了一些措施，但是我没有整体
的策略，我找不到应该跟他们说的话，我也没法跟我的同龄人
建立一个合群的氛围。当时，我经常在田间地头碰到一些女孩
子，我不知道该跟她们说些什么话，有些人为了看我的笑话，
她们就在后面追我，要亲我。我不想去看望我的亲戚，也就是
我的兄弟姐妹，我也不想见我父亲的朋友，因为我有点不知道
该说些啥客套话。鉴于我无法做到这些，我就安慰自己，我也
打心眼里瞧不起那些蔑视我的人。我要报复尼古拉·玛格丽
（Nicolas Margrie）的女儿，正是她强行亲吻了我，我编了一
首有关她清誉的歌，在路上到处散播。然后，通过给其他嘲笑
我的人都编上歌曲，我觉得我就能报复他们。我给我的一个朋 *157*
友福丹（Fortain）说，我能向所有嘲笑我的人复仇，通过编唱
关于他们的歌曲，我可以诽谤他们，可以把他们赶出村子。之
后，我多次想要叫某些人出来决斗。我也想出人头地，于是就
做了一些完全新型的器具，我希望在自己的想象力中把它们制
造出来。我第一个制造出来的工具是用来捕杀小鸟的，由于它
是前所未见的，我给它起了个名字叫做“卡力倍”（*calibene*）[1]。

---

1. 卡力倍（calibene 或 calibine）一词是皮埃尔·里维耶自造的词，来源于 le calibre，意为枪炮的口径。此事在第一章第二节的证人证词中也有提及，参见边码第 61 页。——译注

我花了周末和晚上的大量时间来制造它，眼看它并没有我想象的那样成功，我就拿出去把它埋在了草地里。后来，我又把它挖了出来，它现在还在我家阁楼的地板上放着。我还想制造一个黄油搅拌器，它是完全自动的，或者说用一辆马车通过发条来驱动，但是我只想在我的想象中制造。我把这些事讲给我的朋友福丹，以及让·毕欧（Jean Buot），我们都在一起做工。比起跟我同龄的人来说，我与年龄在9到10岁的小孩子更能合得来，我给他们做弩弓，并专注于让它们能够射箭；大家注意到了我的一把弓弩，尽管我说造弓弩只是为了消遣，为了疯一下，但是事实上却完全不是这样的。我在家里也射箭，但我会尽可能把它藏好。我
158 发现这并没有必要，我在书上看到，以前人们在外出捕猎的时候就拿着弩弓，打仗的时候也同样用弩弓。前一段时间，在射箭的时候，我把纳提维尔（Nativel）家的玻璃给射破了。有人说这是我干的，对此我很惭愧；我的两个弟弟当时都在场。有人就问他们是谁弄碎的，他们说他们不知道，他们绝口不说是我弄碎的。很快有人就起了疑心，我父亲问于勒，是不是我干的。这孩子依旧坚持说不是我干的。我把青蛙和小鸟钉死在十字架上，我还想象出其他的酷刑来折磨它们，就是在它们的肚子上钉三根钉子，把它们固定在树上。我把这叫做“埃纽法拉”（enuepharer），我带领着孩子们去干这些事，而有时候，我就独自去干这些事。

两年前，我独自一人去圣·奥诺利纳（Sainte Honorine）[1]

1. 现为 Sainte-Honorine-du-Fay，是法国西北部诺曼底大区卡尔瓦多省的市镇。在欧奈镇东北方向，距离15公里。——译注

的圣·克莱尔节（la Saint Clair），主要是去观察主人和仆人在一起时的对话，通过这种方式来学习，如果出现这样的机会，我也这么说话。我观察了好几个人，其中就有维尔·德·吉贝维耶先生（Mr Viel de Guiberville），我看到他和他的几个仆人说话，还表扬了其中一个；我只是观察这些人，并不和他们说话，并不认识他们，也并不让他们认出我。还有几次，我在集会和市场上四处溜达，没有人陪着我。我一直都有想法，想要自学，想要提升自己。我想，倘若我有钱了，我就买些书，买高提耶神父（l'abbé Gaultier）的教育课程全集[1]，包括有阅 159
读、写作、算术、几何、地理、历史、音乐、法语、拉丁语和意大利语等等，一共要花 60 法郎。我想提升我自己。无论如何，我都有对出人头地的渴望；我深爱着我父亲，他的不幸真是触痛了我。在最近这段时间，我眼见他陷入消沉，心里想的嘴上不说，他所忍受着的持续的折磨，这一切都真真地触痛了我。我所有的思绪都投向了这些事，专注在这上面。我构想了一个需要我亲自执行的恐怖计划，在大概一个月之前我就考虑这事了。我全然忘记了那些应该尊敬父母，爱护弟妹的道德准则。我看到我父亲仿佛陷入了疯狗或者野蛮人之手，为了对抗这些东西，我必须拿起武器，宗教禁止这些事，但是我却忽视

1. 我从他的地理书上读到了这些。——原注
高提耶（Aloïsius Édouard Camille Gaultier，1745?—1818 年），法国天主教神父，教育改革家。法国大革命期间离开法国，取道荷兰前往英国，建立多所儿童学校。他积极倡导公立教育，撰写多部教学书籍，在英国和法国影响很大。比如原注中提到的地理书即《高提耶神父地理学》（*Géographie de l'abbé Gaultier*）。——译注

它们的规则，好像是上帝命令我去这么做，好像是我在替上帝主持正义，我知道人间的法律，治安的法律，但是我却以为我比这些法律更明智，我把它们视为是糟糕和可耻的。我读过罗马史，在罗马法中我发现，丈夫对他的妻子和子女有生杀予夺的权利。我决定违抗这些法律，为了父亲而死，我
160 将永垂不朽，仿佛这对我而言是一种荣耀。我想起了那些为了祖国和国王而献出生命的战士，那些综合理工学校（l'école Polytechnique）[1] 的学生们，在 1814 年巴黎会战 [2] 期间的英勇表现。我对自己说：这些人为了支持某个他们并不认识的人的政党而献出生命，这个人也并不认识他们，这个人也绝对没有想到过他们；而我呢，我将要为之献身的人，正是我所深爱着的，并且也深爱着我的人。沙蒂永（Chatillon）的榜样 [3]，他独自一人，在大街的一个路口坚持到生命的最后一刻，因为此处是蜂拥而至的敌人抓住国王的必经之路。马加比（Machabées，

1. 即巴黎综合理工学校（École Polytechnique），该校创建于 1794 年，是法国最顶尖的工程师大学。该校也是一所军校，隶属于法国国防部，学生享受现役军官待遇。该校备受拿破仑的赏识和推崇，拿破仑曾亲授校旗和校训。1814 年拿破仑与第六次反法同盟作战期间，学生军也参与了拱卫巴黎的战役，作战英勇。——译注
2. 欧洲第六次反法同盟（奥、普、俄、英、葡、瑞典、西班牙和莱茵联邦等）于 1814 年 3 月打败法兰西帝国皇帝拿破仑，并于 3 月 31 日攻占巴黎。战后，拿破仑被迫退位，并被流放到意大利的厄尔巴岛。路易十八登上皇位，波旁王朝复辟。——译注
3. 即戈谢五世・德・沙蒂永（Gaucher V de Châtillon，1249 年—1329 年），沙蒂永领主，波尔希安伯爵（comte de Porcien），曾于 1302—1329 年期间，先后担任六位法兰西国王的王室总管。他也是幼年法王路易十世的家庭导师。——译注

玛加伯）的弟弟以利亚撒（Eleazar，厄肋阿匝尔）的勇气[1]，他杀死一头战象，因为觉得敌国国王坐在上头，尽管他知道他会被大象闷死在下面。还有一个罗马将军的例子，我忘记了他的名字，他在反抗拉丁人的战斗中为了保卫自己的党派而献出了生命。所有这些英雄事迹都在我脑海中出现，它们激励着我去付诸行动。我最近所读到的亨利·德·拉·罗彻杰奎拉（Henri de la Rochejaquelein）的例子[2]，与我所关注的似乎也有莫大的关联，他是保皇党人的主将之一，为了支持皇室而战死，年仅 21 岁。我想起他在一次交战时给战士们的训话，他说，（战友们，）如果我冲锋，就跟着我；如果我退却，就杀掉我；如果我战死，那就为我报仇。我最近所读的书是《海难史》（*une histoire des naufrages*），是勒霍（Lerot）借
给我的。我在书中看到，当海员们缺少食物的时候，他们就把 161
其中的一员作为牺牲，他们吃掉他，以此来挽救其余船员的性命，我想：我也要为我父亲去自我牺牲；这一切似乎都在激励着我付诸行动。至于说到救赎的奥秘，我想这是更好理解的，我认为：我们的救世主耶稣基督在十字架上受死，为了拯救世

1. 以利亚撒（Eleazar Avaran，?—前 162 年）来自犹太教祭司马加比家族，是犹太教大祭司玛塔提亚（Mattathias）的第四子，犹大·马加比（Judas Maccabeus）的弟弟。在犹太人对抗塞琉古帝国的马加比起义中，他冲到塞琉西皇帝的王座战象肚子下面，用剑刺入大象腹部，杀死了大象，自己则被大象压住窒息而死。（参见天主教《圣经·玛加伯上》，6：43—46。）另外，因天主教思高版圣经的译名古奥，为通俗考虑，在译文正文中显示的译名为新教译名，在括号中给出的是英语和天主教思高版圣经的译名，以下皆同，特此注明。——译注
2. 亨利·德·拉·罗彻杰奎拉（Henri de la Rochejaquelein，1772 年—1794 年），出身旺代地区的旧贵族家庭，波旁王室的支持者，也是法国大革命期间保皇党派中最年轻的将军。他骁勇善战，牺牲时年仅 21 岁。——译注

人，为了摆脱撒旦、原罪和无穷地狱之罪对世人的奴役，他就
是上帝，正是他在惩罚那些违抗他的世人；而且，他也能原谅
那些无辜之人；对于我而言，我只能通过为我父亲而死，把他
解救出来。当我听到，我父亲在唱颂圣歌，撒圣水弥撒的时
候，大约有五十个人在哭泣，我对我自己说：倘若与此无关的
陌生人都为之哭泣，那么我作为他的儿子，难道不应该做些什
么吗。于是，我就想出了这个可怕的解决方案，我决定杀掉他
们三个人；之所以要杀掉前两个人，是因为她们串通起来，一
起让我父亲受罪，至于杀掉我的弟弟，我有两个理由：第一个
是因为他爱我母亲和我妹妹，另一个理由是我担心如果我只杀
掉其他二人，我父亲对此会异常震惊，在他得知我是为他而死
时，他就会原谅我，而我知道他很爱我弟弟，因为他人很聪
162 明，如果我也杀了他，我觉得他对我就会有那种的震惊，他会
对我的死而感到高兴[1]，这么一来，他就不会惋惜，而会生活得
更幸福。于是，我就想出了这个死亡方案，并决定将之付诸实
施。首先，我打算把我父亲和我母亲的全部生活都写下来，就
跟在这里写下的差不多[2]，从宣布要行凶开始写，结束于我行凶
的理由，以及我内心的挣扎（les niarges），是试图按正义行
事，还是无视法律，还是追求自己的不朽，所有这些内容；然

1. 在一次谈话中，当时有人提起了由市长所判决的盗贼，比如有人就说：他不太可能杀人吧，因为他的家庭原因等等。我父亲则说：如果在我的家族中出了这样的败类，那我很高兴有人能杀了他。——原注

2. 因为我打算在行凶之前就写下这段历史。于是，我就检查了我写下的大部分的句子，其中有一些冷酷无情的表述，这没什么大惊小怪的。这似乎能说明，我对那些不幸的受害者依然心存怨恨。——原注

后，我就付诸行动，准备把写好的东西邮寄出去，接着拿出事先藏好的手枪自杀；以前，我经常半夜起来读《蒙彼利埃教理问答》；我就以此为由起床，然后开始写我下我最初的宣言，但是第二天我妹妹就发现了，于是我对她说，我在写我父亲和我母亲的生活，以便呈给法官们或者呈给律师，我父亲可以去咨询他们，让他们看看我母亲是如何对待我父亲的，或是在大伙面前读一读，我们也会心满意足。我妹妹艾梅想看看已 163
经写了内容，我没有拿给她看，因为这是一份初始的宣言。随后不久，她跟着我父亲和格维庸又来了，我把它藏了起来。她说：他们难道不能看一下吗？我说必须等到写得更多时才行。然而，我还是因为害怕有人看到这份宣言，就把它烧掉了，我以为我可以记录生活，不用瞒着任何人，可以在记录完这些生活之后，隐秘地提及其结束和开始的原因。因此，有一两个晚上，我就早起写作，然而我几乎总是睡觉，因此只写了很少的内容。于是，我采取了另一种解决方案，我放弃了写作。我想，在行凶之后，我就去维尔市，向王国检察官和警察局长自首；然后，我就郑重宣告，说我是为了我父亲而死的，即便他们支持那些女人，她们也赢不了；从此以后，我父亲就能生活得安宁而幸福；我觉得我还会说：以前，人们看到雅亿（Jael，雅厄耳）反抗西西拉（Sisara，息色辣）[1]，朱迪特（Judith，友弟

1. 雅亿（Jael）是天主教圣经《民长记》中的一个女性人物，思高版圣经的译名为雅厄耳。迦南王耶宾（Jabin）的大将西西拉（Sisara，息色辣）兵败逃到牧女雅亿的帐篷讨水喝，雅亿给他喝奶，以降低其警惕。西西拉随后在她的帐篷中睡着。雅亿趁其熟睡，用钉帐篷的木楔和铁锤将其杀死。（《民长记》第五章，第23—30节）亦可参见《旧约・士师记》第5章，第23—27节。——译注

德）反抗霍洛费内斯（Holphernes，敖罗斐乃）[1]，夏绿蒂·科黛（Charlotte Corday）反抗马拉（Marat）[2]；而现如今，男人们也必须运用这种疯狂了，女人们应该处在支配地位，这个自称是启蒙时代的好时代，国家似乎也对服从女人所需的自由和
164 荣耀充满了兴趣，那些罗马人就很文明，休伦人（les hurons）和霍屯督人（les hottentots）、阿冈昆人（les alquongins）[3]，这些据说是傻子的民族则更加文明，他们从来不贬低武力的价值，他们有最强壮的身体，他们只在自己内部发号施令。我试图反抗对我的所有审判，与整个世界为敌，我认为这对我而言是一份莫大的荣耀，这让我想起了 1815 年的拿破仑·波拿巴[4]。我还对自己说：拿破仑为了满足自己虚妄的任性，让成千上万的人出生入死；所以，我让这个使我父亲不得安生和幸

1. 朱迪特（Judith，友弟德）是天主教圣经中的一个犹太女英雄人物，思高版圣经的译名为友弟德。亚述王的大将霍洛费内斯（Holphernes，敖罗斐乃）围攻犹太要塞拜突里亚城（Bethulia）。在围困既久，投降之际，朱迪斯只身来到敌营，以美人计诱惑主将霍洛费内斯大醉，趁其夜间熟睡时将头颅砍下。参见《旧约·友弟德传》第 12—13 章。——译注
2. 夏绿蒂·科黛（1768 年—1793 年），出身于诺曼底的没落贵族家庭，是法国大革命时期吉伦特派成员。1793 年，她策划并暗杀了让—保尔·马拉，当场被捕入狱，随后被送上断头台，年仅 24 岁。——译注
3. 休伦族人，即怀安多特人（Wyandot）或温达特人（Wendat），讲易洛魁语的北美印第安人，分布在安大略湖北岸。霍屯督人（Hottentots），自称科伊科伊人（Khoikhoi），分布在非洲西南部的土著人。阿冈昆人（自称 Omàmiwinini）是北美印第安人的一支，居住在魁北克地区。——译注
4. 拿破仑·波拿巴（Napoléon Bonaparte，1769 年—1821 年）在法国大革命后把法兰西第一共和国改制创立法兰西第一帝国，于 1804 年开创波拿巴王朝。1815 年，拿破仑在滑铁卢战役兵败，波拿巴王朝随之终结。——译注

福的女人活着是不公平的。我觉得提升的机会终于来了，我的
名字被所有人述说传颂，通过我的死，我获得了荣耀，时机已
到，我将依计行事，大家会原谅我的。如此一来，我采取了这
个恐怖的解决方案。然而，我还是担心我父亲，据我观察，他
并没有像我一样宏大崇高的理想，当他目睹这一切时恐怕只会
自杀；所以，我就想在他不在家的时候再动手。我还提醒大家
照看好我父亲，他经不起第一次见到那个场景时的冲击，但
是之后他就不会再有危险了。我还想到，因为我要到法官面
前申述我的观点，所以我就得穿着星期日的正装[1]去行凶，而
且一干完就马上去维尔市。5月24日，我去欧奈镇上铁匠戛
班·拉富热（Gabin Laforge）的铁匠铺，磨利了砍柴刀，我 *165*
们是老主顾了；这一天，我没有动手，我觉得我应该在周内动
手，动手之前我要先穿上我的星期日正装；星期六，我看见我
父亲和我祖母去了欧奈镇，我决定要杀的那三个人正好都聚集
在家，我迅速穿好我的星期日正装，但当我做好准备时，我看
到我母亲和我弟弟也动身去镇上了。眼见如此，我寻思着他
们还会再回来，因为我妹妹艾梅问我，为什么要穿成这个样
子，我说我要去镇上，说着我就出去等着我母亲回来；我看见
她在国道上往回走，我就不再往镇上走，也往回走。等我再回
来后，我就发现了他们三人都在家，但是，我下不定决心要杀
他们；因此，我对自己说：我就是一个懦夫，我什么都干不

1. 在法国，天主教徒星期日要去教堂做礼拜，需要着正装，以示庄重。——译注

了，我走到菜园里；然后看见我父亲回来了；我就把正装换掉了；我父亲和我祖母问我为何穿得这么正式，好像要去镇上，我真应该在我的罩衫上面套上其他衣服；我说，我的其他衣服，特别是我的裤子太破烂了；他们再没有问我别的问题；我寻思着第二天在我方便的时候，我就要采取行动；然而机会一直没有出现，或者出现了但我没有觉察到；晚上，我父亲有一
166 个聚会，我又准备动手，因为我想着在那里的所有人都能制止我父亲做傻事。当他看见的时候，我没有去和他们吃点心，而是在菜园里踱来踱去，盘算着我的计划；我对我自己说，机会来了，但是我又停住了，于是我说自己就是个懦夫。因而，我无法下决心动手，眼看那天就没有办法动手了，我就和我父亲出去了，还有那些跟他一起的先生们以及跟我聊天的其他人。我寻思着我要在周内动手，我要把我的星期日正装悄悄穿在里面。我知道第二天也不行，我们要去格维庸家犁地，我必须去那里；而我父亲会第二天来加入我们，通常我父亲是第二天去帮助我们，我寻思着当我父亲在犁地的时候，我就采取行动；因此，我就星期一去了格维庸家。他给我说，他不确定第二天能去帮我们了，因为他要借一匹马，星期三要去一个草场，而且要去三次，他要干完我们田里的活儿，以便下午去犁地，他已经全都准备好了；他本可以在星期二来帮我们，但是他却没有来。当我听到这事，我就拉着马尽可能快地干活，然后我们
167 就干完了田里的活儿，到了下午，我们就开始耙刚才他提到的那块地。第二天，他来帮我们，但是，因为我父亲在户外过

夜，因此回来就生病了，他没法和格维庸来，我就只得自己去。中午，我父亲的病情有一些好转，他问我，想不想在菜园里翻土，或者回去犁地，我说我可以去翻土，吃完晚饭后，我在院子里，给我妹妹艾梅说：给我们唱这首圣歌吧：幸福的日子，神圣的喜悦[1]。她问我道，为什么；我回答她，想学它的曲调。她问我为什么想要学它的曲调，我说：学会它，我会很高兴，于是，她就唱了起来。格维庸说：啊，我觉得她唱得好，他在取笑我妹妹；然后，他就和我父亲去犁地了。这一天，我还是没有动手，没有出现好时机，接着我就想出了另一个解决方案，我第二天必须去格维庸家，我寻思着早上我就装病，这样我父亲就要去那儿。因此，那天早上，到了起床的时间，我就假装呕吐，我祖母进来了。我对她说，我感觉恶心，没法去犁地了，我父亲就去了，虽然他也有点抱恙；大约一个小时以后，我就起床了，然后说我已经有一些好转了，我说我去菜园里干活了，然后我悄悄拿上我的星期日正装，把它们拿到另 168
外一间名叫克里农（Clinot）的屋子里，然后，我就穿上了我的星期日正装，当时，他们三人都在家里，而当我穿好衣服之后，我看见我弟弟于勒已经去上学了；于是，我决定另一个时间再动手；我在菜园里待着，然后回到了刚才提到的屋子里，

1. 由于排版问题，也许是个可解释的缘故，《法医学年鉴》的排字工人把“幸福的日子”（jour heureux）印成了“幸福的享乐”（jouir heureux）。这使我们长期以来感到困惑，让我们搞错。——原注
幸福的日子，神圣的喜悦（*Jour heureux*，*sainte allégresse*）是一首法国天主教圣歌的名字。——译注

重新穿上旧衣服，我妹妹艾梅此时看见了我；眼见到被她撞见，我就出门了，我去了博屈艾镇（Beauquay）那边，决定到了中午再回来，因为那时候他们三人就会聚集起来。但是，等待的时间太长了，我又回到那个屋子，决定重新穿上我的旧衣服，并决定不穿其他衣服了，立即动手。我寻思着：无论我穿得好还是不好，我都可以给出很好的解释，即使没有得体的衣服；因此，我又回到了那间屋子；寡妇凯奈尔（Quesnel）当时在院子里；她对我祖母说，嗨，皮埃尔又回来了，我就去了我放旧衣服的那个房间，发现衣服已经被人拿走了。我走进我祖母房间，她正在哭泣；她对我说，你这是要去哪，是因为你和你父亲在一起没有挣到钱，你就想去其他地方吗，说啊。你就像这样一走了之，不给任何人说，这么着你哪能有钱，你居心何在？你要抛弃你父亲吗，你看看他现在是什么样子。寡妇
169 凯奈尔说，唉，你会害死你那可怜的祖母的，她那么爱你，快过来抱抱她吧。我祖母继续对我说：为什么你要这么做，你父亲在尽他所能地帮扶你。当你还小的时候，他就说要花掉自己积蓄的一部分，把你培养成牧师，如果你愿意，他也会帮你去学一门手艺，如果你想离开他，他即便没有钱也不会让你离开的；寡妇凯奈尔说：呀，在帮你做好你的事上，他可是从不为过，如果他愿意，他会为你们其他所有人感到高兴。我祖母说：唉，他今天早上最好去替换他父亲，因为他生病了，他见到了他父亲的状况，如果他就这样悄悄离开他父亲，那么他母亲就又有了控告他父亲的动力，她会给法官说：他真是恶

毒，以至于他的孩子都不想和他待在一起；一旦他的孩子想离开他，他也不挽留；他给他的孩子说，他根本不关心他们在哪里。

我避开了我祖母提出的所有问题，只是说没有那回事儿，说这是小题大做，然后，我进到盥洗室，重新穿上所有的旧衣服，接着去菜园里翻地，一直干到中午。我祖母也来到菜园，在一畦豌豆地里干活，她又问了我许多新的问题，对此我一直回答说没有这回事儿，还说让她不要担心。她说，既然是这么回事儿，那么当你父亲再回来，我希望你给他解释一下；我回答说，嗯，好的，今天晚上我会当面给他解释清楚的。我祖母 170
就不再问了。到了中午，她和我妹妹艾梅出去给牛挤奶。我弟弟于勒也放学回到家。我瞅准这个时机，攥着砍柴刀，进到我母亲的房间里，犯下了这件可怕的罪行，从我母亲开始，接着是我妹妹，然后是我的小弟弟，砍完之后，我又再补了几刀。纳提维尔（Nativel）的岳母玛丽（Marie）进来了，她对我说，呀，你在干什么，我对她说，你走开，要不然我把你也砍死。然后，我就出了院子，找纳提维尔帮忙，我对他说：米什（Miché），看紧我祖母，不要让她做傻事，她现在可以安享幸福了。我是为了让他们安心和宁静而死的，我也向艾梅·勒霍（Aimée Lerot）以及勒霍家的仆人波岱尔（Pôtel）求助，我对他们说，你们照看好我父亲和我祖母，不要让他们做傻事，我为了给他们带来安宁与平静而死了。接着，我就起程前往维尔镇，因为我想要获得在维尔镇首次公开宣布这个消息的那份荣耀，而不想在欧奈镇宣布这个消息，我担心在那里会被抓住。
我决定穿越欧奈森林，走一条小路，在那里我多次经过一个名
叫维尔基（Vergées）的地方，为了走到去维尔镇的小路，就
要从欧奈森林脚下的上述村庄走过，于是，我选择这条路，并
且把我的砍柴刀扔到了福克特耶附近的一片麦田里，然后离开
了。当我这样赶路的时候，我感到激励着我的那种勇气和荣耀
171 的念头越来越弱了，当我走得更偏远，我走到森林中的时候，
完全地恢复了理智。啊，我对我自己说，我怎么是个魔鬼！不
幸的牺牲品！我怎么会干这种事情！不，这不是在做梦！啊，
这是真真切切的！深渊，您在我脚下裂开！大地，您把我吞
没！我哭了，我在地上翻滚，我躺倒在地上，打量着这地方，
这片森林，我之前来过这里。我对自己说，哎，难不成我要这
样待上一天吗；我可怜的母亲，可怜的妹妹，如果按某种方式
来说，她们是罪人，但是，她们绝然没有像我这样卑劣的想法
啊，还有那个不幸的小孩子，他还来和我一起犁地呢，他牵着
马，他一个人已经把地都耙好了。这些不幸就永远消失了！他
们永远无法重现！啊，老天哪，你为什么让我这样活着，为什
么还让我活这么长时间。我不在这个地方再待下去了，我不想
还继续待在同一个地方，我就这么走着，我的悔恨渐渐消失。
我不再打算去维尔镇了，不再坚持那些我前面提到的想法。在
从我行凶到被捕的这一个月时间里，我的想法改变不止一次，
当我经过一些地方的时候，我的想法也随之有所改变。就像我
说的，当我第一次进入欧奈森林的时候，在那里我不再悔恨，

我根本不知道我要去哪儿，走到了欧奈森林的山顶时，我想我可以前往当翁（Danvon）[1]那边，但是我不知道是否我已经走 172 过头了；晚上，我在卡德奥勒（Cadehol）[2]附近的小树林里待着，我睡下来，沉浸在绝望的思绪之中，早上起来，找到了路，穿过卡德奥勒，再往前走了一点，我离开了右边的路，走了一条近道，然后就在篱笆下休息，星期四，我走过了一些根本不认识的地方，我星期三没有吃东西，星期四我吃了许多花草植物，诸如三叶草，野浆草，我还采了蘑菇。我身上除了14苏，再没有其他的钱，那是我出来的时候就装在口袋里的，我走到了勒图尔纳村（Tourneur）[3]，在那里买了一斤面包。我还是沿着乡间小路行进。当我经过一个小镇，人们告诉我它叫圣·皮埃尔（Saint Pierre）[4]，我听见一个女人给另一个女人说：……你听说欧奈镇发生的惨案了吗？另一个女人回答道，听说了，但我不知道那是不是真的；第一个女人说，呀，是真的，千真万确。晚上，我躺在地里睡觉，这里离从梅斯尼—奥苏（Mesnil au Souf）[5]到卡德奥勒的国道不远，我决定自杀，我所犯下的罪行自己都无法容忍。我担心大家会控告我父

1. 现名为当武—拉费里耶尔（Danvou-la-Ferrière），位于欧奈镇西南方向。——译注
2. 由于欧奈镇位于河谷地区，到达卡德奥勒需要在翁代丰坦（Ondefontaine）翻越一座海拔300米高的山丘。——译注
3. 现名为勒图尔纳（Le Tourneur），位于卡德奥勒以西2.4公里。——译注
4. 现名为圣—皮耶尔—塔朗坦（Saint-Pierre-Tarentaine），位于卡德奥勒以北1.4公里。——译注
5. 现名为勒·梅斯尼—奥苏（Le Mesnil-Auzouf），位于卡德奥勒西北从维尔到卡昂的大路上，距离卡德奥勒大约5.5公里。——译注

亲是同谋，控告我父亲窝藏凶手，或者用一种方法或另一种方法把我赎回来；我寻思着我的尸体必须被找到，因为我日常随
173 身带着绳子，正好就有一些，所以我在树上上吊，我检查了能够为我所用的一些东西，但是当我要去这么做的时候，有个顾虑，即世人应由上帝审判，这使我停了手，星期五整整一天时间，我都是在这样的焦虑之中度过的。既然错事已无可挽回，我决定顺从我的状态，我决定以花草和根茎维持生命，直到那件事不期而至。等到越橘、黑莓和桑果都熟过了，我决定去海边，以便在那吃螃蟹、贻贝和牡蛎度日，我星期五晚上出发，星期六早上有点偏离了国道，把一整天时间都耗在了梅斯尼—奥苏左侧不远的森林里，这是从维尔到卡昂的路，接下来的几天，我一直是晚上赶路，只有星期二是白天赶路，然后就走到了港口[1]。那天，星期一早上，我就走到了瑞维尼（Juvigni）[2]附近的森林，有一个人问我要去哪里，是否有身份证件。我回答他我要去丰特奈（Fontenay）[3]，他就没有再问更多的；正如我所说，我在星期一下午时分到达了港口。我吃了一些螃蟹，然后发现这么做效果一般，于是决定回到梅斯尼—奥苏附近的树林里吃根茎，星期一晚上，我再次穿过巴约镇（Bayeux），睡

1. 即贝桑港（Port-en-Bessin），卡尔瓦多省的一个镇，属于巴约（Bayeux）市镇。距离卡德奥勒约 52 公里，距离瑞维尼约 25 公里。——译注
2. 该市镇现名瑟莱河畔的瑞维尼（Juvigny-sur-Seulles），位于卡特奥勒以北 30 公里的大路上。该镇以北有一座横跨瑟莱河的桥。——译注
3. 全名为丰特奈—勒—佩斯内（Fontenay-le-Pesnel），是瑟莱河畔的瑞维尼以北的市镇相邻，相距约 4 公里。——译注

在克雷迈（Cremel）附近一处干水沟中。我根本不担心会不会有人抓住我，星期三我走了一天，在瑞维尼的桥上，我问卖菜的，有没有值两里亚[1]的萝卜，他们没有，于是我就离开了。174
我们家以前的一个仆人玛丽安·波娃（Marianne Beauvais），此时正在瑞维尼开小旅馆的杜邦（Dupont）家帮佣，在我经过的时候，她把我认了出来，毫无疑问，她告诉了和她一起的其他人，我听见叫喊声在我身后四起：嗨，嗨，他在这儿，去叫警察。因为我并没有回头，她又喊了两三次：皮埃尔，嗨，皮埃尔。我绕到了国道上，遇到了星期一讯问我的那个人，他也不在我身旁叫喊，也不说话。我在瑞维尼附近的一座桥边的小溪里，吃了一些水芹，喝了一些水，然后就继续赶路。晚上，我穿过了维莱尔镇[2]，星期四我就回到了梅斯尼—奥苏附近的树林；我寻思着我这么做无法达到目的，而且我认为并不是一个荒诞的想法导致我去行凶的，我决定回来接受法律的制裁，我要在维尔镇被逮捕，但是，我担心我讲出全部真相；不过，我的第一个意图是要说出我的悔意，然而我还想说我之所以这么做，是因为那些幻象，说我目睹了我父亲遭受的所有痛苦，我见到圣灵和天使给我说，让我按照上帝的命令去做这些事，这是我注定要做的事，当我做完之后，祂们会把我升到天上，我正是怀着这样的念头去做这件事的；但那之后，我就

1. 里亚（liard）是法国的铜币名称，价值相当于四分之一苏（sous）。——译注
2. 即维莱尔—博卡日（Villers-Bocage），从维尔镇北上的大路，在此地分为 Y 字形岔路，左边是前往巴约镇的大路，右边是前往卡昂市的大路。——译注

175 立刻清醒了，并后悔了起来；因为实际上这导致了我说过的另外一件事。就这样，在星期五到星期六的夜间，我离开了梅斯尼—奥苏的森林，那天晚上，因为我一心想在维尔镇被抓获，就赶星期六早上抵达了，我也没想着要去自首，而是宁愿有人来查问我的身份证件。到达的时候，我睡在干涸的水沟里，眼见没有人跟我说话，我就去了卡尔瓦多大街的高地。我在那里走了一会儿，看到还是没有人来抓我，就询问去瑟堡（Cherbourg）[1]的国道，我曾读到过，有一个士兵游泳经过海边的两个地方，把图瓦拉（Thoiras）的命令带给黎塞留主教（le cardinal de Richelieu），我寻思着，我也能游泳前往英格兰的某些岛，比如泽西岛、根西岛、奥尔德尼岛和萨克岛[2]，我在地理书上看到过它们，从地图上看，它们距离法国大陆不太远，或者，我在游泳的时候会淹死，这肯定是有风险的。于是，我又返回到蝴蝶城[3]（la Papillonnière），沿着别人指给我的国道走了一段。不过，我心想游泳是不可能的，又想着即便我能游

1. 即今瑟堡—敖克特维尔（Cherbourg-Octeville），位于诺曼底大区芒什省，是法国西北部重要的港口，与英国伯恩茅斯（Bournemouth）隔英吉利海峡相望，两地相距 140 公里。——译注
2. 泽西岛（Jersey），根西岛（Guernesey），奥尔德尼岛（Aurigny）和萨克岛（Sercq）属于位于英吉利海峡中靠近法国海岸线的“海峡群岛”（Channel Islands），法语称之为“盎格鲁—诺曼底群岛”（Îles Anglo-Normandes），距诺曼底科唐坦半岛北侧仅 15 公里。它们不是英国属地，但却是英国王家属地。它们是后来成为英国王室的前诺曼底公国在欧洲大陆统治领土的唯一遗迹。在回忆录中，里维耶把萨克岛（Sark）误记为维克岛（le île de Vig）。——译注
3. 蝴蝶城（La Papillonnière）在维尔镇以北 4 公里的大路上。——译注

到对岸，我也不能因此而获得拯救，我就决定再回到维尔镇，上午我来到了蝴蝶城，下午我就重回维尔镇，我坐在卡尔瓦多大街的高地上，那里有一些警察和先生们。我看他们都不跟我说话，我就去大街上，向一位夫人询问警察局局长在哪，她给 176
我说：我觉得是在警察局啊，你要去吗？她告诉我警察局局长住在哪条街，在场的一位先生也给我说的路。我就前往他们说的方向；但是却没有找到那栋房子，这就让人很生气，我坐在高地一所教堂旁的大树下；然后，我决定向一位警察自首，我走向他们在的地方；坐在他们面前，见到他们一直无视我的关注；于是，我决定回到森林，继续过我的生活直到结束；我一直睡在外面，只在蝴蝶城的三处人家讨过饭，在从巴约回来时我向一家人讨过饭，他们都拒绝了我。我回到了维尔镇，星期六待在玛丽大街教堂那边的小树林里，我在那里捱过了星期日整整一天。我在那里吃些浆果，第二天晚上又返回到梅斯尼—奥苏的森林，在那里吃草和根茎，我还在尽力排解我的不幸，我通过诵读祈祷打发时间，甚至，我还沉思自然，研究天上的星辰，我寻思着我都能发现哈雷彗星[1]，我在森林里待了好几天，再次看到无法成功，我决定接受法律的制裁。然而，我决定要掩盖更多的真相，最初我并没有想到要去掩盖，我想到一个计划，我要演一出戏，假装我刚被捕入狱。我估摸着那里有 177

1. 哈雷彗星于 1835 年返回地球，于 11 月抵达近日点。但是当时的天文学家无法精确计算出其回归时间，只是粗略估算出大概时间为 1835 年。皮埃尔·里维耶应该是知道此消息，不过他无法提前看到。——译注疯女子，这个我在《家庭博物馆》上看到过，这些疯女人自言自语道：一个是法国的女王，另一个是所有地方的女王，另一个是女教宗[1]，宣称蒙上帝恩启，四处讲道。于是，我寻思着，我不必说后悔，我必须说我是蒙上帝恩启，我是祂的工具，我在服从祂的命令；我看见了祂，也看见了祂的天使。我很抱歉选择了这个辩护方法，不过我确信它是可以奏效的。我离开了森林，回到了维尔镇，决定在国道上束手就擒。但是，当我想到结局，想到接下来会出现的所有一切，我又迟疑了，我决定花掉之前提到过的那点钱。截至目前，除了买到一斤面包，买了价值两里亚的坚果之外，我一直小心地存着，生怕有什么事情，还要买比食物更为必需的东西；我肚子太空了，[我]都能用脖子上的手巾把肚子绑起来，这样一来，走路是更方便了。星期四上午，我第二次经过维尔镇，我买了两斤面包和一个全麦小面包。我沿着去孔岱（Condé）的路前行，但是我并不知道，最后发现就是这条路。星期五，我穿过了瓦西（Vassi）[2]，我睡在邻近瓦西的麦田边上，看看是否有人过来抓捕
178 我。有些人过来看见我，表现出惊讶，但是他们却并没有抓捕我，晚上，我到了孔岱，我在面包店里买了两个全麦小面包，

1. 女教宗一般特指天主教历史上唯一的女教宗琼安（La Papesse Jeanne），据称在位时间为公元855年至858年。后被历史学家证实为中世纪反天主教的民间传说。——译注
2. 瓦西（Vassy）是卡尔瓦多省的一个市镇，位于维尔镇和孔岱镇中间，距离维尔镇15公里。——译注

睡在干河沟里，第二天，我又沿国道去往弗莱尔（Fler）[1]。我
碰到了一位欧奈镇的小贩，我看到他并认出了他。他也认出了
我，他对我说：你去哪，小子，你还要去哪，喂，你应该去自
首呀，你做了一件邪恶的事情，我的孩子，唉，这很邪恶。我
假装没有注意到他给我说的话，就离开了，我把钱花光了，开
始吃浆果。第二天，星期日早上，在弗莱尔附近，我遇到了劳
伦·格蕾莱（Laurent Grellay），也就是菲塞特（Ficet），他
在运牛肉，他对我说：呀，里维耶，你应该去自首；我就是这
么想的，这也是我要求你的。我没有理会他，继续赶路，我到
了弗莱尔，穿过集市，走到了镇子的另一边，靠近最后一栋房
子的地方，我就躺在国道边上晒太阳，我又走了很远，下午回
到了早上我躺着睡觉的地方。为了引起大家的注意，也为了养
活我自己，我就在国道旁边的水沟里挖根茎吃，路过的所有人
都惊讶地看着我，但是没有人试图来抓捕我，最后，来了两个
人，其中一个对另一个说：这个人他从早上就一直在这儿。另
一个人向我走过来，他的同伙也跟过来，他问我在这儿干什
么；我就照着前面用过的方法回答他：我四海为家，最后我告 179
诉他我是从欧奈镇来的，不过，这个人对我所说的并不怀疑，
他让我去他家，要给我些吃的，他给我说了不止一次，最后我
就去了，他给我了一些面包和苹果酒，然后，我就离开了，我
再次穿过镇子，并决定重新回到维尔镇去，并在国道上就束手

1. 弗莱尔（Flers）是诺曼底大区奥尔恩省（Orne）的一个市镇，位于孔岱镇以南 12 公里。——译注

就擒，我在晚上再次经过孔岱，因为人们白天会散步，我睡在那个孔岱附近的石灰窑旁边。一大早，我就离开了，在一个山坡上的小镇附近，我发现我口袋里还剩有 50 苏。既然如此，我决定稍等一下再去自首，我再次经过瓦西，在稍远一点的一处旅店停留了下来，一队警察也在同样的地方停留，他们可以抓我去维尔镇，我点了面包、鸡蛋和苹果酒，在那里花了 14 苏，晚上，我再次回到维尔镇，我买了三苏的坚果，然后去面包店买了六个全麦小面包，店主对我说，卖坚果的小贩给他说了，如果我有其他什么事情的话，我可以去找他。我晚上就离开了，前往梅斯尼—奥苏的森林，在那里捱了三天，星期四到星期五的夜里，我从梅斯尼—奥苏出发前进，走的是就近的小路，穿越田野。早上，我到达了勒普莱希（le Plessis）[1] 和勒福尔热（les forges）[2] 的交界，我在河边度过了一天时光，因
180 为下雨，我在大石头下面自制了一个避雨棚，接下来的那个晚上，我沿着乡村小路走，穿过了福尔热，我径直往前走，走到了一条国道上，我觉得这是从孔岱到阿勒库（Halcour）[3] 的国道，星期六全天，我都在走路，我一直寻思着，等到我几乎没钱的时候再抓捕我吧，我决定做一个弩弓，以便抓鸟来吃，或

1. 现名为勒普莱希—格里穆尔（Le Plessis-Grimoult），位于孔岱镇以西北 15 公里。——译注
2. 勒福尔热（Les Forges），位于孔岱镇西北 8 公里，在通往勒普莱希的路上。——译注
3. 现名为蒂里—阿库尔（Thury-Harcourt），是卡尔瓦多省的一个市镇，位于孔岱镇东北 20 公里，奥恩河下游。——译注

者可以通过试着捕猎来排遣我的苦闷，倘若我因此而被捕，那么这对于我要扮演的角色来讲，是只有好处而没有坏处的；如果我能抓上一些，［我］就可以把它们烤着吃，在经过阿勒库的时候，我花了 4 苏买了一个手表的玻璃盖子，想聚太阳光点火，感觉它是和眼镜起同样的效果的，但是，试过之后发现它达不到效果，我就把它砸碎了。我又走国道，从阿勒库前往卡昂，我到了一个镇子，进了一家商店，买了 2 里亚火绒和 2 苏硫磺，我有从国道上收集来的火石，再加上我的刀，我就可以生火，我有几页日历和一本年历，都是我走的时候随身带的，这些都可以让我当火柴用。我还买了 1 苏的坚果。我走进一家面包店，买了 2 里亚的烙饼，下午，我在沿着树篱的草地上休息，抓到了一只小乌鸫，我把小鸟装在口袋里，继续赶路，我只剩 4 苏了，晚上在一家旅店里，我用剩下的钱买了四分之一 181
瓶苹果酒和一小块黄油烙饼，我睡在麦田里捱过了这一夜；早上，我经过卡昂，沿国道朝法莱斯（Falais）[1] 前进，走到了朗加内那（Languanri）附近的森林里，我找了一些干树枝，在一棵树下生起了火，树挡住了风，不至于把火吹灭，我则烤那只鸟吃；有人可能会说，我也可以抓一些母鸡和母鸭，或者其他东西，也可以在森林里捡到很多干柴；但是，大家可以去我待过的森林里看看，烧火的痕迹还在，能捡到的树枝不多，或者如果它们不见了，就问问那些清理它们的人，我说过，在森

1. 法莱斯（Falaise）是卡尔瓦多省的一个市镇，位于卡昂以南 37 公里的大路上。——译注

林里只能见到那些干树枝，也只能见到乌鸫的羽毛。我是星期日到达这片森林的，吃过那只乌鸫之后，我做了一把弩弓和几只弓箭。我在国道上捡到一颗长钉子，我用我的钝刀锯那颗钉子，设法把它的钉子头给切了下来，然后我把它安装在一支箭的前端（其余的箭还在，如果没有被人捡走的话，它们还在树下附近我生火的地方），然后，我就用这件武器捕猎小鸟，但是我没有成功过；假如我能抓到青蛙，我也会剁掉它们的腿并且烤着吃，但是我一只也没碰到。我在这片森林里待了四天。
182 这里有三处小森林，每一个都距离不远，在一处森林中，长了很多草莓，我就吃这些草莓，我寻思着，要么我就被抓，要么我就继续这么活下去，要么我就死掉。因为我发现了另一片距离国道更远的森林，我决定前去看看，是不是有些吃的东西，准备等到我所在的森林里有了其他浆果再回来；我就这么等着有人来抓我，来来回回地从一处森林到另一处森林，给自己找吃的。星期四早上，我起程前往朗加内耶镇上，胳膊下面挂着我的弩弓，在我经过的时候，有个人说：啊，你看，这儿有个人带着弩弓。我已经穿过了镇子，走到了最后一栋房子处，当时，有一个没有穿制服的警察走到我身边，打量着我，然后对我说：您从哪来，我的朋友？我用自己的方法回答道：我四海为家。——您有证件吗？——没有——您来这里干什么——是上帝指引我来的，我崇敬祂——等一下，我想我有事找你，您从哪里来——我来自欧奈——您叫什么名字——里维耶。——哈，对，跟我来，我有事情要跟您说——您要我干什么呢——来吧，我会告诉您。然后，他就对一个女人说话，我觉得她是在他房间中的，他说，哈，这个人是来自欧奈镇的。他把我带进一个房间里，搜了我的身，然后查扣了我带的所有东西。当时，他把我关进了单人牢房，他说，是你杀害了你的母亲吗？是的，
我回答他，是上帝启示我的，祂让我干的，我服从祂的命令，183
祂在保护我。哈，对，是这样，他打开牢房的门说，朝前走，我的孩子，进去。自从法莱斯和孔岱之后，我一直采用这种辩护方式。对我来说，坚持这种辩护并说自己不后悔，是非常痛苦的。我寻思着，到了维尔镇我要讲出真相，但是当我出庭面见王国检察官先生的时候，还是说的同样的东西。当他们让我独处时，我再次决定说出真相，狱卒先生过来和我说话，我就向他袒露心扉，我告诉他我想在审判之前讲出所有的东西；然而当我去参加初审法官先生的第一次讯问时，我还没有决定要这么做，我还在坚持之前所说的辩护方法，直到狱卒先生说起我向他讲述的东西之时。我对他讲的东西非常满意，他让我如释重负。于是，我毫无隐瞒地说出了导致我行凶的所有事情。他们对我说把所有事情都写下来，我就把它们都写了下来；现在，我已经完全地意识到了我的凶残本性（monstruosité），对我的犯罪行为的全部说明已经完成，我等待着我命中注定的结局，我知道刑法典中关于弑亲的条款，我接受惩罚，以弥补我的过错；唉，要是我能眼见那些死于我残暴之下的可怜受害者
死而复生就好了，哪怕为此需要忍受一切可能的折磨。但是，184
不行，这是徒劳的，我只能追随他们而去；因此，我期待着我

应得的痛苦，也期待着将要结束我的怨恨的那一天。

完

这份手稿于1835年7月10日在维尔的看守所里开始动笔，7月21日在同一地点完稿。

185 皮埃尔·里维耶

第四章

法医学诊断书

一　布夏尔博士的证明书

本人，具名人，医学博士，王家医学院和巴黎医学校通讯会员：经过数次最缜密的检查，证明如下：来自欧奈镇的一个名叫皮埃尔·里维耶的人，被指控谋杀了他的母亲、他的弟弟和他的妹妹。以下是我们的观察结果：

皮埃尔·里维耶现年20岁；他体格强健，身材中等，肤色泛黄，举止沉静，但阴郁，目光歪斜。最终，这预示了一种易怒—抑郁的性格。

他的健康状况通常很好，吃饭和睡眠都很好。他从没有得过皮肤病，也没有规律性的复发出血。因为从没有任何血液的不舒服，所以他也没有养成放血的习惯。他的肠胃一直都很通畅。他从没有摔伤过头部，没有想起来头部遭受过打击。总而言之，虽然我向他提了很多问题，但是我没有发现任何罹患在他的脑部的疾病，有损害其大脑机能的情况。 188

就像所有易怒—抑郁性格的人一样，里维耶少言寡语。如果有人向他提问，他回答得都很简洁，寥寥数语。尤其让人惊讶的是他会沉浸在一连串的念头之中，人们几乎无法使他分心。事实上，在跟他做长时间对话之后，或问了他很多问题之后，他立即拿起羽毛笔，继续写他的回忆录，好像他没有被打扰一样。在他的反应中没有表现出任何的理智能力上的紊乱。如果让他回忆起行凶的事，他就以一种令人痛苦的沉静讲述起来。

我没有作颅相学的检查，因为这种科学还是有点太超前了，我也必须承认，在这一点上，如果我想在这个重要场合对其加以使用，则我的知识是非常欠缺的。

但是如果我要对犯罪的原因给出一种观点的话，以下是我所采信的。基于一种易怒—抑郁的性格，又频繁见到父母亲的吵架，里维耶深深地感受到了他父亲的不幸。因为他的避世性格，各种最阴暗的念头将他纠缠了起来。这些念头控制了他，让他不得安宁。从那时候起，他只想着一件事，即拯救他的父亲，为了达到这个目标，他不得不杀死他的母亲。这个想法一旦确定下来，就如影随形地跟着他；有两次，千真万确，在他要犯那个最骇人听闻的罪行的时候，他缺乏了勇气，但是他没有因此而放弃他那致命的计划。正是在独处之中，他有了犯罪的想法；也正是在独处之中，他再度重振精神，以便把弑亲的罪恶之手伸向他的母亲。

我总结陈词：

189 在里维耶一案中，没有任何疾病损害了他的大脑机能，在他到达维尔以后，我对他进行了数次采访，我没有注意到他有任何精神错乱（alienation mentale）的症状。我想，我们只能把他所犯下的三桩谋杀案归因于一种由于其父亲的不幸而导致的暂时性亢奋状态。

维尔，1835 年 7 月 21 日
签名见下

二　瓦斯泰尔博士的诊断书

6 月 3 日，一个 20 岁的年轻人，有预谋地且冷静地杀害了他的母亲、他的妹妹和他的弟弟。然后平静地离开了这个恐怖场面刚刚发生的地方。他出现在邻居们面前，满身血迹，手拿斧子，他告诉他们，他刚才拯救了他父亲，希望他们照顾好他。他缓步离开，直至消失。

一个月前，他在国道上被抓获，随后转到维尔的监狱。在那里，王家检察官和初审法官都对其进行了讯问，他坦白了他所做的一切，包括所有的细节，解释了促使他行凶的动机。在法官们的要求之下，他本人写下了一部长篇回忆录，在这部回忆录中，他把自己描绘成了真理的化身。最后，他被转移到卡昂的监狱，移送卡尔瓦多的重罪法庭。

一位年轻的律师，素以他的勇气和正直、他的法学知识和才华著称，同意承担里维耶案的辩护工作，因为这位不幸之人

190 的父亲说，他的儿子是一个疯子，说自从他小时候人们就都知道，他还提供相关的证据给这位年轻的辩护人，在一番漫长而成熟的审查之后，该辩护律师得出了相同的看法。然而，在为此案辩护之前，他还想获得一个医生的看法，他来自法国最大的精神病医院之一，似乎在解释里维耶的意识方面，他比其他人更合适。

正是在上述情况下，我很荣幸地受到了贝尔陶德先生（M. Bertauld）的咨议邀请，他在向我展示了该案件、给我诉讼的文件和里维耶写的回忆录之后，还带我去了关押此人的监狱，以便我能面见并询问他。通过各种文件的解释，以及我自己的观察，他之前给我提出的问题对我而言已经不再成为问题，而且我获得了更深刻和全面的确证，即里维耶的心智是不健全的，他的那些行为在检察官眼中被视为一桩恐怖的犯罪，但却只是一种名副其实的精神错乱的糟糕结果。

促使我确信的原因以及作为我判断之基础的是里维耶的外在样貌，他的生活方式，他的出身和亲族关系，他自幼以来的心智能力，他采取行动的本质及其伴随的环境；最后是从行凶事发到当下此时他所经历的全部内容。

1. 里维耶的外表及其通常的生活方式

此人年龄有 20 岁，中等身材，身形稍圆，体质属于粘液质，脸上没有表情，他的脑容量正常，脑袋通常耷拉向胸膛，他的前额低而窄，两眉交错，他的目光游离，羞怯，歪斜；他

说话有些孩子气，阳刚之气不多；他的回答慢吞吞的，嘴上常 191
常挂着笑容，他的姿势往往拘谨；他的步态古怪，一颠一跳。任何人不带成见地留心观察他，显然都能立刻发现，此人无法与其他人组织起来，他与通常的状态相距甚远，他似乎是一个傻瓜，不能说他绝对是，但也似乎是个半低能儿，他的智力非常有限，心智的平庸显现在其全部的外貌上。目前，尽管我没有对人的身体素质给予过多的重视，不过我认为，我们不应该忽视身体素质能够塑造其智力状态的这些见解，尤其是当产生于此的各种假说，还得到了其他许多更重要事实的佐证之时，随着此次检查的继续，我们会看到这种情况就发生在里维耶身上。

2. 出身和亲族关系

里维耶出身于一个有遗传性精神错乱的家庭。他母亲的弟弟就死于精神异常，在死前的生活中，他多次表现出相同的弱智行为，这些我们马上就会在他的外甥身上指出来，其中包括他对女人的恐惧。他的两个嫡亲兄弟就表现出弱智的很多习惯性症状。他的母亲有一种非常易怒的性格，她的意志力既非常地顽固，同时又非常多变，她的恶毒持续已久，她的怪异非常明显，虽然她所做的一切使她的丈夫深受其害，但是她的丈夫却无法怨恨她，因为他很早就发现她的头脑不正常，她不能控制自己的行为。最终，里维耶的弟弟也几乎完全成了一个疯
子。因此，他的教区神甫对能否让他领受圣体是不抱希望的， 192

神甫觉得让他理解最简单的宗教真理都是绝对不可能的。然而，这个年轻人的年龄在 15 到 18 岁之间，他的情感功能几乎没有跟理智功能一样再进一步发展，正如贝尔陶德先生所观察的，他目睹了惨剧的发生，既不叹息，也不流泪。

如果我们在几个例子中看到里维耶干过的最为怪诞的事，如果我们注意到在他身上的疯狂的外在特征，我们不必为此感到震惊，因为他的出身和他的血亲关系中有那么多的疯子，这已经解释了里维耶那里存在的这种凶残的疾病。事实上，在疯癫的产生过程中，遗传是最为潜在的原因之一；这已经被所有研究者指出了，他们的专门研究都重视这种致命的影响，如果我需要用我自己的实验来支持他们宣称的真实情况，我要指出，在 13 年来对 1100 百位疯子进行研究之后，在每天数个小时对大约 300 位此类不幸之人进行研究之后，我发现在精神错乱的产生中，遗传是其最为主动的原因，或许也是最为频繁的原因。所以，就没有必要再研究里维耶大脑的原初组织缺陷的其他成因了。

3. *他自幼以来的心智机能的状态，精神错乱的几个症状*

里维耶在出生时即带了这种有缺陷的倾向，他很快就验证了这些倾向所带来的后果。直到他 4 岁的时候，证人们说，他
193 和其他同龄的小孩还没有差别，但是自此以后，他就常常被视为疯子或者傻子。因此，他就立即成为其他小孩戏耍和嘲笑的对象，他也变得更加胆怯和羞愧，毫无疑问，这就阻断了其情

感功能的自然发展，因为值得一提的是，他不仅对自己的父母亲冷淡和无情，而且他也没有任何朋友，他独自生活在一个孤立的内心世界中，这就维持了自己在理智和道德的自卑。他本能地找到了最为人迹罕至的孤独之处，他花整整数天时间待在废弃采石场的矿井下面，或者待在一个最偏僻的阁楼的某个角落里，在那里，他反思着自己读到的不多的主题，然后，他获得了一种充分发展了的，同时又基于错误判断的想象力；他专注于所有神迹的东西，对正面的东西视而不见，并给他的头脑指出了一个更加邪恶的方向，由于他不再向任何人敞开心扉，人们也无法纠正他的错误；因此，他就立即成为实实在在的疯子。人们经常撞见他自言自语，与看不见的对话者交谈，或者突然大笑，或者发出哀嚎。有人发现他时而在地上翻来滚去，时而做出各种异常古怪的姿势。宗教的各种观念在他的脑海中闪过，他把小动物献祭并虐杀，以重现基督受难的场景。也有描述其想象出来的战争，在一种盛怒之下，他向菜园中的蔬菜冲去，一边嚎叫，一边对着蔬菜连劈带砍。他也有某种支配欲和优越感，通过吓唬那些可怜的小孩子来实现。有时候，他威胁他们说要用他的大镰刀砍他们；另有一次，他抓住他们并悬在水井上面，然后威胁他们说把他们扔下去；其他一些时候，他要让他的马吃掉他们，在成功恐吓到他们之后，里维耶觉得 194
他的支配欲得到了满足，他让他们深陷恐惧之中，却以放肆的怪笑来表达自己的快感。

魔鬼和仙女在他病态的大脑中占据了重要位置，由于沉思其中，他相信他见到过并听到过他们。他和他们交谈，与他们签订契约，并为自己的胡思乱想感到害怕。他经常恐怖地大叫，然后逃走：哎呀！魔鬼！魔鬼！由于整日被这些古怪的念头霸占，他只能给生活中的日常行为提供一种分裂的注意力；必须跟他连续并且大声说好几次，他才会回应；他如此的固执，以至于让他放弃他已经开始的工作实属徒劳。由于他不能预判其各种行为造成的结果，他就多次危害到自己和马匹的性命，比如他强迫它们去做能力之外的工作。

最终，仿佛在他身上再现了妄想的每一种类型的例子，他相信在他体内有一种可以使人怀孕的气不断地流出来，无论他愿意与否，都能够使他犯上乱伦之罪，以及其他更恶心的罪行。因此，他生活在持续的忧虑之中，他接近女性时总是矜持且谨慎。当他接近他的母亲、他的祖母或者他的妹妹的时候，当他认为他要近距离接触的时候，他经常因恐惧而退缩。于是，为了弥补他认为他会乱伦的这种过错，并且他想要阻止这种乱伦，他做出了许多荒诞的行为，想从因所谓的怀孕气体所导致的焦虑中摆脱出来。基于同样的理由，对雌性动物的接近
195 也使他非常不安，所有认识他的人都震惊于他那种因母鸭或者母猫接近时所致的担心和恐惧。

我们是否需要更多描述疯癫的特征，我是否需要其他事例？通过了解刚才我所描述的那些内容，在我们当中有谁不会把里维耶看作一个疯子？有谁不会认同将其指定为疯子的普遍看法？

4. 里维耶的行凶杀人，及其伴随的环境

里维耶的家庭并不和睦。他母亲的性格不好，刻板顽固、蛮横无理、脾气暴躁，使得他父亲长年处于不幸之中。这种持续性的骚扰几乎从未消停过，他对此感到非常悲痛，以至于都想自杀，想从这种他看不见头的持续的折磨中解脱出来。他的儿子有一个非常强烈的想象力，以便不被这些事情压垮；这些事情深刻地作用于他，使他大受刺激，扭曲了他本就为数不多的正确观念。他设想有一类人，他们屈从于女性的奴役之下，忍受着她们那可耻的法令，顺服于她们的恣意妄为。他认为，如果他能把他们从这种奴役中解救出来，那么他就是崇高和光荣的，他所需要的只是一个勇敢的表率；无论何时，在关键时刻的场合，都有一些人甘愿自我献身，他们的名字将被后代传扬。他的回忆录给出了好几个《旧约》中甘愿献身的例子，救赎的奥秘已然证实了他的想法：如果有一个神为了人类而自我牺牲，他则有一个更强大的理由，他要为了同胞而自我牺牲。拉·罗彻杰奎拉的英勇无畏，夏绿蒂·科黛的模范榜样，在他脑海中不断重现；他自认为受到上帝的启示，以上帝之名而行 196
事，为了解救所有人，尤其是为了解救他的父亲，他决定献出自己的生命，他决定杀死他的母亲。不久，他的妹妹也被卷进了这个致命的审判中，因为她一直与他母亲一起生活，她是他母亲一伙儿的；如果她被留下来，她将继续对他父亲施加一种致命的影响，所以也必须摆脱掉她，献身必须是彻底的。我们认为这种妄想已经无法继续推进了，但是里维耶却能推进到更远。他设想，在谋杀之后的安宁之中，他的父亲依然无法享受完全的幸福；他的儿子解救了他，当法律要判处他死罪，他会为此心生愧疚。所以，这种愧疚必须避免，他父亲必须是完全地幸福，倘若解救者也死了，他会暗自高兴的。如果我们对此一无所知，那么我们就无法想象，始终处于妄想中的里维耶决定用何种方法达到目标：这就是也要杀死他的弟弟，这个弟弟深受他的怜爱，也深受他那可怜的父亲的疼爱。当我对我弟弟行凶时，里维耶说，我的父亲会生起异常的惊骇之情，以至于他不再对我懊悔惋惜，而是希望我也去死。于是，从妄想走向妄想，为了要获得他的幸福，这个疯子决心让他的全家人都缟素服丧。

在我看来，这种独一无二的解决方案完全是疯癫的标记，它足以说明里维耶是个疯子。从来没有哪个判断的错误比这更离谱的，从来没有哪个精神错乱的狂热比这更明显的。然而，时间一长，这个不幸之人的勇气开始消散，他不能下定决心，于是徒劳地责怪着自己的怯懦。无论如何，决定命运的那天还是到来了，他穿上节日的盛装，让她的妹妹唱了一首圣歌，刚
197 开头的几句是："哦，幸福的日子！神圣的喜悦！"他的精神完全不正常，手里攥着斧子，杀死了他的母亲、他的妹妹和他的弟弟。

这桩恐怖的大劫难，这个人间的炼狱场，鲜血横飞，但他掩饰得很好，完全没有慌乱；他冷静地离开了，然后从容地宣

布他刚才解救了他的父亲，而且杀人的凶器里还握在手里，他平静地踏上了去往维尔的国道，要向法官们自豪地宣告他刚才干的大事。

事实上，在我所治疗的几百个单狂症（monomanes）患者中，我没有见过更明显的精神异常的了；该案例是如此的明显，以至于面对这个疯子时，内心感受到的更多的是怜悯，而不是恐惧。

我甚至认为，如果里维耶忠于他最初的计划，立即出庭受审，毫无疑问可能就不会出现这个问题。然而，这个可怜的人刚逃亡没多久，就经历了天空的广袤和森林的静谧，它们把光线引回到他晦暗的理性之上，与刚才他的行凶行为形成了鲜明的对比；他停了下来，好像害怕他自己了，他问自己是不是刚才做了一个可怕的梦，但是马上意识到这是一个恐怖的事实，他陷入了更加彻底绝望中。理性已经部分地回归了，狂热的亢奋已经消散，本性已经重新掌权，他承认杀害了亲人。

5. 从行凶至今以来，里维耶的行为和感受

此时此刻，在里维耶身上出现了一个非常重要的道德现象，我们不能止步于此。在整整一个月的时间里，他思考着他所干过的那件事，反思着它，为它做好准备，盘算着被处决的方式，不过他永远不会亲眼看到自己受刑。他对此想得越多，恰恰相 198
反，他在其目标中就越坚定，他自己就越狂热。然而刚刚行凶完，他就醒悟了，他突然间变得比之前的他更加理性。在这种

对他的神经系统的沉重而深刻的打击之下，他不可能还认识不清楚；既然我们看到他的理性伴随着强烈的道德感的消失而日渐消失，那么我们就不应该因为看到道德感在相同的状况中回归而感到惊愕。再说，此事也绝非始作俑者；所有的作者在论述疯癫时都会引述类似的案例，如果不是担心这篇诊断书篇幅太长，我本可以引用好些例子。“这种事情经常发生，”奥菲拉先生（M. Orfila）[1] 在他的《法医学概论》(*Traité de Médecine légale*）中说，“在一阵强烈的道德震荡之后，疯癫的发作陡然停止了；当病人成功地执行了一种他们认为相当重要的计划之时，我们看到病人重新恢复了平静。”霍夫鲍尔（Hoffbauer）[2]，一位在德国最有声望的法医学家，宣称“理性的恢复往往是计划得到执行的结果”。我坚信这一点，因为自从行凶之后，虽然里维耶没有彻底恢复理智，但是他已经完全是另一个人。

于是，我们很容易设想到，在某个真实的一天之中，他刚

1. 马修·奥菲拉（Mathieu Orfila，1787 年—1853 年），西班牙人，医生和化学家，1818 年后加入法国籍，为法医学和毒理学的先驱人物，著有四卷本《法医学概论》(*Traité de médecine légale*，1836）。——译注

2. 约翰·克里斯托弗·霍夫鲍尔（Johann Christoph Hoffbauer，1766 年—1827 年），德国哲学家，哈勒大学哲学教授，其著作《根据一般法律条款在司法领域中主要使用的心理学》(*Die Psychologie in ihren Hauptanwendungen auf die Rechtspflege nach den allgemeinen Gesichtspunkten der Gesetzgebung*，1808，2nd edition 1823），1827 年由埃斯基罗尔的学生尚贝隆（Antoine-Marie Chambeyron）译为法文出版。埃斯奎诺尔和医生让·伊塔尔（Jean Itard）为法译本添加了注释，书名也改为《与疯子和聋哑人有关的法医学，或者适用于智障者的法律》(*Médecine légale relative aux aliénés et aux sourds-muets*；*ou*，*Les lois appliquées aux désordres de l'intelligence*，1827）。——译注

刚犯下恐怖和疯狂的罪行，他不再有决心去法官面前吹嘘自己的所作所为了。在自责的重负之下，他被彻底吓呆了，希望大地把他吞没。对于他而言，生命已然成了负担，他决定摆脱这生命，当神圣的正义观念抓住他的时候，他已经做好了吊死自己的准备。从这一刻起，直到他被捕之时（恰好一个月），他都过着一种流浪的生活。时而，他屈从于要活下去的想法，在森林深处东躲西藏；时而，与此相反，他厌倦了活着，想要去死，他试图上吊自杀，但却没有自首的勇气。现在，只要我们把这种意志薄弱、这种犹豫不决、这种决断力的缺失，与里维耶行凶时的性格对比一下，我们就能确定，他的坚决和冷酷都是其理智的病态和暂时的结果。当一切都结束之后，他只能回到他本来就身处的不幸之中，思想也不强大，胆小而犹豫。 199

他所犯下的弑亲罪不断地浮现在他的脑海中，最终在他看来，这桩案件事实上只是一个疯癫的行为。于是，他回想起他读到的其他疯子的故事，他决定表达那些真正引导着他的感受，以便被当作疯子，就像他还在体验着这些感受一样。如果他被抓获，或者当他被捕时，他确实会试着装疯，然后在初审法官面前把这个角色再多坚持几天。但是，他不能下定决心长期持续装疯，在他看来这种假装是有罪的。于是，他坦白了自己所有的感受，在法官的要求下，他写下了一部长篇回忆录。下面我将进行考察。

我之前已经注意到，里维耶所采用的装疯并没有摧毁他有精神错乱的既成事实，装疯并不必然以他的理性能力高度发展为前提。他并未发明出一个用来游戏的疯子角色，而只是为了掩饰由他的弑亲行为所引起的恐惧，他在法官面前说出了真正导致他行凶的动机，只是在所有的荒谬行为完结之后，他才认
200 识到这一点。因此，当他重新获得了理性之时，重新获得了那种在其理智被遮蔽时并未中断的理性和他所蔑视的理性之时，难道我们还要为酷刑的观念和臭名昭著的惩罚使他一时感到害怕而震惊吗？“我们设想”，奥菲拉先生说，“在这种情况下，在行凶的那一刻，对惩罚的担心是不存在的，只是在行凶之后才更强烈。”好像这位著名的法医学家猜到了里维耶的行为，他补充说，“惩罚并不能阻止大部分事后全部坦白的病人以及那些甘愿接受法律制裁的病人：他们说他们甘愿为自己的恶劣行径而接受惩罚。”这正是我们正在审问的这个疯子所说的原话。

现在，如果我们考查一下里维耶所写的那些回忆录，我们会发现，无论它们有多合乎情理，它们并未假定他有与我们最初认为的那样多的能力，而且，在前半部分中，除包括一种与事实的准确关联外，它们并不怎么涉及里维耶这个人所具有的一种非常发达的能力，即我要谈的记忆力的问题。事实上，他回忆了过去几年中发生的诸多事件的非常细微的状况，他的记忆力居然没有任何遗漏。此外，遇到一个记忆力惊人的人是很平常的，因为这些人的其它能力往往不见得好，我们也发现大多数疯子的记忆力都是出类拔萃的。我们不必在这部回忆录的后半部分中再去找里维耶的感受和行动的完整故事了。他对很

多事情都保持沉默，而这恰恰是那些最能建立起他疯癫之前状态的事件。最后，这部回忆录能算作一部杰作吗，我们都乐意这么说，同时，就作者的理智完整性而言，我们又不能得出肯定的结论。因为它是里维耶在弑亲之后所写下来了，从另一个 201
方面说，我们每天都看得到比里维耶更不理智的疯子们写下很多更为合乎理智的文字。

因此，我觉得此人目前仍处于这种理性状态中，尽管道德的打击使他摆脱了一部分的狂躁，他还是很容易构思出新的想法，但是这些新想法的结果也许还和最初的一样糟糕。所以，社会有提出诉讼的权利，而不是对疯子进行惩罚，因为没有道德自由，他不能建立起罪恶感，但是，基于行政措施的关押和监禁，作为唯一的解决方案，能够使社会对这些疯子以后的行为放心。

我总结如下：

自从小时候开始，里维耶就患有精神错乱。

这种精神错乱的原因就在里维耶的家族里，这种疯癫是遗传性的。

他所居住的环境加重了最初的疾病。

疯癫通过很多以前的行为而表现出来，与他所犯之罪并无关系；这些行为数量很多，大量的目击证人都有报道，使得里维耶通常都被冠上疯子或是半疯的名号。

在他的恐怖计划的构思之中，在他决定杀死他弟弟的动机中，是见不到他有精神错乱的。 202

我们完全可以在他行凶时的平静状态中，以及随后就立即谈起它的这种方式中发现这种疯狂。

在此之前，里维耶所拥有的更为广泛的理由，是通过强烈的道德震动来说明的，而这种道德震动则由里维耶所流的血来决定。

他对回忆录的撰写并没有排除在弑亲罪之前他就患有精神错乱。

最后，里维耶向更为健全的观念上的回归不会持续太久，如果他没有犯罪，也至少是危险的，应该被关押起来，这对他有利，更加对社会有利。

L. 瓦斯泰尔

卡昂，1835 年 10 月 25 日

为了便于展示，巴黎医生的最后一个鉴定书，将见于赦免
203 档案中，第 250 到 253 页。

第五章

诉讼过程

一　重罪法庭

1. 重罪法庭庭长对皮埃尔·里维耶的讯问

1835 年 8 月 4 日

庭长阿尔曼·德·古尔耐（Armand de Gournay）告知里维耶，由被告人选出的，卡昂律师埃梅·巴尔杜先生（Me Aimé Bardou）明确拒绝为他辩护。

皮埃尔·里维耶没有再找其他的辩护人（“没有，我没有再找，我认为我不需要再找”），来自卡昂的律师贝尔陶德先生被指派给他。

2. 陪审团成员名单

杜罗西（纪尧姆·让·艾克多），DUROSEY（Guillaume Jean Hector），医学博士，选举人，生于 1777 年 7 月 4 日，利雪镇（Lisieux）居民。

吉洛（雅克，弗朗索瓦·提奥多），GILLOT（Jacques François Théodose），地主，选举人，生于 1778 年 2 月 28

日，巴旺镇（Bavent）居民。

杜邦（贡斯当），DUPONT（Constant），诉讼代理人，选举人，生于1786年1月11日，卡昂市居民。

昂格阿尔（弗朗索瓦·维克多），ENGUEHARD（François victor），医学博士，生于1804年1月24日，圣—瑟维镇
206 （Saint-Sever）居民。

龙德（奥古斯特），LONDE（Auguste），红酒商人，选举人，生于1798年11月5日，卡昂市居民。

勒·托雷尔（路易），LE THOREL（Louis），商人，选举人，出生于1778年4月5日，勒图尔纳镇（Le Tourneur）居民。

高瑟蓝（提奥多），GOSSELIN（Théodore），律师，法学学士，生于1772年3月17日，维尔镇居民。

勒费伏尔·杜费森（皮埃尔·约瑟夫），LEFEVRE DUFRESNE（Pierre Joseph），地主，选举人，生于1770年8月12日，加尔瑟莱·塞克戈维尔镇（Garcelles-Secqueville）居民。

德·福多阿（安纳·玛丽·菲力·加布里耶），DE FAUDOAS（Anne Marie Félix Gabriel），省议会议员，选举人，生于1778年5月，昂格莱斯戈维尔镇（Englesqueville）居民。

勒侯（路易），LEROUX（Louis），地主，选举人，生于1787年2月8日，安福维尔镇（Amfreville）居民。

德·贝切维尔（路易·让·加布里耶），DE BECHEVEL（Louis Jean Gabriel），省议会议员，选举人，生于1775年4月3日，丰特奈镇（Fontenay）居民。

詹姆斯（让·巴蒂斯特），JAMES（Jean Baptiste），地主，选举人，生于1782年10月29日，大塔勒旺德镇（Tallevende le Grand）居民。

被告要求回避以下人员：

勒·佩蒂（皮埃尔—弗里德里克），LE PETIT（Pierre-Frédéric），地主，选举人，生于1777年10月18日，奥蒂耶镇（Authie）居民。

勒·孔德（路易·维克多），LE CONTE（Louis Victor），计量器检查员，选举人，生于1785年，卡昂市居民。

3. 目击证人名单和欧奈镇居民的证明书

a. 检察官引用的控方证人：

（1）泰奥多·莫兰，欧奈镇医生

（2）玛丽·里维耶，皮埃尔·里维耶的遗孀，住在欧奈镇 207
的家里

（3）维克多·艾梅·勒浩，让·安德烈的妻子，欧奈镇的接生婆

（4）让·波斯特，勒浩先生家的仆人，欧奈镇人

（5）米歇尔·阿尔松，地主，欧奈镇镇长

（6）皮埃尔·让·路易·苏里雷，欧奈镇神甫

（7）皮埃尔·福尔丹，欧奈镇木匠

（8）皮埃尔·比奈，也即拉米·比奈，欧奈镇的短工

（9）玛格丽特·高勒维尔，路易·埃贝尔的妻子，欧奈镇农民

（10）热奈维耶·里维耶，凯奈尔的遗孀，住在欧奈镇的家里

（11）米歇尔·纳提维尔，欧奈镇麻绳匠

（12）路易·阿迈勒，博屈艾镇的消防员

（13）布夏尔，维尔镇收容所的医生

b. 皮埃尔·里维耶提议的辩方证人：

（1）让·尼古拉，朗格维尔的屋顶工人

（2）玛格丽特·高勒维尔，路易·埃贝尔的妻子，欧奈镇农民

（3）弗朗索瓦·埃利·勒·孔德，库尔沃东镇议会议员

（4）让·比逗，库尔沃东镇副镇长

（5）尼古拉·盖兰，库尔沃东镇游骑警[1]

（6）福尔丹，皮埃尔的儿子，欧奈镇木匠

（7）罗萨莉·莱罗特，阿泽的妻子，欧奈镇人

（8）皮埃尔·何东，欧奈镇农民

（9）瓦斯泰尔，卡昂市医学博士

c. 发给里维耶的诉讼笔录：

我们是欧奈市镇议会议员和居民，姓名见下，兹证明我们

---

1. 游骑警（Garde champêtre），又名乡村警察（la police rurale），是法国某些乡村市镇的护林员，野战管理员和警察的功能组合体。他们不属于市镇警察（Police municipale）。——译注

完全知悉如下事实，一位名叫皮埃尔·里维耶的人犯下三桩谋杀罪，自从大约12岁到13岁时，他的性格就一直是非常阴郁，非常古怪，非常孤僻，以至于所有的人看到他走过（因为他不与其他人发生联系），都忍不住会说：这就是那个傻子皮埃尔·里维耶。我们还证明，自从凶案发生以后，我们都以各自的方式向他父亲表达了同情，每个人都说：这个可怜的父亲不是只有一个傻儿子，而是有两个。因为凶手的弟弟普罗斯佩·里维耶，年龄大约14岁，他的智商也非常有限，接近于一个白痴。 208

以下是镇长确认的52个人的签名——1835年11月4日。

4. 庭审纪要

a.《卡尔瓦多领航者报》，1835年11月12日

卡尔瓦多重罪法庭，11月11日开庭，

庭长戴格雷蒙·圣—芒维约先生（M. Daigremont Saint-Manvieux）

关于杀害母亲和杀害弟弟妹妹的起诉

本日，大量民众涌向重罪法庭的庭审间，那里正在审理的案子被称作里维耶案，起诉一桩杀害母亲和杀害弟弟妹妹的三重犯罪。

我们所有的听众都沉浸在痛苦中，惨象历历在目，今年6

月 3 日，在欧奈镇发现了三具尸体，他们被人砍断了脖子，这些可怜的被害者正是死于他们暴怒的儿子和哥哥之手。

在此，根据起诉书或者根据被告人的招供，也即他本人在
209 被捕后撰写的《回忆录》，其行凶的情况已经完全违背了法律、
自然和文明。

“……我深爱着我的父亲，他的不幸显然触痛了我[1]。在最近这段时间，我眼见他陷入消沉，他的悲伤，他所忍受着的持续的折磨，这一切都真真地触痛了我。我所有的思绪都投向了这些事，专注在这上面。我构想了一个需要我亲自执行的可怕计划，在大概一个月之前我就在考虑这事了。我觉得我父亲仿佛陷入了疯狗或者野蛮人之手，为了对抗这些东西，我必须使用武力。宗教可以抵御它们，但是我却忽视了规则；就好像是上帝命令我去这么做，就好像是我在替他主持正义。我知道人间的法律，治安的法律，但是我却以为我比它们都更高明，我觉得它们既糟糕又可耻。我读了罗马史，在罗马法中我发现，丈夫对他的妻子和子女有生杀予夺的权利。我决定无视那些法律，为了父亲而死，我将永垂不朽，仿佛这对我而言是一种荣耀。我想起了那些为了祖国和国王而献出生命的战士，那些综合理工学校的学生们，在 1814 年巴黎会战期间的英勇表现。

---

1. 被告人要讲述的这些不幸的事情，归因于他的母亲，里维耶夫人的败坏而恶劣的品行。里维耶的父亲也深受其害；他已经和他的夫人分居。她和自己 18 岁的女儿维克多莉，以及 8 岁的儿子于勒・里维耶，一起住在村子里一个她自己的房子里。被告人皮埃尔・里维耶与他的父亲住在一起，同住的还有他的另一个妹妹艾梅和另一个弟弟，名叫普罗斯佩。——原注

我对自己说，这些人为了支持某个他们并不认识的人的政党而献出生命，这个人也并不认识他们，这个人也绝对没有想到过他们；而我呢，我将要为之献身的人，正是我所深爱着的，并 210
且也深爱着我的人。沙蒂永的榜样，他独自一人，在大街的一个巷道坚持到生命的最后一刻，因为此处是蜂拥而至的敌人抓住国王的必经之路。马加比的弟弟以利亚撒的勇气，他杀死一头战象，因为以为敌国国王坐在上头，尽管他知道他会被大象闷死在下面。还有一个罗马将军的例子，我忘记了他的名字，他在反抗拉丁人的战斗中为了保卫自己的党派而献出了生命。所有这些英雄事迹都在我脑海中出现，它们激励着我去付诸行动。我最近所读到的亨利·德·拉·罗彻杰奎拉的例子，与我所关注的似乎也有莫大的关联，我想起他在一次交战时给战士们的训话，‘他说，如果我冲锋，就跟着我；如果我退却，就杀掉我；如果我战死，那就为我报仇。’我最近所读的书是《海难史》，我在书中看到，当海员们缺少食物的时候，他们就把其中的一员作为牺牲，他们吃掉他，以此来挽救其余船员的性命。我想，‘我也要为我父亲去自我牺牲。’这一切似乎都在激励着我付诸行动，救赎的奥秘亦然。我想这是更好理解的，我认为，‘我们的救世主耶稣—基督在十字架上受死，为了拯救世人，为了摆脱撒旦对世人的奴役。他是神，而且，他也能原谅他们，接受这些事。对于我而言，我只能通过为我父亲而死，把他解救出来。’于是，我就想出了这个可怕的解决方案，我决定杀掉他们三个人：之所以要杀掉前两个人，是因为她们

串通起来，一起让我父亲受罪。至于杀掉我的弟弟，我有两个理由：第一个是因为他爱我母亲和我妹妹，第二个理由是我担
211 心如果我只杀掉其他二人，尽管我父亲对此将异常震惊，但是只要他知道我是为他而死的，那么他就会原谅我。而我知道他很爱我弟弟，因为他人很聪明。我觉得：他对我就会有那种的震惊，对于我的死，他会感到高兴。这么一来，他除了惋惜之外，会生活得更幸福。

"于是，我就想出了这个死亡方案，并决定将之付诸实施。首先，我打算把我父亲和我母亲的全部生活都写下来，就跟这里写下的差不多，从宣布要展开行动开始写，一直写到我的犯罪理由而结束，以及对我无视正义而行事的各种嘲弄[1]；我想要永垂不朽；然后，我就付诸行动，准备把写好的东西邮寄出去，接着拿出事先藏好的手枪自杀。但是，我已经改变了方案；我想，在行凶之后，我就去维尔，向王国检察官和警察局长自首。然后，我就郑重宣告，说我是为了我父亲而死的；即便他们支持那些女人，她们也赢不了；从此以后，我父亲就能生活得安宁而幸福。我觉得我还会说：'以前，人们看到雅亿（Jael）反抗西西拉（Sisara），朱迪特（Judith）反抗霍洛费内斯（Holphernes），夏绿蒂·科黛（Charlotte Corday）反

1. 里维耶回忆录的原文为 niarges，按该词为诺曼底当地土语，法语版在"方言词汇表"中解释为 noises（斗争），de narguer（蔑视）。德文版作 schwierigkeit（困难），英文版作 way（方法、目的）。此处的新闻稿中改为 les nargues（蔑视）。参见边码第 162 页正文。——译注

抗马拉（Marat）；而现如今，正是男人们必须得运用这种疯狂，而女人们现在正处在支配地位。这个好时代自称是启蒙的时代；这个国家似乎也对服从女人所需的自由和荣耀充满了兴趣。那些罗马人就很文明，休伦人和霍屯督人、阿耳冈昆人，这些人据说都是傻子，他们就更好了。他们从来不贬低武力。’我觉得提升的机会终于来了，我的名字被所有人述说 212
传颂。通过我的死，我获得了荣耀。时机已到，我将依计行事，大家会原谅我的。如此一来，我采取了这个恐怖的解决方案。

“我首先想到，因为我要到法官面前申述我的观点，所以我就得穿着星期日的正装去行凶，而且一干完就马上去维尔镇。5 月 24 日，我去欧奈镇上铁匠吉班·拉富热的铁匠铺，磨利了砍柴刀……

“接下来的这个星期六，我看见我父亲和我祖母去了欧奈镇，我决定要杀掉的那三个人正好都在家。我迅速地穿好我的星期日正装；但当我做好准备时，我看到我母亲和我弟弟也动身去镇上了。我离开了片刻。等我再回来后，我就发现了他们三人聚集在家。但是，我下不定决心要杀他们。因此，我对自己说，“我就是一个懦夫，我什么都干不了。”

“第二天，我又停手了，因此我说自己就是个懦夫。接下来的几天没有出现好时机，我还要去地里干活。6 月 2 日，我想出一个解决办法。我决定装病，这样第二天 6 月 3 日就不用去犁地。那一天，到了起床的时间，我就假装呕吐，然后说我没法去干活了。大约一个小时以后，我就起床了，然后说我已经有一些好转了。我说我去菜园里干活了，然后我悄悄拿上我的星期日正装，把它们拿到另外一间名叫克里农的屋子里。然后，我就穿上了我的星期日正装……当时，他们三人都在家里。而当我穿好衣服之后，我看见我弟弟于勒已经去上学了。于是，我先离开，以便中午再回来，到时候他们三人就会聚集
213 起来。但是，等待的时间太长了，我又回到那个屋子，重新穿上我的旧衣服，并决定不穿其他衣服了，立即动手。我寻思着：无论我穿得好还是不好，我都可以给出很好的解释，即使没有得体的衣服。中午到了，我弟弟于勒也放学回家。我瞅准这个时机，攥着砍柴刀，进到我母亲的房间里，干了这件可怕的事情，从我母亲开始……接着是我妹妹……然后是我的小弟弟……砍完之后，我又再补了几下！……

“纳提维尔的岳母玛丽进来了，她对我说，呀，你在干什么。——走开，我对她说，要不然我把你也砍死。然后，我就出了院子，叫纳提维尔帮忙，我对他说：‘米歇尔，照看好我父亲和我祖母，不要让他们做傻事；现在他们可以过上幸福的生活了。’我为了给他们带来安宁与平静而死了。

“接着，我就起程前往维尔镇，因为我想要得到在维尔镇首次公开宣布这个消息的那份荣耀，而不想在欧奈镇宣布这个消息，我担心在那里会被抓住。我决定走一条小路，穿越欧奈森林，在去维尔基（Vergées）的小路上，我把凶器扔到了一片麦田里然后离开。当我这样赶路的时候，我感到激励着我

的那种勇气和荣耀的念头越来越弱了。当我走得更偏远，我走到那个森林的时候，完全的恢复了理智。——啊，我对我自己说，我怎么是个魔鬼！不幸的牺牲品！我怎么会干这种事情！不，这不是在做梦！啊，这是真真切切的！深渊，您在我脚下裂开！大地，您把我吞没！……我哭了，我在地上翻滚。我躺倒在地。

“我不再打算去维尔镇了，我在前往某个我根本不知道的地方……晚上，我在卡德奥勒（Cadehol）附近的小树林里待着，我睡下来，沉浸在绝望的思绪之中……” 214

随后，回忆录的作者叙述了他逃亡生活中的苦难，或是在森林里，他以根茎、野鸟等物为食……，或是在港口[1]附近的大海边，他前往那里希望以螃蟹、贝类为食，从那一刻起，他在流亡生活中疲于奔命，在多次犹豫是否要投案自首，接受法律制裁之后，在一个月的精神折磨和四处逃亡之后，最终他在朗加内耶附近被捕。

法庭辩论仅仅证实了检方陈述的诸事实。里维耶只有21岁；虽然他很虚弱，但是他的神色还是很引人注意。他好像沉浸在痛苦的沉思中。他用虚弱的声音和单音节词勉强作答。当给他看杀死三个人的砍柴刀时，当庭长向他指出，上面还沾着他的母亲、他的妹妹和他的弟弟的鲜血时，他眼光迂回，哀怨地说：“我只求速死！”除此之外，被告在招供中坚持预审时的

1. 此处特指的是卡尔瓦多省的贝桑于潘港（Port-en-Bessin-Huppain）。——译注

笔录。

他说，在砍断他母亲脖子的时候，他很清楚他干的是一件受道德和法律双重谴责的事，但是他坚信他能给他父亲带来安宁，他坚信这种确定性对他来说是足够的：即为了确保他父亲的幸福，他甘愿去死。当杀死他的妹妹和他的弟弟的时候，他解释说，他妹妹分担了他母亲对父亲的仇恨，从那时起，他妹妹也就必须分担他母亲的后果。至于他的小弟弟，他被害首先是因为他爱他母亲，其次是因为这是激怒他父亲与他反目的唯一方法，因为他父亲非常喜欢这个小孩子，当里维耶为自己的罪行赎罪而死的时候，这也是他的父亲不会为此感到遗憾的唯
215 一方法。大部分的证人或是支持，或是反对，都转述了不同的事实，如果这些不能证明被告人的理智功能是完全的错乱，那么它们至少也意味着他的精神有一种显著的衰弱。然而，多次前往维尔监狱采访里维耶的布夏尔医生说，在这个可怜的人身上，他既没有观察到严格意义上的疯癫的特征，也没有看到杀人单狂症的性格。

这个说法引起了一场兴趣极大的辩论，参加讨论的有瓦斯泰尔先生，其作为辩白证人行事，以及卡昂医学院的医学博士图维和勒比多瓦二位先生，他们按照庭长的自由决定权行事。

起诉由总检察官委派的代理检察长鲁瓦塞先生（M. Loisel）主持，他极力地专注于得出结论，或是从辩论中，或是从初审中，或者尤其是从里维耶撰写的回忆录中，这是被告

人[1]理智能力的证据。

贝尔陶德先生进行了才华横溢的辩护，他是一位来自卡昂律师协会的年轻律师，他以一切可能的方式强调指出了被告人的辩论和判例的复合情况，倾向于确定皮埃尔·里维耶缺乏全部判断力，因而缺乏负罪感。

在三个小时的审议之后，陪审团重新开庭，以肯定的方式解决了提出的所有问题中的大部分。 216

最终，法庭判处里维耶死刑。

b.《法院公报》，1835 年 11 月 16 日星期一，17 日星期二
（特别报道）
戴格雷蒙—圣·芒维约（Daigremont-Saint Manvieux）先生[2]
担任庭长。
1835 年 11 月 11 日和 12 日的庭审。
杀害母亲和弟弟妹妹的指控
被告人的不可思议的辩护方法。

皮埃尔·里维耶是一个年仅 21 岁的年轻人，他看上去很虚弱，但是他的神色还是很能引起人们的注意，虽然他以骇人

1. 为了更好的评价这部我们只能引用极小部分的回忆录，我们必须知道这一点：被告人是一个年轻的农民，他所接受的初等教育几乎为零，所有的证人说大家都认识他，因为他就是一个傻子或者白痴，大家粗鄙地称他为“里维耶家的傻子”。
2. 此处法文原文为 M. Daigremont-Saint Mauvrieux fils，参见边码第 208 页，4. 法庭纪要。——译注

听闻的罪行被起诉。庭审的观众人山人海。我们注意到第一庭长先生和总检察官先生；几个医生和我们中学的老师也都在场。大家预先就知道，在有关被告人性格的辨别与理性能力中的或许更为重要的问题面前，那些在法庭辩论中的有关具体事实的问题都会烟消云散。法庭书记员宣读了起诉书；它记述如下，今年6月3日在欧奈镇，里维耶用一把砍柴刀，结果了他的母亲、他的妹妹和他的弟弟的性命。在他所撰写的《回忆录》中，他坦白并解释了他的罪行，以及他在生活中的所有伴生的情况。他宣称，他相信其所作所为是一种值得嘉许的行为，尽管显然受到神法和王法的谴责，因为他想为他父亲而死，想让他父亲得到平静与安宁。里维耶的父亲是个可怜人，这可以归咎于他妻子的品行；夫妻二人早已分居生活。他母亲与18岁的女儿维克多莉，以及8岁的儿子于勒住
217 在一起。皮埃尔·里维耶，则与他的父亲，以及他的妹妹艾梅和另一个弟弟普罗斯佩住在一起。父亲里维耶非常喜欢小于勒；根据被告的说法，由于家庭内部的烦恼，他的父亲非常痛苦。

以下为回忆录摘要

（与前面的文章内容相同）

法庭辩论仅仅证实了检方陈述的诸事实。皮埃尔·里维耶用痛苦的语调回答着向他提出的问题，仿佛沉浸在最忧伤的思

绪中。当给他看那把还沾着受害人鲜血的砍柴刀时，他的眼光迂回躲闪，只听见他用哀怨和悠长的声音说道：我只求速死！他坚持所有的供述。辩护必须根据被告人在行凶时的精神错乱状态；以及法庭辩论所揭露出的具体事件而展开，如果不能证明其理智功能完全错乱，这至少也意味着他的理智有一种显著的衰弱。皮埃尔·里维耶所接受的初等教育几乎为零，他被看作是一个傻子或者白痴；人们粗鄙地称他为傻子里维耶（la bête à Rivière）。但是，布夏尔先生，一位在维尔监狱多次访问过里维耶的医生，宣称他没有在里维耶身上看到任何严格意义上的疯癫症状；更没有发现任何杀人单狂症……

彭–素约医院（Bon-Sauveur，卡昂精神病医院）的医生瓦斯泰尔先生作为辩方证人，与按照庭长的自由决定权行事的图维和勒比多瓦二位先生之间，就此展开了一场非常激烈的，非常精彩的法庭辩论。

该起诉得到了总检察官先生的助理鲁瓦塞先生（M. Loisel） 218
的大力支持，事件已经得到确定和供认，他特别致力于通过初审和辩论的整体情况，尤其通过里维耶撰写的回忆录来得出结论。被告人对善恶区分得非常清楚，在他的犯罪过程中，他有完善的理智，在他身上，既没有疯癫的性格，也没有杀人单狂症。

辩护委托给卡昂律师协会的年轻律师贝尔陶德先生，他的辩护才华横溢。假如成功是可能的，那么这样的努力将会是成功的。陪审团的先生们在审议庭里审议了三个小时；毫无疑问，他们需要阅读并评估被告人撰写的回忆录，而这很有可能凸显出了里维耶那古怪的辩护方法。在当天早上的1点45分，陪审团给出了有罪宣判，在大家的一片哗然声中，法庭宣布里维耶犯有弑亲罪。

c.《公共卫生年鉴》，1836年，第201页

布夏尔先生，被庭审传唤，并被讯问关于皮埃尔·里维耶是不是疯子的问题，他回答道：皮埃尔·里维耶不是疯子，原因有以下两点；（1）因为基于对其体质的研究，我们没有发现能导致他的大脑机能错乱的任何原因；（2）因为他的精神状态无法归入研究者们采用的任何一种分类之中。"因此"，布夏尔先生说，"皮埃尔·里维耶不是单狂症患者（monomane），因为他对于独一无二的对象并不谵妄；他也不是躁狂症患者（maniaque），因为他也不是时时处在躁动的状态；他也不是白痴（idiot），因为他写下了通情达理的回忆录；总之，他不
219 是痴呆（démence），这是很容易看到的。所以，皮埃尔·里维耶不是精神错乱者。"四位医生出席了庭审并且进行了旁听，两位同意瓦斯泰尔先生的判定；两位同意布夏尔先生的意见。

即便贝尔陶德先生的辩护词雄辩有力且充满信心，陪审团还是宣布皮埃尔·里维耶有罪；最终，这个不幸的人因弑亲罪被处以极刑。然而，或许是害怕对里维耶的惩罚过量，因为根据他本人的招供，他完全没有对其理智的完整使用，于是，陪审员们重新开会，拟定了一个减刑的请愿书。

5. 重罪法庭庭长给刑事局局长的报告

11 日，星期三。让一皮埃尔·里维耶，现年 20 岁，农民，出生于库尔沃东，现在居住于欧奈镇。

被控于 1835 年 6 月 3 日故意且预谋杀害里维耶的妻子，他的母亲维克多莉·（玛丽）·布蕾雍，他的妹妹维克多莉·里维耶和他的弟弟于勒·里维耶。

因弑亲罪被判处死刑。

6 月 3 日中午时分，里维耶的妻子玛丽·布蕾雍，约 40 岁，她的女儿维克多莉·里维耶，18 岁，以及她的儿子于勒·里维耶，7 岁，被人发现死在了他们在欧奈镇的住所里。他们的尸体倒在一大摊鲜血中间。里维耶夫人的脸颊以及右侧脖颈的前部被完全劈开。颈椎与躯干已经完全分离，只有皮肤和左侧肌肉依然与头部相连；身体的这个部位遭受了多次的暴力重击，以至于骨头和肌肉似乎成了一团糨糊。里维耶夫人已 220
经怀孕。

维克多莉·里维耶的头部被从不同方向劈开，脸上划出很多伤口，一大把头发被扯了下来。

于勒·里维耶的头部有大且深的刀口，它们贯穿到大脑和小脑，其他的重击在颈部和肩部。

这些致命的伤口似乎都是由锐器所致。

里维耶夫妇的一个女邻居目睹了皮埃尔·里维耶与他妹妹维克多莉的打斗；他手里握着砍柴刀，向她砍了一刀，她随即倒在他的脚下。这个女人曾大喊救命，但是三位被害人已经宣告死亡。片刻之后，人们见到了里维耶，他正要回到他父亲的家中，碰到村子里的一个村民，里维耶对他说：我刚刚把我父亲从所有的不幸之中拯救了出来，我知道大家会杀了我，但是对我来说无所谓。当时他手里还握着那把血迹斑斑的砍柴刀。

对里维耶的抓捕实属徒劳，在一个月的时间里，他成功摆脱了对他的所有搜捕。7 月 2 日，他在法莱斯区的一个市镇被捕。宪兵向他提问，他回答说，他杀害了他的母亲、他的妹妹和他的弟弟，因为他们都有罪。他随身带着一把弩弓，一只前端安着钉子的箭，一点儿硫磺和两把刀。到达法莱斯的监狱时，大家都以为他会逃跑，但是他之后宣称，他伪装了一次逃跑的企图，以便不用跟他认为是恐怖对象的其他犯人关押在
221 一起。

当他出庭第一次接受维尔的初审法官的讯问时，他起初还在坚持他被捕时的说辞：他说，当他杀害他的母亲、他的妹妹和他的弟弟之时，他在顺从上帝的旨意，上帝命令他去杀掉他们，因为他们一起迫害里维耶的父亲，他还引述从《圣经》中选出的好几个例子，据他所说，这些例子表明，上帝有时候会允许类似的行为，但是他很快就坦白说自己是刻意为之。他承认，他杀死了他的母亲，以便让父亲摆脱那个折磨着他的恶毒女人，他杀死了他的妹妹，因为他和他母亲是一伙的，他杀死了他的弟弟，因为他爱他母亲和他姐姐。他有意在一个月之前就磨好的砍柴刀，有两次他因为缺乏勇气而放弃，最终，在

6月3日，他下定决心，执行了那个可怕的计划。他补充说，他试图装疯卖傻，但是他又放弃了，他决定服从预留给他的命运。

在十五天的时间里，里维耶草拟并撰写了一部长篇回忆录。在这部回忆录中，他详细讲述了如下内容：他母亲对他父亲的恶劣行为，这些行为使他经历的感受，那些思考引导他构想出那个计划，即通过杀死他的母亲来确保他父亲的安宁，他的犹豫不决，他为了执行计划所做的努力，他的后悔，使他万分痛苦的内疚，直到被捕之前他的生活，不断地困扰着他的想法，以及对结束这种生活的期望，对他而言这种生活已是负担。

在承认里维耶的这种本性之后，剩下的就是找出里维耶在 222
行凶之时是不是有使用他的理性，并且预审和法庭讨论都被引导朝向此目标。

里维耶的相貌一点都不出众，他长得很斯文，但是却残忍成性，在法庭辩论中，他的身体是不动的，表情也是僵硬的；他的情绪似乎很平静，仿佛任何情感都不能使他激动；当给他看依然血迹斑斑的砍柴刀时，他把头转开，带着恐惧说：我只求速死。他的回答一直都是既清晰又准确。听到对他的宣判，他也完全无动于衷；在他的父亲、他的告解神父以及他的辩护律师一再恳求之下，他这才决定签署他的上诉书。

里维耶确实没有任何疾病，也没有受过任何在其理智机能方面导致失常的伤。

在他小时候，里维耶似乎智商有限；他只是费劲地学会了阅读和写作。但是他的教区神甫，一个能力出众的人，他很快发现里维耶身上有一种特别的天赋，尤其是理工科方面。他有异乎常人的记忆力，他嗜书如命且过目不忘，贪婪地读遍了自己能找到的所有的书籍。在他非常崇信宗教之后，他放弃了所有的敬拜活动，然后，他又回归到最初的感受中。因此，他解释自己的行为说：我所接受的宗教教育以及敬拜类书籍首先让我确信了宗教的真理，梅叶神甫的一本名叫《健全的思想》的书让我产生怀疑，《蒙彼利埃的教理问答》和我的反思消除了
223 我的这些疑虑；我严格按照我体验到的感受去践行。

所有的村民，基于他们的教育、他们的社会地位，以及他们与皮埃尔·里维耶的关系，都是最能给出准确的信息，他们把他描绘成一个性格阴郁、逃避一切社交生活的人；他偶尔会离开他父亲的家，在森林里度过一整夜。人们把他视为白痴，但是并没有注意到他有任何不良的嗜好。有可靠的证人报告了一些事实，似乎表明他的头脑是紊乱的。在其童年之时，里维耶就把小鸟和青蛙钉在木板上，一边看着它们死去，一边狂笑，那笑声就像一个疯子；据里维耶说，他同样也重现过耶稣基督的受难；有好几次，有人见到他灵魂出窍，情绪无比高亢，因为他说他看见了魔鬼，他还说，在晚上散步的时候，他和天使说过话；在法庭辩论中，他确实是这么回答的，借此取笑那些相信这些无稽之谈的人。有人吃惊地看到他多次在菜园里用木棍劈砍卷心菜的头，还大声喊道：左，右，左，右；他

说，他把自己想象成一名将军。有两年时间，里维耶在他家的顶楼里造了一把用来打鸟的工具，把它叫作“卡力倍”，然后，他就领着村里的孩子们把它埋在了田地里；同一个时期，他把他弟弟养的松鸦埋入地下，还模拟了一个宗教的葬礼，那一年他 18 岁；表明其古怪和荒诞这类性质的其他事实还有不少，它们在法庭辩论中也都有所提及。

里维耶确实向来对女性和所有的雌性动物都怀有一种强烈的厌恶和反感，他尤其害怕女性亲属们的目光，而当人们问他原因时，他回答道，在他读《圣经》的时候，他对乱伦和兽奸产生了极其强烈的憎恶感，他担心即便他不愿意，但是当他出现在她们面前时，有一种看不见的气（un fluide invisible）把他与女性或雌性动物连接起来。 *224*

里维耶夫人的两个血缘关系不太远的亲戚都是死于精神错乱，其中一个已被禁治产[1]。他们都对女性有同样的憎恶。里维耶的一个弟弟，年龄有 13 到 14 岁，也被人认为是完全的白痴。

法庭辩论没有揭示出任何东西，能够假定里维耶是被某种怨恨、报复、嫉妒或者贪婪的情绪所激怒，从而反对他的母亲、他的妹妹和他的弟弟。父亲里维耶与他的妻子之间的不和

1. 指旧时对精神病人依法剥夺其管理自己财产的权利。此即来源于罗马法的禁治产制度，对于无民事行为能力人和限制民事能力人的人进行约束，由监护人来代替被禁治产的人来代为管理财产。参见张德富编：《法汉法律词典》，中国政法大学出版社 2003 年版，第 243—244 页。——译注

是众人皆知的，大家都指责他妻子的不对；大家都同情他父亲与这样一个恶毒的女人结合；皮埃尔·里维耶对他的父亲有最深的感情，而以他父亲为目标的各种骚扰，让他无法忍受的各种不幸，持续不断地出现着，这就激发起了里维耶那阴暗且阴郁的想象力，似乎只能让他想出那个在6月3日执行的恐怖计划。

里维耶的回忆录写得条理清晰、简洁准确，他母亲对他父亲的所有错误都记录得秋毫无差。我们看到，里维耶已被一种对荣耀和幻象的过分欲求所困扰，他从历史中找出很多例子，来支持他的一系列错误的论证，这些例子引导他去设想，他也能干一件值得夸耀的事情，并且可以通过牺牲自己的生命来确保他父亲的幸福，从而使自己永垂不朽。这个回忆录表明，里维
225 耶的理智非常出色，而其判断力则完全畸形；虽然他只接受了乡村教育，他的文风也是得体的，他的回忆录具有非凡的说服力。

在回忆录中，里维耶给出了他杀害弟弟的动机，这个解释与他在第一次讯问中的回答完全不同；他说，之所以要杀害他弟弟，是为了让他父亲更加恨他，那么他被判死刑就不会给他父亲带来任何悲伤。

在法庭辩论的结尾，陪审团要求医生们对里维耶的精神状态给出他们的意见，三位医生认为里维耶在行凶时理智是不健全的，另有三位医生持相反的意见，不过所有的医生都承认，他的行为是古怪的，他的判断是错乱的，他们认为，里维耶确实有对其理性的使用，能够对其行为进行道德评估，并为其承担责任。有两位管理卡昂市彭-素约精神病医院（la maison d'aliénés du Bon Sauveur de Caen）的医生提出了不同意见。

陪审团中包括因其教育和洞察力而著称的成员，他们一致宣布里维耶有罪。但是，有六位陪审员建议允许酌量减刑（circonstances atténuantes）。回忆录的阅读似乎对意见的采纳产生了很大的影响。

里维耶预先构想了杀死他的母亲、他的妹妹和他的弟弟的计划，但是他将要采取的行动却激起了恐惧，他的犹豫、他的后悔、他的自责以及他的坦白都证明他完全清楚，自己的行为是残暴的，证明他有善恶的良知，因此最终他必须被宣判为有罪，必须接受惩罚。然而，在里维耶身上，我们能看到一个人，我们要拿这个人和杀人犯做一下比较吗？杀人犯的双手被 226
通常让人去行凶的那些犯罪激情所支配。这并不是里维耶行凶时的个人目标，他的动机是那种被误解的欲望，即想要为他的父亲带来幸福；假如他在行凶之时使用了理智，那么无论他的判断力多么离谱，他都必须接受法律最严厉的惩罚。然而，罪行的骇人听闻和合理动机的缺失，再加上他古怪的性格，某些荒诞的行为，怎能不对他的精神状态产生怀疑。在值得信任的医生中以及在陪审团成员中，都有人持这种看法。公众以最强烈的关注度追踪着对该事件的辩论，他们也是意见不一。如果要求法庭给出宣判，那么法庭成员的头脑中就会产生严重的怀疑。由于有良心的人和启蒙通达的人给予里维耶的评价各不相同，因此我们必须想到，这个人身上有很多东西是不能把他与其他犯罪分子的残忍行为相混淆的。如果他的理智功能有一定程度的失常，我们还能不能把他的罪行归因于一种由其父亲的不幸所导致的暂时性狂热状态？毫无疑问，这个状态不是疯癫，然而，它并没有假设对理性的整体使用，尤其是在一个其行为时而被视为怪诞的人那里。

在那些认为里维耶无论如何都有罪的人的眼中，而且这种观点得到了陪审团回应的保证，他的死刑是社会利益迫切诉求的一个例子；不过，或许这个例子只能这样保有其用处，即只要它无疑来自里维耶的全部罪行，否则它就只能产生一个令人遗憾的结果。

227 如果国王的宽恕能垂顾于里维耶，那他的精神状态就是唯一的理由，在这种情况下，我想，他的死刑应该以如下方式被减刑，即他应被剥夺自由终身。

6. 与诉讼相关的报刊文章和信札

a.《下塞纳省和鲁昂日报》，1835 年 11 月 15 日星期日

卡尔瓦多重罪法庭

拉瑟奈尔[1]与里维耶

和首都的那些报纸专栏一样，我们这个专栏三天来密集关注一起骇人听闻的事件，并对之进行长篇跟进报道。这件事不

1. 皮埃尔·弗朗索瓦·拉瑟奈尔（Pierre François Lacenaire，1803 年—1836 年），法国著名的花花公子、杀人犯和诗人，详见边码第 14 页，注①。——译注

仅激起了大量的好奇心，而且使我们的灵魂也沉浸在对人性和我们内心真实状态的沉痛反思中。此人作为事件的主角，给我们提供了一个我们能想象出来的最丑恶的犯罪。这个犯罪行为体现了他的全部愤世嫉俗和幼稚天真，也就是说，他没有内疚，没有后悔，也没有期望；这是罗贝尔·马凯尔（Robert Macaire）[1]的一个骇人听闻的现实翻版，他穿着肮脏的大衣趾高气扬地四处逍遥，在其残酷暴戾的传奇故事中招摇撞骗，如同一个在描写哥特式城堡的布局的中世纪小说家，用冷酷无情和啰哩啰嗦的奉承话，给我们讲述他杀人的情况；堕落的 228
查理五世（Charles-Quint）[2]，觊觎成为邪恶帝国的核心，渴望翱翔在地狱的高天之上，他怜悯着他的同谋，那些粗鄙的杀人犯，他们全然不知如何像他一样配享断头台；而他的法官则驻足于检查他的骗局和他那如新手般的欺诈，就像一个医生在不厌其烦地清除一个因为腿上生坏疽而注定要截肢的人脚上的鸡眼。

显然，当今的疯狂文学在撒旦观念的放荡无耻方面已经走得够远了，不过它还没有超越此时在塞纳省的重罪法庭上提出的可怕类型。我们难道能说，这唯一的恶魔是在我们这个时代

---

1. 罗贝尔·马凯尔（Robert Macaire）是法国文学作品中的虚构人物，是法国文化中土匪强盗的一个典型形象。——译注

2. 查理五世（1500—1558 年），即西班牙国王卡洛斯一世（Carlos I，1516 年—1556 年在位），又是神圣罗马帝国皇帝（1519—1556 年在位）。父系为哈布斯堡家族和母系为卡斯蒂利亚（即西班牙）王室。在他任上，哈布斯堡王朝与法国和奥斯曼帝国连年征战，并且开启了西班牙的美洲殖民事业。——译注

的文学的影响下产生的么？或者，难道这些文学只是一种关于某个邪恶族群的研究专著，它突然出现在我们所经历的悲惨生活的冲击之中？当我们深入研究时，这两个问题都令人震惊。

卡尔瓦多的重罪法庭给我们提供了一个与这一恐怖图景类似的事件，这个恐怖图景在塞纳的重罪法庭上刚刚上演。青年人里维耶，他刚刚在卡昂被判决，我们借用了《卡尔瓦多领航者报》的报道，他杀害了他的母亲、他的妹妹和他的弟弟。他实施这三起谋杀的动机是什么？他本人告诉我们如下，我们转述其回忆录的片断：完全处于自发和无私的唯一的想法就是为他的父亲服务。

他是故意为之，没有被任何人怂恿，他想要使他的父亲摆脱其妻子，也就是他的母亲，她的疯狂行为是使整个家族蒙羞的原因；他一并杀死了他的妹妹，因为她和他的母亲合得来，而且说明她是按照他母亲的意思行事；他一并杀死了他的弟
229 弟，与前者相反，因为他的弟弟深得父亲的喜爱；而出于对双亲之一的父亲的纯粹善心，他决意接受断头台的行刑，通过一种狠毒的抵消，他想让他的父亲删除对他记忆的所有内容。

应该承认，所有这些东西，都类似于一个受损大脑的眩晕，疯癫和病态的狂热。虽然，检察部门引用了里维耶的回忆录，其中叙述了我们刚才读到的概念和逻辑推理的细节，这些成为被告人理智健全的证据，卡尔瓦多的陪审团接受了检察部门给出的理由，他们作出裁决，宣布判处里维耶死刑。

陪审团按照他们的内心和良知来作出裁决，我们不应指责

他们基于良知的依法协商的工作。但是，如果我们承认里维耶在三桩大罪的完成中是有判断力的话，那么，这个催生出拉瑟奈尔和里维耶的堕落本性的社会，它的道德状态是什么？前者代表了一种在赤裸裸的卑鄙无耻中的利己主义（égoïsme），后者则代表了一种在最凶残的变态中的自我牺牲；这两条路都通向虚无的死亡，前者通过对所有法律和所有道德信仰的否定，后者通过一种感觉器官的癫痫般的亢奋！……

那些还梦想回到过去的人，必然会援引这些教训，他们将看到哲学最后一次战胜基督宗教的后果，以及他们将更加努力地恢复王位和圣坛。然而，如果有人认为他在此有权咒骂哲学，那会是非常错误的。对哲学的评价并非基于不完整的碎片，而是基于其事业的整体性而言，一方面是破坏的，另一方面是创造的。必须摧毁旧秩序中应该摧毁的，才能创造一种新秩序。哲学对于天主教信仰的胜利，在道德秩序中制造出一种头脑混乱和一种持续的解决，或许必须把我们社会当前遭受的所有邪恶都归因于此。但是，这是所有过渡时期的状况，对其的修正，端赖于全新信仰的到来，而不是把僵死的信仰重新复活。本世纪有一个人，德·迈斯特（de Maistre）[1]，他把最雄辩的证据赋予了天主教道德与政治的权力，所有的虔信者都没有控诉他写在《圣彼得堡夜话》（Les Soirées de Saint- 230

1. 约瑟夫·德·迈斯特（Joseph de Maistre，1753 年—1821 年）法国萨伏伊人，哲学家、作家、律师及外交官，曾任法国驻俄罗斯大使（1803 年—1817 年），文中提到的《圣彼得堡夜话》是作者临终前撰写的未竟稿，出版于 1821 年。——译注

Pétersbourg）一书中的渎神言论和唯物主义，这些令人难忘的句子能够证明我们的判断：

“他说，我们必须为神的秩序中的大事件做好准备，我们正在朝它加速前进，它将震撼所有的目击者。世间已经全无宗教，而人类也不能持续处在这种环境中……但是你们等着吧，直到宗教与科学的自然亲和力把它们聚集到一个天才之人的头脑中。这个人的出现不会太遥远，或许他已经存在了……一切都预示了出来，但我不知道我们将朝向哪个伟大的统一迈出伟大的步伐。”[1]

事实上，只要环顾四周，确保我们生活在与基督教建立之前相类似的时代即可。世界上冒出来一个听任所有物欲，毫无
231 道德约束的社会，这是第二次了。这个时代让我们想起了所有的卑鄙无耻，它们玷污了以前的后期罗马帝国；然而不要忘记，后期罗马帝国已经是天主教大一统的预备性工作了，按照德·迈斯特带有预见性的想法，天主教大一统行将消失，以便为一个更伟大并且更好的新统一腾出空间。

b.《卡尔瓦多领航者报》，1835 年 11 月 15 日

在出版界的邀请下，有人给我们寄送了他对重罪法庭最近

1. Joseph de Maistre, *Les Soirées de Saint-Pétersbourg*, tome II, Onzième Entretien, Lyon: Pelagud, 1836, p.270, p.278, p.285. 中文版参见迈斯特：《信仰与传统：迈斯特文集》，冯克利、杨日鹏译，商务印书馆 2010 年版，第 321 页、322 页。译文有改动。——译注

公布的判决的下述反思。尽管从这篇文章中发展出来的道德思考，在一些要点上背离了我们关于该主题的个人见解；但是，我们认为有必要对这种评论表示欢迎，至少作为解决这个问题的要素之一，该问题一直以来都困扰着我们这个时代中最为杰出的道德学家。

又一个死刑判决

“今天，早上 1 点 15 分，在漫长的法庭辩论之后，虽然有诸多努力，虽然有年轻的辩护人雄辩地表达出的信心，但是来自欧奈镇的皮埃尔·里维耶还是被指控并证实犯有对他的母亲、他的弟弟和他的妹妹的三起谋杀，由卡尔瓦多重罪法庭判处弑亲之死刑。

“皮埃尔·里维耶是一位仍未成年的年轻人，按其出身和所受教育，属于社会中最贫穷和人数最多的阶级；他的外表，他的回答，以至于他的微笑，全部都显示出白痴的征兆；此外，他的外表第一眼看上去，符合熟悉他的证人对其过往生活所做的全部证词，也符合从其犯罪的状况能做出的全部推测。 232

“但是，里维耶的不幸之处在于，与大多数在家庭、法院和收容所之间非常频繁得被踢皮球的精神错乱者、躁狂症者和偏狂症者相比，他的精神受损情况更严重，更混乱。里维耶没有一个稳固和坚定的观念，很多古怪的念头一起占据着他的头脑，支配着他；他似乎并未罹患完全的和连续的精神错乱；他并非一个所有的道德机能都匮乏的人，相反，他是一个某些机能极其充沛，极其发达的人；他的记忆力和想象力都有点异乎寻常：一方面，他一根筋地专注于回忆他的母亲的各种恶行；另一方面，他在古怪的幻想上，在荒诞或暴虐的计划中，浪费了很多精力，但却总是毫无理性且毫无远见，毫无基础且毫无成效。

“此人头脑中受损和有病的地方，在于感知关联的能力和推导结论的能力，在于判断力。他自出生以来就表现出一种虚假和错误的判断力，没有人能够纠正其理智的偏差；没有人尝试过，或者没有人能够治愈他的病态情感，没有人能够扼杀藏在他内心深处的死亡萌芽。从他童年开始，他就逃避人类社会，而这个社会也只能通过改变他来纠正他。他甘愿让自己处在孤独中，在森林中品味着他那怪异的憎恶和盲目的激情。他如饥似渴地随意阅读的那些读物，给他那强烈且放纵的想象力
233 带来了大量的洞见，而许多矛盾却被永远掩盖掉了。他的理智在与空想的幻象的对抗中被消耗殆尽；他的感觉在疯狂且持久的怨恨中蔓延开来，在一种排他且深切的爱慕的蔓延开来，在这种过度却致命的爱慕中，就像他所设想的，他已经把自己当成了一个殉道者（martyr）；而他的法官却认定他是一个怪物（monstre）。

“不，皮埃尔·里维耶既不是一个怪物，也不是一个烈士；他是一个不幸、患病、不健全的人；他是一个对自己的行为没

有全部道德感的人，最终也必然没有全部的责任心。有些医生把他看作是一个普通的精神错乱者，而其他人则无法在其构造中认识到精神错乱的痕迹。而且，由于他的这种情感是被忽略的和新生的，由于语言中没有词汇能够表达这种本性上的不完满和这种可悲的特长，因此人们把他视为怪物，一种社会必须摆脱掉的具有凶残本性的怪物；而并未考虑到，这样一种结构是不能被某种不同甚至相反的结构所真正理解的；并未注意到，我们拒斥了那些未知和特异的事件，而只接受和评估了那些普遍和平凡的事件；最终也并未意识到，当我们在解决类似的问题之时，我们解决掉的可能是某个人的脑袋，我们感受到的就远不止是犹豫不决了。

“在里维耶所做的可怕行为的根基之处，有没有一种强大的想象力所驱动的邪恶狂热，没人知道，但是，他的精神失常只能使这种邪恶变得更强大；宗教的狂热，理性的狂热，以及孝心的狂热！谁来探查一下此人的理智和内心？什么样的目光 234
能够在被告人把自己置入的那种白痴和沮丧的层层包裹之下，发现一种正常的理性和清醒的意识？基于一种远距离的和千百次的密切关注法庭辩论的审讯，给法官们带来有关这个鲜活而致命的迷局的新发现，并且带来必要的确定性以便能够审查这起死刑判决的全部责任，难道不正是一次数个小时的审讯，使得被告人的或许是过于大胆的措辞提前具备了合法误判死刑（assassinat judiciaire）的资格？

“毫无疑问，我们不想走得那么远；我们只在意于把我们的顾虑投入到法官的天平之中，让每一个人都有责任感和良心的满足感。但是我们从灵魂的深处对此感到惋惜，为了治疗个体和社会的疾病，偶尔还是遗传病，我们不得不求助于刽子手之手。

“人们常说，冤冤相报何时了；它不再是其所要求的公开复仇，而是榜样，一个*有益*（salutaire）的榜样，好像这种教训从来都没有制造出其他东西，而只是制造出了杀人犯。好吧！死刑判决已经做出；如果我们不停止，血就会继续流：在此，我们只是很晚才满足了这个可怜人最近所说的令人怜悯的愿望：*我只求速死*！然而，要么允许我们在必然是以他的名字提出的上诉旁边写下我们的上诉；要么允许我们把内心良知的声音与辩护律师激动的声音加起来，向里维耶必须出庭在他们面前受审的法官们大声疾呼，或者向能够行使其赦免权的最高
235 统治者大声疾呼：‘可怜可怜他吧！不要让他臭名昭著；尤其是不要让他上断头台！’”

卡昂，1835 年 11 月 12 日

P.D.

c.《卡尔瓦多领航者报》，1835 年 11 月 21 日

一位协助法庭辩论的卡昂市医学博士，投书一封给《卡尔瓦多领航者报》。在此，我们转载重要段落如下：

编者先生：

当问题涉及从断头台上拯救一个我们相信没有罪的人，我确信您的专栏将一直都是思想开放的，以便广泛收集能有助于达到该目标的想法。——在此，我要探讨的唯一问题就是：里维耶，在其精神错乱的状态中，到底能不能杀人？

他的所有邻居的证词显示，他沉溺于一种行为中，它被法国最知名的医生——埃斯奎诺尔博士先生称之为忧郁症（mélancolie）(《医学科学辞典》，第32卷，第155页。*Dictionnaire des sciences médicales*，tome 32，p.155），作者说：“这种疯子，逃避世人，寻求孤独；他们认为，在他们身上有一种气，能把他们与远方的人联系起来，这些人会监禁他们并能让他们患上各种各样的疾病。”

同样，里维耶认为他身上有一种气，即类似于埃斯奎诺尔医生所说的东西，它通过肉体的欲望（charncl）(这是里维耶的表述）与他的祖母、他的妹妹，所有的女性，以及所有的雌性动物发生关联；因而，他不安地逃避所有的女人。

里维耶在监狱里给法院所写的回忆录，是证明其精神健全 236
的首要证据，或许这个报告也致使陪审团宣布其有罪。陪审员不能相信这个人的精神是错乱的，他通过其惊人的推理能力精准而确切地讲述他父亲的不幸和他自己的念头，他撰写了一个大部头的回忆录。然而，恰恰是里维耶的记忆力和头脑的精确性的巨大发展超出了他的所有习惯，这在所有的医学陪审团看来也就证明了他的精神错乱状态。让我们再听听埃斯奎诺尔先生说的：

“在与理解力部分关联的忧郁型谵妄中，会有一些虚假的感觉，以及一些与激情之对象有关的夸张观念；然而，对于所有其他对象，我们还是会按照健全的理性去推理和行动。”

同样，里维耶也是从虚假和夸大的观念开始，然后走向了决定要杀害家人的程度。但是，他有一个非常强大且非常发达的记忆力，使他能够回想起每天发生的事情，这就促使他想出了那个致命的计划；他必须以这种疾病所接受的健全判断力来主导对所有事实的编排与叙述。然而，抑郁型精神错乱症（l’aliénation mélancolique）尤其表现在如下推理中，正是这种推理促使里维耶去完成他的致命计划。里维耶对父亲的爱达到了最高的程度；所有的想法都力求使他的父亲摆脱那位恶毒的妻子加诸他的无尽的痛苦与折磨。过分的孝心向他发出号令，让他上断头台牺牲自己的生命。埃斯奎诺尔继续讨论了这个话题：

“道德情操不只是留存在其精力之中，而且它还增强到最
237 高的程度：孝心的虔敬之情，感激之情都容易走极端，这些疯人似乎使用了其全部的理智，以便在其谵妄的对象中强化自己；我们无法想象为了在这个目标上强化自身，他们的推理的所有力量和精妙之处。在结合了特定的错误观念之后，这些疯人将它们当作真理，然后他们据此进行正确推理，并从中得出合理的结论。”

这难道不是里维耶的真实写照吗？

过度的孝心使他产生出一个错误、荒唐的想法，要杀死他的母亲，来使他父亲获得幸福；他知道这种谋杀会判他死罪；但是他立即想起了耶稣基督、朱迪特、夏绿蒂·科黛等人的例子，他们为了人类而献身，为了祖国而献身。他爱他的父亲，同样也爱他的祖国；于是，他想，他的行为和那些例子中提到的行为一样值得夸赞。

除了疯子，还有谁会进行这样的比较？然而，在其行为中揭示精神错乱之最新进展的，便是他的弟弟于勒的献祭，于勒可是他父亲非常疼爱的人，在他父亲看来，这一罪行是可耻的，绝不能原谅做这件事的人；这难道不是一个精神错乱的人所能想出的最疯狂、最怪异的推理吗？无论他能把这件事告诉给谁，难道那个人都没有说一声：这个人是一个疯子？但是，正是这种推理，促使里维耶去行凶，似乎为他打开了疯人院而不是单人牢房的大门。

协助法庭辩论的大部分医生都赞同这种想法。他们中有六
人要求给出建议，于是三个人说这是精神错乱；我知道出席大 238
会的其他五位医生的观点，他们也都确认里维耶的这种精神错乱的状态，并且准备证明之。

F.，d.m.（医学博士 F.）

d.《法庭公报》，1835 年 11 月 25 日

在《卡尔瓦多领航者报》中，里维耶案的法庭辩论，在我

国已经成为一个很普遍关注的对象，因此我们认为应该接受对这起可悲案件的如下反思，进而从给我们投稿之人的立场中汲取了新的力量。

“编者先生，

如果要我来审判里维耶，我不会判他无罪。虽然我不赞同大部分陪审团的意见，但是我会对他进行酌情减刑的审判，以便让王室来宽大处理，从而使他避免断头台和苦役监禁的羞辱。

我一开始的这种观点并未改变，而这个问题非常严重，并引起了人们的广泛关注，以至于每个人都在谈论此事，而这并非毫无用处。

通过阅读对里维耶的讯问及其对法庭辩论的答复，我能发现他是一个理性的人。他的童年和他犯罪的环境，在我看来如同是特定情况下的亢奋，直至无缘无故的亢奋。如果我在这种古怪的构成中已经看到某种天赋，我也会把它视为谵妄，检方也正是用这种古怪的构成来控告里维耶的。起初，他讲述了他父亲的不幸；这一部分是理性的；最后，当他到达他的犯罪思
239 想时，他就不再是理性的了。这是一个狂热之徒、有异象者和不幸之人，他要做牺牲者，要去血债血偿。

他说，“我很清楚，只要我杀了我的母亲、我妹妹和我弟弟，我肯定就犯法了，也违背了道德人伦；但是，我也知道，我的血是为报复社会而流的，我知道我会血洒断头台，他会接受我的一片孝心。”

此人在这种思想中不能自拔；他有对恶劣行为的感受，同时也有对他父亲之不幸的感受。这是由其理智的狂热所控制的，他的理智强烈而不健全，使他沉浸在鲜血之中，不是为了快感而乐见人流血；不是因为他见人流血就感兴趣，而是因为他认为能在其中为他父亲找到幸福。哦，是的，我要非常确信地说，我在这些事实中发现了一些酌情减刑的理由。

我理解那些人的意见，他们希望里维耶能回家，以便把他安置在疗养院里；但是，这些人意识到，社会利益要求将不幸之人强行禁闭，但是他们没有考虑到，这一举措在里维耶案中是不可行的；如果要把一个人拘留在精神病院中，就必须剥夺他的治产权，或者要剥夺他的治产权，则当事人必须成年，并且处在一种弱智和痴呆的习惯性（habituel）状态中。

假设里维耶到了法定年龄，在讯问之后，有没有哪个法庭敢确定说，里维耶就是处在一种弱智和痴呆的习惯性状态中，有没有哪个法庭敢宣称里维耶是处在一种狂怒的习惯性状态中？这怕是不可能的，而且更加不可能的是，今天剥夺里维耶的治产权，而当他为了制造新的受害者而想要回到社会的时候，他也能够自我解除这种剥夺令，然后重新回来。 240

此外，法庭辩论不能回答我所期望的问题，我认为我们要仔细检查一下，是否里维耶真的非常爱他的父亲，是否他除了揭示父亲的家庭不幸之外，还不时地表明他对母亲的仇恨；最后，他是否爱他的弟弟。这些要点在初审中都是完全缄默的，然而，对它们的评价，对我得出关于里维耶品行的公正观念来说是不可或缺的。

我也认为，在这起严重的案件中，我们需要仔细研究一下被告人，我期待看到一些科学家和专业人士，通过经由讨论所检验的大量观察来帮助陪审团决策。但是，只有一个医生长时间与里维耶保持着联系，他被允许向被告人提供一些建议，而且他也没有找到，没有碰到宣称里维耶没病的身体原因。我向布夏尔先生的才华和良知致敬；但是我认为，里维耶的叙述并不能充分说明对他的对话加以判定是可行的，这些谈话往往只是局限于简洁地回答我们向他提出的问题。

我认为必须仔细考查里维耶生活中的所有行为，在他的独处中，在他的姿势中，在他的手势中，甚至在他的睡眠中；为此，就需要时间，以及更多的观察者。

为了追求真相，我衷心呼吁进行比造成里维耶判刑的辩论
241 都更为完整的辩论，如果这不能达到，我希望国王，在该事件上受到的启发，能够在其仁慈宽恕中找到调解人的权利和社会利益的方法。

如果不可能获得另一个结果的话，我尤其更想要这个结果，正如我所观察到的事实那样，那些书籍和孤独状态已经使里维耶的心智和精神产生了明显的改善。如果这个可怜人能够被良好的教育所纠正，将来有一天，谁说他不会把我们所挽救的这条命，通过某些伟大的贡献回报给人类呢。”

你们的一名读者

e.《卡尔瓦多领航者报》，1835 年 11 月 15 日

在被宣判之后，皮埃尔·里维耶一再地表示他愿意尽早地做一个了结，而且他最终也固执地拒绝对判处其弑亲罪的判决提起上诉，不过，他又听从了他的父亲、忏悔导师以及律师的恳求，在他上诉书上签字提起上诉。

（摘自 11 月 18 日的《法庭公报》）

242

243 ## 二 向最高法院的上诉与赦免

1. 报刊上发布的信息

a.《卡尔瓦多领航者报》，1835 年 11 月 22 日

日前，据称被卡尔瓦多重罪法庭所判决的皮埃尔·里维耶试图自杀，我们必须提高警惕，防止他再次尝试自杀。最终，他被关进单人牢房。或许，萦绕在这个可怜之人脑海中的所有思绪都是在众目睽睽之下登上断头台的那种羞耻。他也完全地沉浸在一些宗教思想中。

b.《卡尔瓦多领航者报》，1835 年 12 月 23 日

我们说，为了已判处死刑的里维耶的利益，我们市里的一位曾协助法庭辩论的医生写下一份陈情书，并与出席听证会的几个医生一起联署签名。这份陈情书旨在确定如下目的，即皮埃尔·里维耶已经行凶，他应该被判处死刑，但考虑到其理智
244 状况，我们不能在法律意义上承认这一犯罪行为。[1]

2. 最高法院判决书的摘要

1836 年 1 月 16 日

1836 年 1 月 16 日，在巴黎司法宫召开了关于里维耶上诉

1. 我们没有找到这份陈情书。我们也可以猜测，《卡尔瓦多领航者报》的编辑得到了错误的信息。事实上，这可能是奥尔菲拉和埃斯奎诺尔等人的陈情书，显然这是辩方的要求，也可能是受到瓦斯泰尔的怂恿，以便支持赦免请愿。——原注

（在判决书上写的姓为让—皮埃尔）的最高法院刑事庭的公审听证会，

1835 年 11 月 12 日，在卡尔瓦多省重罪法庭提出的判决中判处里维耶死刑，达成判决如下：

法院听取了参议员梅里娄（Mérilhou）先生的报告，听取了法庭律师肖沃・阿道夫[1]（Chauveau Adolphe）先生对原告的观察报告，以及代理检察长巴朗（Parant）先生的总结陈词。

撤销原判的首要理由，涉及违反了《刑事诉讼法》第 44 条。因为莫兰先生和高迪耶先生作为医生和健康官员而协助治安法官，在罪证调查的诉讼笔录之时，他们没有按照上述条款的规定进行宣誓。

根据 1835 年 6 月 3 日治安法官的笔录，明确指出前述的 245
莫兰和高迪耶先生在展开工作之前已*按要求宣誓*；这只能理解为按照第 44 条的宣誓：宣誓的措辞并不是神圣的；它只是符合法律；

撤销的第二个原因，涉及布夏尔医生在其 1835 年 7 月 21 日的报告之前，没有按照上述规定条款发誓；不过，该案件是送交陪审团的众多案件中的一个，它符合《刑事诉讼法》第 342 条。

根据医学博士布夏尔先生于 1835 年 7 月 21 日撰写并署名

1. 应为阿道夫・肖沃（Adolphe Chauveau，1802 年—1868 年），法国最高行政法院（Conseil d'Etat）律师，重罪法庭（la Cour de cassation）律师。参见边码第 248—250 页。——译注

的材料，清查预审案件编号第 11 号，它仅仅表现出某种痕迹，这名医生被某个司法警察或法官所委托或限定，去表达他做事的观点，这不是上述那个插入或附入某个诉讼笔录中的观点；或者由此得出，这个材料仅仅是一个自发产生，纯粹个人的意见，没有任何法律特点。

根据这份材料在明细表中所提到的内容，这只是一个具体事件，我们确认其存在，但却无法改变其私人的特性。

鉴于虽然该案不是一个司法案件，按照《刑事诉讼法》第 341 条并不剥夺其对陪审员的提交权，相反，它规定提交除了证人的书面陈述之外的审判的所有材料。

此外，这份材料的提交不能对被告有任何不满，因为陪审
246 员们并不能把自发产生的、没有走司法程序的意见与下述信任结合起来，这种信任只能来自由主管机关为此定期任命的医生所撰写的报告。

撤销判决的第三个理由，涉及布夏尔医生，作为证人出席重罪法庭的听证会，本来应该是按照规定的《刑事诉讼法》第 317 条宣誓，而不是按照为专家们规定的第 44 条。

鉴于上述布夏尔医生出现在证人名单中，并把检察院的诉状送达被告人，并且就像其他证人一样，在相同誓言的担保下，他已经知悉；就像他们一样，按照第 319 条所允许的提交讨论。

鉴于在辩论期间可能会向里维耶提任何问题，以及他可能给出答复，布夏尔医生不会丧失证人的品质，最终他把自己的名字加入到签名单上，同样他必须按照规定的第 317 条宣誓。

撤销判决的第四个理由，涉及途维尔（Trouvé）、勒·毕多瓦（Le Bidois）先生和医学博士阿斯利（Asselin），按照庭长的自由裁量权参加听证会，但又按照为专家们规定的第44条宣誓。

鉴于《刑事诉讼法》第269条，采用了一种通常和绝对的态度，那些庭长按其自由裁量权征召来的人并没有宣誓，这种禁止宣誓的规定也适用于第44条的规定，以及第317条所确定的规定。因为在该案中，人们也要对艺术和科学的问题给出自己的意见，就像在该案中，这些问题证实了在他们眼前发生的事实，他们的声明仅仅被视为简单的信息。 247

撤销判决的第五个理由，涉及庭长会无缘无故地拒绝满足被告人的请求。

鉴于《刑事诉讼法》第268条和第269条赋予庭长的权力可以不受控制或分享地行使；除了法官的荣誉和良知之外，这种权力再无限制；检察院和被告人在这方面都没有任何要求的权利，且在凭借这种权力做出的决定中，庭长无需向任何人汇报说明；

因此，随之而来的是，庭长毫无理由地不再使用其自由裁量权，以便召集和听取勒费伏尔先生（M. Lefèvre）为初审法官，庭长只是在行使法律赋予他的权利；

此外，鉴于对陪审团持续宣称的各种事实进行惩罚的司法申请和司法程序的规范性，

驳回让—皮埃尔·里维耶的上诉。

该摘要与呈送给总检查长先生的文件相一致，

最高法庭的总书记员

M. 拉波特

根据 1836 年 2 月 10 日的信函，在本月 17 日卡昂王家法
248 庭批准，陛下做出特赦，赦免了对里维耶的死刑处罚，把死刑
减成无期徒刑。钦此

核证无误[1]

3. 拒绝提起上诉的相关文章

a.《法庭公报》，1836 年 1 月 17 日

最高法庭（刑事庭）已于昨日和今日在庭审中扣留了人犯里维耶的上诉，该犯已被卡尔瓦多重罪法庭判处弑亲罪。我们记得这个可怜的人决心杀掉他的母亲和弟弟，因为在他的认知中，他们妨碍了他父亲的安宁和幸福；他一次行凶制造了两起命案，里维耶也被同样可悲的想法所打垮，他说："我杀了人，大家会杀了我，我父亲会对我的死感到难过；必须通过夺去他所珍爱的一个女儿，来免除他的这种痛苦。[2]" 于是，里维耶杀死了他的妹妹，因为她讨厌他的父亲，而且在他受刑的那天，

1. 这句话在最高法院判决书摘要的第一页的页脚边位置。

2. 此处法文版的内容中，将里维耶所杀的"儿子"误作"女儿"。英文版也发现有此错误，故加注云"原文如此"(sic)。——译注

他父亲对这个夺去他在世上最喜欢的孩子生命的人已不再惋惜。有几位医生听说证实了里维耶理智的混乱。不过，对目前这起三重谋杀案已经宣判为死刑。

参议员梅里娄先生在法庭上已经看到了证明里维耶精神失常的不同文件，在他的汇报之后，阿道夫·肖沃先生说他支持上诉。这位律师说，“法庭应该非常确信，我不会为里维耶这 249
个可怜人的精神错乱去出庭做辩护的；真是不幸啊，因为难道还有比丧失理智更为不幸的？然而，在你们的最近一次审判中，总检察长先生给你们说，这种夸大其词增加了犯罪的证据。我将获准引用科学中最具启发性且意见一致的证词，以便唤起你们对一个家庭的兴趣，它已被以如此残酷的方式所摧残。”

然后，阿道夫·肖沃先生提出了撤销原判的不同理由，特别是按照自由裁量权征召来的医生们，以便提出他们的意见并行使其真实的专业知识，在这种情况下不要求他们强制宣誓。这位律师区分了按自由裁量权作证的证人和通过其科学知识阐释司法的证人；前一种情况不需要宣誓。而其他情况，在相同的条件下出席在重罪法庭，在初审法庭上以及在《刑事诉讼法》第44条的规定之下，则需要宣誓；不过，当庭长在召集一位专家时，他做了初审的额外证明，并且在这起特定的案件中，使专家免于宣誓的，既不是庭长，也不是初审法官。

法院未接受检察长反对的理由，并驳回了上诉，裁定根据自由裁量权征召的证人和专家都不应当宣誓。 250

b.《卡尔瓦多领航者报》，1836 年 1 月 20 日

本月 15 日，最高法院在庭审中已经拒绝了皮埃尔·里维耶提出的反对卡尔瓦多重罪法庭把他判决为弑亲罪的上诉。援引里维耶的律师阿道夫·肖沃先生，撤销上诉的首要原因是基于如下事实，即医生们按照自由裁量权征召前来，以便提出他们的意见，行使他们的真实的专业知识，在这种情况下不要求他们强制宣誓。

法院未接受检察长反对的理由，并驳回了上诉，裁定根据自由裁量权征召的证人和专家都不应当宣誓。

对上诉的驳回决不会影响有关特赦的问题，与此同时它已经拟定好了支持犯人。该上诉似乎也得到大量的巴黎医学权威所拟定的会诊结果的强烈支持，这些权威人士认为皮埃尔·里维耶不能完全使用其大脑的各种机能。

4. 在巴黎就里维耶精神状态的合议

共署名人：夏朗顿首席医师埃斯奎诺尔（Esquirol）；巴黎医学院院长奥菲拉（Orfila）；国王御医马克（Marc）；王家医学院的终身秘书帕里塞（Pariset）；巴黎医学院教授罗斯坦（Rostan）；硝石库医院医生米迪维耶（Mitivié），和医学博士
251 卢埃（Leuret）；

应征召前来谈一谈他们关于皮埃尔·里维耶在行凶杀人之前、期间以及之后的精神状态的意见，正因为此事件，他刚刚

被卡昂的重罪法庭判处死刑，诸位已经非常仔细的阅读并检查了所提交给他们的卷宗，它包括：（1）一份审判皮埃尔·里维耶的信息摘要，包括其逮捕时的诉讼笔录，被害人的尸体检查，其之前生活的情况，由在维尔市民事法庭的王家检察官先生收集整理，在审判中听取的证人陈述以及维尔的医生布夏尔先生的一份证明书；（2）由犯罪凶手写下关于6月3日发生在欧奈镇福克特耶村之事件的细节和解释；（3）卡昂的医生瓦斯泰尔博士先生的诊断；

鉴于皮埃尔·里维耶经常追求孤独，人们经常看到他自言自语，并与看不见的对话者说话，毫无缘由地放声大笑，冲向卷心菜劈砍它的头，就好像在砍人一样，他说他看见了魔鬼还和魔鬼说话，他不敢靠近任何女性，即便是他们家族的女性，因为他担心他身上发出的某种东西会玷污她们，他让动物遭受各种折磨，在口袋里随身装着钉子和锤子以便把它们钉死，总之，从他4岁时直到杀死他的母亲、弟弟和妹妹为止，上述行为他已经干过多次，他在村里是一个非常怪诞的人，因此大家都把他叫作傻瓜、疯子，里维耶家的傻子；

鉴于前述皮埃尔·里维耶出生于一个具有很多精神错乱者 252
的家庭（他的一个叔叔就死于精神错乱，生前也表现出与里维耶类似的各种症状。两个嫡亲的表兄弟也有疯癫的常见症状；他的母亲也有一种非常古怪和狂怒的性格。里维耶的一个弟弟几乎是个十足的痴呆。）

鉴于皮埃尔·里维耶杀害他的母亲、他的妹妹和他的弟弟的动机，诸如要把他的父亲从家庭的抑郁中拯救出来，让世界摆脱女性的桎梏，通过卓越的行动而达到不朽，模仿沙蒂永、以利亚撒、拉·罗彻杰奎拉的榜样，像耶稣一样自我牺牲，以便救赎人类，凡此种种都表明其判断力的丧失；

鉴于皮埃尔·里维耶所撰写的有关他人生的故事表明其理智机能和道德情感的一种深刻而持续的畸变，里维耶的叙述已经证明了其记忆的完整性及其想法的连贯性，但是这并没有排除其精神的错乱，因为在记录了其疾病史的狂躁和单狂的叙述中，经常能够碰到这种精神的错乱。

诸位绝非赞同布夏尔先生的观点，他没有把皮埃尔·里维耶的不正常状态归入任何疯癫的大类之中，他宣称里维耶的精神是健康的，好像这些由疾病分类所建立的划分只是一种区分事物和便于研究的方法，从没想要对自然界施加它无法跨越的界限；

考虑到皮埃尔·里维耶在其杀人后不久精神状态的突然改变；他的绝望，他痛苦的反思，对前去自首的犹豫不决，他从
253 未宣称过他的胜利，好像他是有意这么做的；他试图利用他已造成的那些疯癫的名声，以便能够被免罪，然而在维持这种远超自己能力之外的角色时，他显然束手无策。

把这种改变与我们所观察的大量精神错乱者做一下对比，尤其是与杀人单狂症者和自杀者做一下对比，他们在完成了被强迫的行为之后，往往会重新变得平静且恢复理性；

大家赞同瓦斯泰尔先生的合议中陈述的结论；

一致认为并宣布如下：

（1）皮埃尔·里维耶从4岁开始就不断表现出精神错乱的症状；

（2）其精神错乱是持续存在的，但在其行凶杀人之后强度有所下降；

（3）其杀人行为只能归因于谵妄。

合议于巴黎，1835年12月25日

签名：埃斯奎诺尔，奥菲拉，马克，帕里塞，罗斯坦，米迪维耶和卢埃

附注：在一家疯人院里，我们给访客介绍了一个人，他讲的都是真的："这个病人经常自言自语，他和魔鬼交谈；他觉得当他接近女性的时候，从他身上流逸出的某种东西会玷污她们。当他放肆的时候，人们见到他劈砍卷心菜的头，就像砍某个人的头；他常常在口袋里随身带着钉子和铁锤，把青蛙或者其他动物钉在十字架上；有一天，他把一个小孩的小腿绑在挂锅铁钩上，如果人们没能及时赶来，他会被烧伤。在他的村子里，人们都称他为疯子、傻瓜、呆瓜。此外，他知道他在作恶，他也非常连贯地记录了自己过往的历史。"无论哪个受访者都没有声称这个人是拥有理性的；没有一个法官敢给他自由。并且如果一个病人在收容所里行凶成了杀人犯，也没有人想着要把他送上断头台。无论如何，这些事实都是相同的，只是发生的地点不同罢了。皮埃尔·里维耶必须被拘禁，这个年

轻人病得太重了，他无法享有自由。

254 L.（卢埃）

5. 司法部长给国王陛下的报告

巴黎，1836年2月8日

陛下，

我很荣幸给陛下您呈送关于皮埃尔·里维耶（现年21岁）的诉讼报告。

里维耶的父亲是一个温和的人，他与智力不正常的妻子一起生活，他的妻子让他沉浸在痛苦之中；这个性格平和的男人徒劳地尝试着所有的办法，想在家里重建和睦；然而，每天都有一些新的烦心事，一些令人发指的场面。

年轻的里维耶深爱着他的父亲；这些家庭不和的画面使他痛苦不已，他那阴郁的性格又遭逢了这些最糟糕的感受。

6月3日中午时分，40岁的里维耶夫人，她的女儿、18岁的维克多莉·里维耶，和他的儿子、7岁的于勒·里维耶，被发现死在了欧奈镇他们的居所里。他们的尸体倒在一大摊血泊中。里维耶夫人，当时已经怀孕，她的面部和颈前部有砍伤。维克多莉·里维耶的头被劈开，有数条深的伤口。于勒·里维耶的头部有大且深的切口；其他的砍伤集中在颈部和
255 肩部。这些造成死亡的伤口，似乎皆由一件锐器所致。

凶手便是皮埃尔·里维耶；一个女邻居看见他在同一个门槛处了结了他妹妹的性命，他手里拿着砍柴刀，砍中了这个可

怜的人。他妹妹想要逃走，发出凄惨的叫喊声，里维耶在他脚下将其砍倒。

在离开的时候，里维耶碰到了一个村民，他对这位村民说："我刚刚把我的父亲从他那所有的不幸中解救了出来；我知道大家会让我死，但是我无所谓了。"他手里还握着那把血淋淋的砍柴刀。

在一个月的时间里，凶手躲过了所有的搜捕；当人们抓住他的时候，他立即说，他就是在欧奈镇行凶的三桩犯罪行为的肇事者，并装出一种宗教单狂症。他说："我杀死了我的母亲，因为她有罪孽；我杀死我妹妹和我弟弟，是因为他们也有罪孽，他们和我母亲是一伙的。"他先是在第一次讯问中继续坚持他的辩护方式，他说是神命令他干这起三重杀人案，并且还引述圣经的段落来支持他；但是不久，他就放弃了这个让他无法忍受的装傻角色，他做出如下声明："我要说真话：我想要把我父亲从这个一直烦恼他的恶女人手中解救出来；我杀死我的妹妹，因为她和我母亲是一伙的，我杀死我的弟弟，是因为他爱我母亲和我妹妹。我希望正义女神认为我疯了：我认为装疯将会有助于我辩护。"之后，他给出了自己的动机，并在一篇回忆录中写道："……我要通过杀死这个孩子，来彻底激起我父亲的恐惧之情，这样他就不会为我感到惋惜。"

里维耶坦白了其行凶的所有情状，初审和法庭辩论转向这个话题，即此人在行凶的时是否具有运用其理性的能力。 256

里维耶性格阴暗，忧郁且古怪；他有时会离开他父亲家，在森林里过夜；他的暴戾本性甚至表现在他的娱乐消遣中；据报道称，在里维耶小时候，他就用钉子把小鸟和青蛙钉在木板上，他眼看着它们死去，并发出疯子的狂笑，他说，这是在再现耶稣的受难；他以吓唬小孩子为乐；有好几次人们看见他抱着小孩子站在水井边沿，吓唬他们要把他们扔下去。几年前，他曾用绳子把他当时6岁的弟弟的脚绑在壁炉边的挂锅铁钩上，火焰把孩子下面烧红了，当时一个邻居迅速进来把孩子救出危险之地，孩子的双脚已经烧伤，而里维耶就在现场，他自得其乐地在旁边观看。在两年的时间里，里维耶为了打鸟，制作了一个工具，他给它起名叫做卡力倍（calibine），然后他带着一帮村里的孩子把它埋在了田地里。在同一个时期，当时他已经18岁了，他埋葬了一只松鸦，并模拟了对其的宗教葬礼。而且，一些其他荒诞或者怪异的事情也在法庭辩论中被报道了出来。

里维耶对女性和雌性动物都有一种极大的厌恶；他尤其害怕接近她们，也害怕同族的女性亲属的目光，当人们问他这么做的原因时，他回答说他读过《圣经》，对乱伦和兽奸有极大的恐惧，“他担心即便他不愿意，但是当他出现在她们面前时，还是有一种不可见的气把他与女性或雌性动物连接起来。”里
257 维耶夫人的两名亲戚，都是死于精神错乱，他们都有对女性有这种罕见的厌恶之情。

六位医生应征召参加法庭辩论，给出他们对里维耶精神状态的意见，提出的意见正反两方数量相等，势均力敌。

陪审团成员中包括受过教育和具有洞察力的杰出人士，他们宣布里维耶有罪，一致认为不可酌情减刑。但是，有六位陪审员提出意见，宣称存在酌情减刑情况。在11月19日的判决之后，有十位陪审员签署了特赦请愿书，在请愿书中有如下段落："我们悉知里维耶在他的父亲身上所遭受的所有不幸，他深爱着他的父亲，以至于愿意为他而牺牲自己，这就使他那从未健全完整的理智机能被严重动摇并彻底沦丧。"

卡昂的医生们撰写了一份支持里维耶的备忘录，其中把里维耶塑造成了上面已经引用过的这种罕见单狂症的受害者：对女性和雌性动物的厌恶。他们说，"里维耶性格阴郁，沉默寡言……他唯一一次露出快活的笑脸，是当死刑降临到他头上的时候，而且这是出自真心的笑容，还不停重复着在埋葬松鸦时所做的那四句蹩脚的诗句。"签署这份备忘录的医生们认为，"里维耶从未使用过一个理性的人所具有的完整的理智机能；该犯是一个沉默寡言的疯子，有一些固执想法的空想家，他缺乏全部的判断力又极其危险，可是，基于里维耶的病态头脑，他们还是要呼吁国王的宽恕。"

在有关里维耶的最新一次合议中，奥菲拉、罗斯坦、米迪维耶和罗埃诸位先生声称该犯患有精神错乱。 258

在请求为里维耶减轻刑罚的时候，重罪法庭庭长先生说："以最浓厚的兴趣关注着法庭辩论的民众们也是意见分歧。如果法院的人想要宣判，那么在他们的头脑中也会对此产生严重的怀疑。"

总检察长先生说，“必须要给出一个意见的话，我认为（对里维耶理智能力的）怀疑必须得到合理的解释，而我也能够赦免他的死刑。”

但是，这些严重的情况似乎表明，里维耶知道他行凶的全部后果，因此他必须对之负责任。他的良知的犹豫不决、他的算计要杀死每个受害人，他的潜逃、他最初的装疯卖傻和随后的放弃，还有他的听天由命、以及他的内疚，都成为反对他的内容：“在行凶之后，我非常懊悔”，他在法庭辩论时说，“我不会再做了。”毫无疑问，在他的凄惨和阴郁的思想深处，有一种暴戾的本性、凶残的癖好和厌世的任性，然而，难道他没能通过几次内心的斗争，进而战胜自己那些恐怖的决定吗？恰恰相反，里维耶似乎专注于对其理智能力的使用，以便亲自为他将要陷入其中的罪行进行辩护。

另一方面，里维耶不能归入日常犯罪的范畴。他没有被任何通常的作案动机所决定；他没有对任何一个受害者怀有个人
259 的怨恨。里维耶对他的父亲有深厚的感情；对其父的种种不幸的目睹，使他那失常的想象力达到了极点；似乎里维耶不能明白，他的行为会增加他想要解救的不幸之人的不幸。事实上，这正是因为这个年轻人的判断力并不是完全健全的。他杀害了他还只是个小孩子的弟弟，而里维耶犯下的这个凶案的推理行为，似乎只能将其归于一个理性畸变之人的所为。

面对着医生们和各种事实的矛盾报道，其中一些在里维耶身上发现了一种推理和计算的超强能力，而其中另一些似乎不

仅建立起一种其心灵机能的反常，而且建立起其知性能力的反常；我自己则非常怀疑该犯人的精神状态，不知是应该得出判决死刑的结论，还是免除所有处罚。在这种情况下，我认为应该建议陛下您，把对里维耶死刑判决减为无期徒刑，不得示众。

致以我最深的敬意，

陛下您，
最谦卑和最忠实的仆人，
国玺守护者[1]，
司法和宗教事务部国务大臣。

批准　1836年2月10日
国王：
路易·菲利普

6. 特赦的相关文章

《法庭公报》，1836年2月19日

我们可以明确宣布，里维耶的赦免请求已经得到恩准，此人因为一系列的宗教幻觉而杀死他的母亲和他的妹妹，并且国

1. 国玺守护者（le garde des sceaux）在1848年之前为法国旧制度下对司法部长的代称。——译注

王已经把对他的死刑判决，改为判处终身监禁。

《法庭公报》，1836年2月21日

本月17日，在庄严的审判中，卡昂王家法庭批准了对皮埃尔·里维耶的赦免书，并且批准了给予他的减刑。犯人平静地回答了第一庭长先生提出的问题，并在法庭辩论中保持着同样的无动于衷。

第六章

监禁与死亡

一　卡尔瓦多备忘录，1836年3月9日

皮埃尔·里维耶因弑亲罪被判处死刑，该刑罚因国王宽恕而减为终身监禁，不必示众，已转至博利约中央监狱。

里维耶在狱中所写的《回忆录》，可以在卡昂市的书商曼塞尔处找到，圣约翰街，75c。

二　博利约中央监狱

《卡尔瓦多领航者报》，1835年1月22日

我们借用了在卡尔瓦多《农业与商业年鉴》上对该监狱内部管理体系的纪录。从这篇文章我们可以看到，我们可以说，我们在法国拥有了一个至少和美国一样设计精巧的监狱系统，而问题仅仅在于知道去推广和使用它。

博利约中央监狱（La maison centrale de Beaulieu）位于

一个更健康卫生的地方，距卡昂市入市税征收处[1]不足4法里，
264 在前往巴约市（Bayeux）的国道边。它是一个四边相等的平行四边形的形状；这个平行四边形在其内部可分为四个主楼，主楼在方框的中央交汇，从而形成了四个内部庭院，每一条边都有66法尺。庭院内部建有水池，犯人们聚集在那里洗脚。每一个水池同时可以容纳大约40人洗脚。

该机构的方形布局有利于在不大的土地面积之内聚合所有的建筑；他们能在极少的时间里，走遍车间、宿舍、医务室、小教堂和为承包商服务的部门。它最终也导致了监管上的极大便利，最重要的一点是，因为这绝没有错失对囚犯的监视，我们防止他们陷入无序状态，我们纠正他们的不良习惯。我们在所有的房间里都安装了栅栏，所有的走廊都环绕成四方。从这些走廊可以进行便利的监视，这就避免了把狱卒和囚犯混在一起。建筑的一半，从上到下全都是作坊，另一半则是宿舍；建筑的底层是食堂。同样，囚犯们晚上不住在他们白天工作的建筑里；在晚上和早上，他们都在通风很好的建筑里，那里最干净，没有任何臭味。

在四角形的中央，建筑群中的一栋建筑形成了一个十字形，把男区和女区分隔开来，各区内有三十六个完全隔绝的单
265 人牢房，每个牢房有两个小房间，一个用来睡觉，另一个用来

1. 入市征税处（Octroi），指在城市的郊区所设立的缴纳入市税的地点。法国在封建制度时，贵重货物进入城市销售，需要预先交税，交税地点一般设置在位于城市郊区的进城道路上。——译注

做工。这些没有镣铐和刑具的牢房便是投入使用的唯一的惩罚手段。那些扰乱秩序或者拒绝工作的犯人，会根据其犯错的严重程度而在此重新羁押更长或者更短的时间。那些冷酷的人不会有任何感化，这种榜样会很危险，需要被置于绝对的隔离状态，除了在进餐时间他们能够碰到其他犯人之外。小教堂位于十字顶楼的拱顶处，完美地符合了它的用途。

在52法尺开外，那个平行四边形被一圈围墙封闭起来，四角是用来监视的塔楼。在围墙和建筑物之间的空地被分隔成了十二个操场，八个用来供囚犯放风，四个另作他用。在距离这圈围墙的23法尺之外，砌有第二道围墙，形成了一条环形的路，便于从外部监视。这两道围墙的组合和高度似乎是如此安全可靠的方法，以至于除了矫正牢房之外，我们认为都不必在窗户上装栏杆。自从博利约监狱建成六年以来，我们采取这种措施的经验是，毫无疑问窗户上的栏杆是没用的。药房在男医务室和女医务室之间。厨房在公共食堂的中间，洗衣房在女区的中间，靠近水井和蓄水池。总而言之，在建筑物的布局设计和安排分配上，都是经过精心计算的，以方便不同的服务部门，确保一种优化的监视。

当犯人们进入监狱之后，我们会检查他们，确保他们没 266
有患各种传染病。我们让他们洗澡；如果有人头发太长或者不合适，我们会剪短，并且让他们穿上监狱的制服，冬天是呢绒的，夏天是斜纹布。如果有人有一技之长，并且这种职业又能加入监狱的产业的话，我们就让他们发挥他们的一技之长；如果没有，我们就尽可能地让他们自由选一个职业，然后开始当学徒学习。从囚犯抵达监狱的最初几天开始，无论他们有多顽固，很少有犯人会不遵守他们在这里设立的秩序。最短的指示对他们来说已经足够，其他囚犯的操行给他们树立了榜样。他们知道他们必须干净、得体、服从和勤劳，这样他们就会被和善地对待。

服装得到了全面的供给：衬衫、领带、手帕、软帽，每周更换一次，被单一个月换一次。食物的量不大，但足够维持健康的良好状态；它们每天的面包有一斤半，是混合三分之二的小麦和三分之一的全麦，从 100 斤麦粒中可筛出 15 斤麸皮；两碗汤，每人半斤，每天有各种蔬菜，四季豆、豌豆、土豆、卷心菜、胡萝卜和米饭，按照每百人 80 斤的比例。每份汤里加入了 2 两白面包，还有黄油、盐和胡椒这些必需的调料。每个星期四，以及每一个重大的宗教节日或国家节日，我们就给他们添加肉，带着煮过之后的肉汤和绿色蔬菜。犯人们有权获
267 得他们工资的三分之二，其中的一份会存储起来，以便他们出狱之后用，还有一份是每周发给他们，使他们能够得到额外的食物，他们要按照每周更新的价格购买。不过，当他们没有这些收入来源的时候，他们的体力也不会被削弱。监狱中的医生发现，在几个月的学徒期之后，有一个犯人，在这期间在监狱的饭量没有增加多少，但却比他刚入狱时有一个更健康的状态。食堂里不卖任何烈酒和好菜，因为会激发起贪婪和品味，这对于那些注定要依靠劳动成果生活的犯人们来说是危险的。

所以，每一个犯人每天只能买 1 升苹果酒，而且只能是在晚饭的时候买。

医生每天按时检查一次，如果需要则会检查得更多。根据他们的报道，病人的诊疗与在医院里的最好治疗是相同的。

在夏天，犯人们 5 点起床，而在冬天则是天亮才起床；在所有的季节，他们都是 9 点睡觉。在起床之后和睡觉之前，他们有半个小时的娱乐时间：在冬天是从 4 点半到 5 点，在天黑之前。他们在每顿饭后还有一个小时的休息时间，分别在 9 点和 3 点。

进入工厂，犯人们开始干自己的活儿；从这时起，所有的交谈都是禁止的。这种宁静也不是绝对的，这不是坟墓一样的死寂，如同在美国的监狱；这是在忙碌工作中观察到的自然而然的宁静，因为大家不想浪费时间。不过，难道犯人不需要他的师傅或者他的某个同事的帮助吗？他当然允许说话：必然导 268
致只有几个词语的交流。这种给予他们的能力，没有制造噪音和失序，在他们中间维持着和善和相互尊重的关系，这种关系可以感化他们的品行；就宾夕法尼亚体系而言，我们把它称为社会习惯。在宿舍里，大家在晚祷之后听不见一句话；这是睡觉的时间，毕竟，谈话的声音会形成一种刺耳的对比，更容易被发现。同样，在博利约监狱里，不需要肉体惩罚，也不需要关禁闭，因为在工厂和宿舍里，都是有人看守的；当犯人们拿着他们的饭在食堂里吃饭时也是有人看守的。因此除了娱乐时间，在这段时间里是可以交谈的。但是，就像所有其他情况一样，犯人们依然是被小心翼翼地监视着的；不让他们听到任何喧哗；他们都是彬彬有礼地聊天；而且，既不允许大声喧哗，也不允许到处乱跑，既没有显示出一种令人反感的放荡，也没有显示出一种对他们处境的遗忘。为了尽可能地减少他们之间对话的恶劣影响，我们在院子里建造了一个小花园，他们要精心地、科学合理地、充满兴趣地栽种培育。这个花园在怡人的季节里开满鲜花。再没有什么能比他们对这些小物件的尊重更让人值得注意的了，而且花也没有被偷盗过。

正是在散步的时候，在休息的时候，我们能够区分出羁押
269 在看守所里的三类罪犯。他们几乎总是在相互交流，我们可以把他们分为以下三类：

（1）道德极度败坏的人，他们在犯罪中变得冷酷无情且一贯如此，他们除了再去进行新的犯罪之外，没有其他的想法。考虑到他们的堕落，他们的数量实在太大；但是也很少能超过15%，而且经常是低于15%的：这些人是无可救药的。

（2）那些受过不良教育的人，从小就在他们父母的眼皮底下，或许就是在他们的影响下，养成了偷窃和懒散的恶习：他们既不恶毒，也不残忍；他们不会犯下大的罪行；但是，他们再也不能习惯于艰苦而规矩的生活。这类人的数量很多，只有一些人能改邪归正。

（3）第三类人由以下人构成，他们被不良团体、意外情况、欲望需求和意外不幸拖入犯罪之中：在看守所里，他们变得吃苦耐劳；在社会中，他们经常坐在最受尊敬的工人们旁

边。这类人的数量非常大，因为12年来，我们能从博利约监狱刑满释放的犯人中列举出超过1000个例子。我们还可以增加这样一个确凿的事实，即在同一个时间段里面，有超过153名囚犯特赦，只有1名囚犯被再次绳之以法。

1833年12月底，博利约中央监狱重新关押了785名囚犯，其中男性499名，女性286名。当目前我们对监狱的扩容完成后，其关押的数量能够达到1500名或者1600名。它将受到卡尔瓦多省省长的监管；其管理机构包括一名主管、一名 270
监察员、两名会计职员、一名牧师、一名医生、一名外科医生和一名药剂师。由18名狱卒看守囚犯，他们大部分是从以前的部队士官中征来的。

有一个总承包商通过每天的费用，负责所有的供应和承租的维修；另外，他要为囚犯提供工作。他有权与并非自己经营工厂或者不以自己名义经营工厂的所有工厂主签署合同。

以下是1833年底监狱所办工厂的构成情况：有143名男性和71名女性从事平布和亚麻布的生产；有155名男工人和105名女工人在棉纱厂工作，从事捻线工作；有45名洗衣和缝补的妇女，12名绦带织造女工，29名花边女工和刺绣女工，18名下装女裁缝，55名呢绒、亚麻和棉布织工，21名女裁缝为囚犯制作衣服；30名工人在细木工作坊，缫丝作坊，高级细木工作坊和长锯作坊里工作；6名工人制造木鞋；有56名工人在廉价的粗毛呢子加工厂里工作；有24名裁缝和鞋匠，有17人在盖监狱的房子，还有一个人是锁匠；剩下的人是服务人员，他们是厨师、面包师、女护士、运水工、砍柴工，还有残疾人和病人。

271 三　博利约中央监狱的囚犯花名册

犯人的名字，姓氏和体貌特征

7222　里维耶·让·皮埃尔，皮埃尔·马盖里[1]和维克多莉·布蕾雍的儿子。

入狱时间：1836年3月7日

年龄：21岁

身高：1米62

头发：黑色

眉毛：同上

前额：狭窄

眼睛：橙红色

鼻子：中等

嘴巴：中等

下巴：圆胖

脸型：椭圆

脸色：黝黑

1. 此处提到里维耶父亲的名字（Pierre Marguerie），与第一章第一节《治安法官笔录》中的名字“皮埃尔—马尔格汉”（Pierre-Margrin）不同。——译注

胡须：淡褐色

特殊的表现：目光斜视，头部向前倾斜，连鬓胡，黑色并有点浓密。

宣判刑罚：终身监禁

呈给中央监狱典狱长的犯人引渡文书：

今天是1836年3月7日，卡昂市居民、宪兵勒·布朗先生，携带卡尔瓦多省省长先生的命令，来到博利约中央拘留所的书记室。在本月4日给我转交名叫让—皮埃尔·里维耶的囚犯，此人于1835年11月12日被判处终身监禁，同时检查了交给我的判决书摘要，其副本见后。 272

上述让—皮埃尔·里维耶已经由我监管开始服刑，我现场拟定了一个囚犯入狱登记的文书，在完成了交接之后，勒·布朗先生和我都已签名。

勒·布朗、洛姆德

判决书摘要的副本

根据卡尔瓦多重罪法庭于1835年11月12日的判决，让—皮埃尔·里维耶，年龄21岁，生于库尔沃东镇，家住在福克特耶村，职业是农民，宣布犯有弑亲罪，被判处死刑，但是根据1836年2月10日的特赦令，国王陛下特赦了里维耶的死刑，重判为终身监禁。该犯从减刑之日即1836年2月10日开始服刑。

监禁结束的时间和原因

让—皮埃尔·里维耶于1840年10月20日上午1点半去世。

首席主任

典狱长，洛姆德

四 《卡尔瓦多领航者报》，1840年10月22日

数年以前因为杀死母亲和弟弟妹妹而被判处死刑的里维耶，因为其罪行具有精神错乱的特征，故他的处罚被减刑为终
273 身监禁。此人刚刚在博利约监狱自缢身亡。

一段时间以来，大家就发现在他身上确确实实有疯癫的表现；里维耶自认为是要死的，不想让他的身体得到任何的照顾。他还说他想让人们把他的头砍下来，这不会伤到他分毫，因为他早已经死了；接着他说如果不能满足他的愿望，他威胁要杀死所有人。因为这个威胁，他和其他犯人就被隔离开，然后，他就利用这个隔离的机会自杀身亡了。

在对这个不幸的人进行判决的时候，报刊展开了多次讨论，这无疑对减刑有某些有利的影响。报刊也迅速报道了他的这种死法，完全证实了有关里维耶精神状态的看法。

五　传奇故事

我们在此插入一个日期不详的活页。就像很多的散页一样，这是一张小布告。翻印了重罪法庭的判决书。

事实上，这是一个犯罪故事，然而它也已经是一个传奇：杜撰的细节（或许借用了其他案件）、想象的日期、处决和必要的死亡。照例地，它随后就成了一个传奇悲歌。

274

逮捕令

卡昂市重罪法庭

1836年12月5日

案犯皮埃尔·里维耶，现年20岁，
因蓄意杀害有孕在身的母亲，18岁的妹妹和11岁的弟弟，
以及另外一个7岁的弟弟，被判处死刑。
他于1837年2月15日被处决。

详　情

读者有再好奇的眼睛，也无法在司法年鉴中找到一桩如此恐怖的案件，刚刚犯下的这桩凶案的是皮埃尔·里维耶，此人出生于卡尔瓦多省维尔区，欧奈镇的福克特耶[1]。这个不配被称为人的禽兽，已经20岁，他必然沉醉于接下来的内容。6月3日星期三，准备早上出去耕地的时候，他跟他父亲说，他得等到中午才能去干，让他独自待着。长期以来，他父亲就与他的

1. 原文作Fouquetrie。参见第一章第一节的“治安法官的笔录”部分。——译注

妻子生活不和睦，他妻子依靠着自己的家产，独自住在一栋院中，与丈夫的住处有四分之一法里的距离。案发八天之前，他们一起出去，申请夫妻分居和家产分有。妻子对试图给出建议重建家庭和睦的法官说，她对丈夫没有感情已经很长时间了，她所生的孩子也不是他的。虽然如此，她还是回来过夫妻生活，并和她的孩子们一起回来了，一个 18 岁的女儿，一个 11 岁的儿子和另一个 7 岁的儿子。10 月 3 日星期三，正如读者 275
所看到的，在声称他不去田里干活之后，皮埃尔·里维耶就独自与他的母亲和他的妹妹待着，他被一个恶灵所驱使，抓起一把我们用来砍树枝的菜刀，接着，这个禽兽冲向他那在生火的母亲，朝她的头残忍地砍去，把她砍倒在他的脚下；然后，他立刻冲向他的妹妹，用的是与对付他母亲同样的方式。她们的尸体仍在抽动。当他的弟弟离开学校的时候，他被一个邻家的农夫给叫住了，他问他为什么跑得这么快。孩子回答他说，我回去吃饭。这位农夫知道此事，他想尽一切办法要挽留他去吃饭；但是他的厄运还是到来了。他拒绝了他们向他提出的邀请，回到了家中。他的哥哥像一道闪电，迅速朝他扑来，朝他的头部砍了一刀，他就差不多身首异处了。杀人的那天早上，他的母亲问他，他的目的是什么。他邪恶地回答说，您晚上就知道了。

里维耶在行凶之后就逃走了，他希望躲避法律的制裁。

1836 年 10 月 4 日，有人看到他悄悄走进葬礼的人群中，穿过了这群人。恐惧写在这群人的脸上。

可敬的牧师含泪宣读着死亡祷文，大地把四位遇难者永远掩埋。

相关主题的悲歌

歌曲：忠犬

若在回忆的大事中
我们铭记那些著名的战士，
在历史上的几个土匪。
我们记下这个可怕的名字；
这就是年轻的皮埃尔·里维耶。
我来给你们说说他的罪行。
它震惊了全国，
将流传到永远。

第二天照旧耕田，
里维耶拒绝离开；
他的父亲得独自干活。
唉！他会后悔的，
独自待在他的家中。
握着这把杀人的刀；
利刃在他手中明光闪闪，
他就是那个杀死母亲的刽子手。

刚刚才20岁，
那天他就终结他母亲的性命
还有他那可怜的妹妹
而法院终结了他的性命。
他可怜的母亲还有孕在身
当他行凶的时候。
听着这首悲歌，
你们中的每一个人都在颤抖。

被害人还有一息尚存。
然而，却被他的厄运驱迫，
他的弟弟，还是个孩子，
也被置于罪犯的面前；
拿着杀人用的小斧，
在脚下砍倒他。
伟大的神啊！是你创造了世间，
求你将凶手惩罚。

允许出售和流通　定价：2苏
夏多—梯耶尔，　A. 洛朗印刷所

附　录

一　里维耶家族年表 277

1813 年	父母结婚
1815 年	皮埃尔·里维耶出生；母亲生病 6 个月；小孩由父亲抚养
1816 年	玛丽·弗朗索瓦·维克多莉出生；母亲生病 3 个月
约 1817—1818 年	里维耶被母亲领回
1820 年	艾梅出生
1821 年	皮埃尔决定回到父亲家住；他 6 岁
1822 年	普罗斯佩出生
1824 年	让出生
1825 年	叔父（父亲的弟弟）去世
1826 年	外祖父去世
1826—1827 年	母亲在库尔沃东因卖一块地皮和一处房产而起官司；父亲欠债来支付诉讼费用
1828 年	于勒出生，艾梅和普罗斯佩回来住在父亲

		家；之后让也回来
	1833 年	外祖母去世
278	1833 年	父母之间在钱上起了大冲突：与皮埃尔·勒·孔德签署有争议的租约；母亲的系统性债务。
	1834 年 7 月	让生病去世

279 ## 二　里维耶行程日谱（1835 年 5 月—7 月）

5 月 24 日 星期日	在常去的马蹄铁匠家磨利砍柴刀。
5 月 30 日 星期六	穿上他的星期日正装。
5 月 31 日 星期日	计划两度推后。
6 月 1 日 星期一	忙着犁地。
6 月 2 日 星期二	早上：忙着犁地。 下午：计划推后。
6 月 3 日 星期三	约 12 点行凶。 下午：出发前往维尔。 误入欧奈森林。 晚上到达卡德奥勒（Cadhéoles）附近的森林。
6 月 4 日 星期四	以草类为食。 在图尔纳（Tourneur）买了一斤面包。 途经圣—皮埃尔—塔朗坦（Saint-Pierre-

Tarentaise)。

晚上，在卡德奥勒和梅斯尼—奥苏（Le Mesnil-Auzouf）之间的田地里过夜，想要自缢。

第一趟往返

6 月 5 日 星期五　决定以草类、根茎和野果维持生命，280

星期五晚上出发，误入梅斯尼—奥苏的森林，直到星期六。

夜间的行程：从星期六（6 月 6 日）到星期日（6 月 7 日）；然后从星期日夜间到星期一（6 月 8 日）

6 月 8 日 星期一　下午，到达贝桑港（Port-en-Bessin）。

6 月 9 日 星期二　以螃蟹为食。

决定返回森林。

夜间，再次经过巴约（Bayeux）。

睡在克雷麦勒（Crémelle）附近的一处水沟中。

6 月 10 日 星期三　白天赶路。

夜间经过维莱尔—博卡日（Villers-Bocage）。

6 月 11 日 星期四　回到梅斯尼—奥苏（森林）。

第二趟往返

星期五晚上（12 日）到星期六（13 日）　开始旅程。

13日 星期六　抵达维尔。
睡在一条干水沟中。
有念头要去盎格鲁—诺曼底群岛（Îles Anglo-Normandes）。
开始沿着去瑟堡（Cherbourg）的国道进发，一直走到蝴蝶城（La Papillonnière），有点走过了。
放弃该计划。
下午，返回维尔。询问警察局局长的住处。
回到维尔附近的森林。

14日 星期日　经过维尔附近的小森林。

晚上到星期一（15日）
返回梅尼勒·奥苏伏的森林。
281 以草类为食。
朗诵祷文。

15日星期一，16日星期二，17日星期三
在森林里过活。

第三趟往返

星期三—星期四　夜间开始旅程。

18日 星期四　早上。维尔：买入2斤面包和1个全麦小面包。
沿着去往黑水河畔孔岱（Condé-sur-Noireau）

	的国道进发。
19 日 星期五	穿过瓦西（Vassy）。
	睡在麦田里。
	晚上到达孔岱，买入两个全麦小面包，睡在水沟里。
20 日 星期六	沿路前往弗莱尔（Flers）。
	遇到来自欧奈镇的小贩。
	身上已无分文。
21 日 星期日	在弗莱尔附近再次遇到熟人。
	横穿弗莱尔。躺着晒太阳。
	决定返回维尔。
	晚上再次穿过孔岱，睡在石灰窑附近。
22 日 星期一	再次启程。随身又发现了些钱，决定等等再去自首。
	再次穿越瓦西：在一个旅店里买入面包、鸡蛋和苹果酒。
	晚上抵达维尔：买入坚果和六个全麦小面包。
星期一——星期二	夜间开始旅程。

星期二（23 日）—星期三（24 日）—星期四（25 日）

待在梅斯尼·奥苏的森林。

282 第四趟往返暨最后一趟往返

星期四晚上到星期五	开始旅程。
26日 星期五	早上：到达勒普莱希（Le Plessis）和勒福尔热（Les Forges）之间。 下雨。在大石头下面避雨度过一整天。
星期五—星期六夜间（27日）	经过勒福尔热。 沿着去孔岱的国道到达蒂里—阿库尔（Thury-Harcourt）。
27日 星期六	走了一整天。 做了一把弩弓，用来捕猎小鸟。
在阿库尔期间	买入手表的玻璃盖子，准备引火。没有成功。 买入火绒和硫磺。 用他收集的火石和他的刀，他能生火。 买入1苏的坚果和两斤烙饼。 下午：抓住一只小乌鸫。 晚上：在一个旅店花光了所有的钱。 买入四分之一瓶苹果酒和一小块黄油烙饼。 睡在麦田里。
28日 星期日	到达卡昂（Caen）。 沿前往法莱斯（Falaise）的国道继续进发。

到达朗加内耶（Langannerie）的森林。

找干树枝。在一棵枯树下面用他口袋里带的纸生火。

做了一把弩弓和若干弓箭。

用磨尖了头的钉子做箭头。

星期日，29日星期一，30日星期二，7月1日星期三

待在朗加内耶附近的森林里。 283

以草莓和野果糊口。

游走从一个森林到另一个森林，等着被抓。

7月2日 星期四

离开森林。

走到了朗加内耶镇上的最后一栋房子处。

一名民事警察讯问他。

他被捕，搜身，并关进单人牢房。

早上5点。

他的前三次旅程（每一次出行都大约是一星期时间），每一次都是回到梅斯尼—奥苏的森林。

格奥格特·雷耶（Georgette Legée）

284 三　里维耶远足地图

在皮埃尔·里维耶的亡命之旅中，所有状况都表明他“无决定”（non-décison），这包括他的被捕（根据其最初的计划），或者他的流亡，他的藏匿。我们不说这是“优柔寡断”（indécison）。他只是苟活下去，然后等待着来自别处的决断。

这种精确性是里维耶的叙述中的显著特征之一，这似乎引起了我们去验证其地点精准度的兴趣。事实上，我们预计会发现地点定位的很多错误，尤其是在其叙述中没有提及之处，该叙述详细地记录了一个历时29天流窜在半个省里的“奥德赛之旅”。其结果非常出人意料：在这个大约500公里的旅程中，住宿地点只有四处遗漏，有两条路线不甚精确，没有哪怕一处方向或者地点定位的错误。

本地图试图重现这次长途远足，鉴于其停止了不止一天，即相当于每天平均大约20公里的行进速度。为了简化地图的外观并且便于阅览，地势的起伏和景观不再显示出来。与两种乡村景观相对应的两种地势共同标示了他走过的地方。

285 （1）在维莱尔—博卡日（Villers-Bocage）到蒂里—阿库尔（Thury-Harcourt）一线北侧：卡昂冲积平原的边界，那里地势开阔（open-field），有走向清晰的道路、稀少的森林和矮树丛；总而言之，对于那些想移动而不被发现的人来说，这是一种让人讨厌的景观。

（2）在该连线南侧，是丘陵地区，山形圆润，形成了一种

“俄罗斯山地”的景观，那里有森林、荒芜的小径、在博卡日形成的各种避难所般的矮树丛。

地图上标示出的是他提到和经过的地点，他停下来睡觉或逗留的地方，尤其是他在行进过程中停下来的时候。当讲述得含糊不清或者路线不确定的时候，在图示上会进行修改。还标示出了在路上跟他说过话的人。

需要指出的是，地点还是有些变化，在 1944 年的诺曼底登陆之后，除了奥东河畔欧奈（Aunay-sur-Odon）和若干村庄重建之外，皮埃尔·里维耶提到过的所有标示出来的村庄都已经超过了 130 年。

吉贝尔·布尔赖—托尔维克

（Gilbert Burlet-Torvic）

图例
海滩
河流
城镇，村落
国道
白天的路程
夜间的路程
不确定的路程
按时间标注的模糊行程
白天的宿营地
夜间的宿营地
与人遭遇地点
游荡的区域
森林
山地平原的边界
比例尺：1/250,000
贝桑港
8日下午
9日昼离开
巴约
克雷麦勒
9日夜
多莫河
瑞维尼的桥
遇到玛丽安·波娃
瑞维尼
维莱尔-博卡日
欧奈
前往圣-洛
6日昼
梅斯尼-奥苏
15日早上
6月3日12时
11日早上到达
圣·皮埃尔
5日夜离开
12日夜离开
4日夜
图尔纳 4日昼
17日夜离开
3~6日夜
25日夜
离开
卡德奥勒
14日离开
在玛丽大街的
教堂边
13日夜
22日昼
德
吕扬
蝴蝶城
13日昼
2-13日夜
17-18日夜
瓦西19日下午
维尔
18日早上
13日早上
18日昼
22日昼
22日离
20日离
21日
遇到劳伦·格

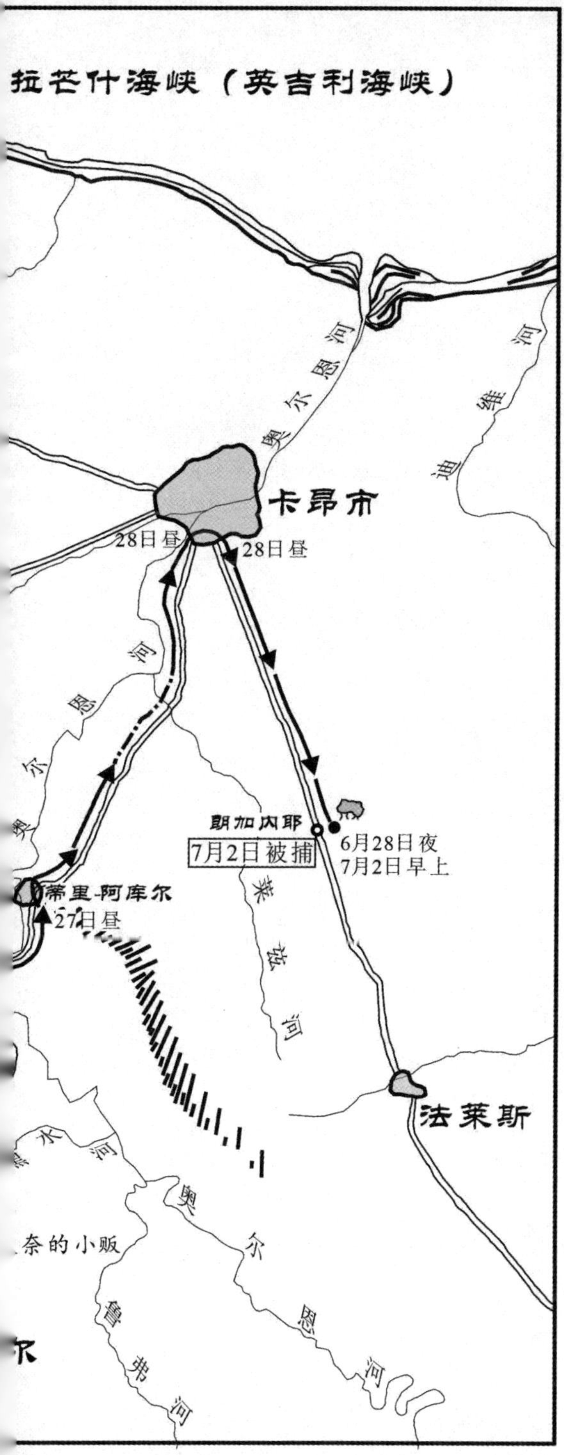

拉芒什海峡（英吉利海峡）
奥尔恩河
迪维河
卡昂市
28日昼
28日昼
奥尔恩河
朗加内耶
7月2日被捕
6月28日夜
7月2日早上
蒂里-阿库尔
27日昼
莱兹河
法莱斯
水河
奥尔恩河
奈的小贩
鲁弗河

286—287

下篇　笔记

一　动物、疯子、死亡

让—皮埃尔·皮特（Jean-Pierre Peter）
让娜·法威（Jeanne Favret）

合上这些档案，心情很沉重，大脑一片空白。（像我们这样如同法官和医生一样的讲话之人）也许本该知道，应保持这个生命给予它的封印，并保持沉默。然而，就因为时过境迁，而放弃一句今天在我们心中引起反响并制造了这些词汇的话语，不再给它一个回应——有必要吗？我们不会放弃这些死去的人。

如果农民中有一个普鲁塔克[1]的话，皮埃尔·里维耶会跻身名人之死的行列。而且不只是他，他的全部家人都会列入典型受害者的系列之中，仿佛是在挑衅那些在豪宅中排列伟大祖先之等级次序的画廊。然而，普鲁塔克哪里想得到，榜样人物会出生于庄稼汉所耕耘的田间地头？卑微之人无声无息。如果里维耶用这种疯狂的笑声诉说着伴随着他寒心和痛苦的感受，如果这种笑声在他谋杀之前的几年间就持续不断，如果这种笑

1. 普鲁塔克（Plutarque，约46年—125年），生活于罗马时期的希腊作家，著有《希腊罗马名人传》（*Vitae parallelae*，又译为《对比列传》）。——译注

声所道出的是不可忍受之事，如果他遭遇着如此这般，令人窒息地禁锢于其中，那么这么做就是正义的。况且，这些行为和文本带来的所有话语，尽是不幸。在被树丛所合围的视线之内，一直充斥着大量被剥夺了任何未来，被剥夺了全部机会的
294 生活。日日苟活，聊以为生。有一个人一旦想到：对他来说，所有的东西都是破碎的。他周围的所有东西，全都是破碎的。在每天的无声恐怖中，在糊涂蛋和受骗者的状况中，他用大屠杀的抗议取代了更为激起民怨的恐惧。他有权打破沉默并最终讲出这些事情。再说最后一句话，他就像一个来自远方的人，这个人很久以来都知道他们的全部生活，他们根本无法住在一起，但却在一起共同生活了很多年。

与那些本地人不同，只有一个支持者，即一位医生在其生活中会为皮埃尔·里维耶而感到震惊、犹豫和痛苦，因为“当大家使他回忆起自己的罪行时，他以一种平静的状态谈论着自己的恶行。”[1] 恐怖之事都是日常的。在乡下，这历来都是所有人的命运；一种是用被视为白痴的笑声来嘲笑别人；另一种则平静地讲述着日常；两种是一回事。这是所有人的命运。不过，这个家庭是个特例，这家人是这样生活的，在任何时候都以暴怒的方式宣称所有事情都在伤害他们，人们已经习以为常了。

这种不可能性之重负，如有千钧。然而，他正好借此来做个测试。这个发出了全部挑战的粗暴之人，低着头，爬上危险

---

1. 布夏尔医生的证明书，第 188 页。

的大树，用各种方式自寻不幸。[1]被束缚在土地上劳作的人，筋疲力尽，他的父亲在劳作中充满幻想，但却一事无成。在那个累垮的马匹的隐喻中，正是皮埃尔·里维耶在鞭打和驱赶，他以绝望为赌注全力冒险。[2]至少有一次，有些事情超越了可 295
能，跨越了界限。他对父亲说，要荣耀；至少要有一次，走得更高更远。他对自己的马说，要做任何人都做不了的事。但是无论是马匹还是农民，埋头苦干的人能够做到除了不可能的事情之外的所有事情。为了跨越藩篱，寻找苦涩的胜利；他，也只有他，与死亡为伍，也就是说要行凶杀人。它爆发在一场血色仪式之上。通过这场仪式，在这场仪式上，以及在这场仪式之后，他将能够说出真相；他就像一个魔鬼，能够用他那魔鬼的目光打量着虚幻的规则和肮脏的机器，而他的同胞们，这些世上的受苦人[3]，都会被并且已经被碾得粉碎，每年每日，生生世世。那么多的忍耐，那么多的痛苦，把那把锋利的砍柴刀交到了他们中的一个人的手上：不再神圣地忍耐。基于其所

1. 阿迈勒先生的证词，第 64 页。
2. 玛格丽特·高勒维尔的证词，第 59 页；阿迈勒先生的证词，第 64 页；在皮埃尔·里维耶的思想和行为中，马匹所占据的位置值得一提。它们代表一种力量，但却是一种被束缚的力量。它们温和、强而有力，但又悲惨而无能为力。正是那匹老母马莫埃勒，里维耶喜欢它并常常和它说话，里维耶说他在磨牙（寡妇凯奈尔的证词，第 60 页）。最后，他用一匹吃人的马妖怪来吓唬小孩子和他自己（维克多·玛丽的证词，第 62 页）。
3. 文中此处“这些世上的受苦人”（les damnés de la terre）套用的是法国后殖民主义哲学家弗朗兹·法农（Frantz Fanon）的同名专著。参见《全世界受苦的人》，万冰译，译林出版社 2005 年版，第 221 页。（Frantz Fanon，“De l’impulsivité criminelle du Nord-Africain”，en *Les Damnés de la terre*，Paris，1961.）——译注

进入和献身的生命之重负，基于其他三个生命因其痛下杀手而痛苦翻倍的受害者之重负，在他自己死期开始的那一天，皮埃尔·里维耶最终交换了正义与不正义，恢复到它们原本的位置，他的死期将不会结束，必须直到“终结了他所有的怨恨为止”。[1]

怪物，同类

对于这些怨恨，这个复仇者，他当然可以有。法国农村长期以来忍受着三重税制，封建领主、教会和国王。农民们一无
296 所有，如微风中颤抖的豆荚。死亡在那里建立起饥饿、寒冷和瘟疫所维持的统治。造反的黑色暴力只有常规的结果，即在树上挂满了一众绞刑犯，以便让警察来收获。

一方面是敲诈勒索，另一方面是权力的即时性和权衡作用。这都是陷阱。由领主和教会强制执行的契约，只是诱骗的圈套，没有任何保障。他们所拥有的东西，无论他们以前是农奴，或者现在是佃农，通过允诺其他东西，他们废除了所有人。农民没有任何价值。米什莱（Michelet）已经充分描述过从中世纪到现代的这种绝望[2]。很多这种绝望的事情在18世纪末依然存在。

---

1. 这是里维耶回忆录的最后的话。
2. 米什莱：《女巫》，第一卷，第二章，“中世纪何以被绝望笼罩”。《法国史》，第四卷，第三章，“扎克雷起义与鼠疫”。《法国大革命史》，“导言”。——原注
儒勒·米什莱（Jules Michelet，1798年—1878年），法国历史学家，被誉为“法国史学之父”。——译注

当然，鼠疫在当时已经消失；大饥荒也同样消失了。农艺方面的一些进步使得可以生产更多的食物；不过，越来越多的富有地主（贵族、教士和法官、小资产阶级）获取了全部的利益。同样还有，歉收，以及不那么引人注意的，比如地方病、食物短缺和营养不良。但是，以下是我们感兴趣的内容：

医生，作为启蒙之人，第一次来到村庄和农场。劳动者失去了生命，便意味着让资本化为乌有；显然，照顾他们更为有用：杜尔哥（Turgot）[1] 创立了一个全国医学服务部门。医生们在那里发现了非常普遍的贫苦，引起了巨大的震动。他们起了恻隐之心，并且展开行动。但是，他们所治疗的这些人，其身体状态使他们感到惊讶。在他们中间，有些知名的疾病表现出非常古怪的样子，似乎留下了树状的增生。他们的身体、他们的结痂、他们灰色的皮肤、骨头或者肉都会发芽并结疤。医 297
生的话转录如下，他们说，这些人仍然是不存在的，他们只是矿物质、蔬菜和动物的某一部分。他们是藏身于农场烂泥地里的癞蛤蟆，他们是愚蠢而幼稚的绵羊，也是被饥饿点亮双眼的狼，他们是生于撕咬的疯狗群中的疯狗。这些怪物们[2]。

1. 杜尔哥，（Anne Robert Jacques Turgot，baron de l'Aulne，1727 年—1781 年），法国经济学家，政治家，重农学派的代表人物，曾担任路易十六的财政总监。——译注
2. 关于皇家医学学会（1776 年—1793 年）以及医学话语和 18 世纪末农村世界的关系，大家会看到我们写的文章：J-P・皮特（J.-P. Peter），“疾病的对象与疾病的词语”，《历史期刊》，1971 年 7—9 月（“Les mots et les objets de la maladie”，*Revue historique*，juillet-septembre 1971）；同上，“谵妄的身体”，《新精神分析期刊》，1971 年春季，第三卷（“Le corps du délit”，*Nouvelle Revue de psychanalyse*，n°3，printemps 1971）。

各种原因，或者各种潮流，都汇聚向1789年的各种大事件[1]。农村的悲惨际遇在此至少可以算是一个借口，——或者作为一种自责？——在资产阶级贵族所首倡的精神中。然而，我们绝不能说得太过，更何况历史编纂的潮流是利用对它的模糊，随后出现了多少农民暴动［一半是扎克雷、一半是恐慌式（mi-jacquerie，mi-panique）］[2]，我们称其为“大恐慌”（la Grande Peur），它在1789年夏季席卷了法国的角角落落（除了布列塔尼省、朗德省和洛林省），导致巴黎人犹豫不决，迫使他们另起炉灶。8月4日的夜晚，玄幻得令人着魔，在燃烧的城堡前流露出恐惧，所有贫穷的人聚在一起。在这种驱动力之下，“封建”秩序轰然倒塌。有一个新增的证据表明，议会为赎买领主权而制定了各种强硬条款，在这些诡计面前，农民集体拒绝履行，他们应该是在事实上确认了对这些权利的废
298 除。这便叫做革命。[3]

这导致了在农村的田产的大量转让，尽管它没有涉及只能出租双手的普通大众。不过，无论他们有无土地，他们都很看重他们认为已经获得的法律上的解放：权利平等和公民身份。

1. 指1789年7月14日爆发的法国大革命。——译注
2. 扎克雷暴动（Grande Jacquerie）是英法百年战争期间（1358年）在法国北部的农民起义，历时两周。后遭到法国贵族和封建领主的联合镇压。起义者身穿的棉布白袍叫扎克雷（Jacque），故贵族蔑称起义者为扎克雷。扎克雷一词后来成为农民起义的代名词。——译注
3. Georges Lefèbvre，*La Grande Peur de 1789*，Paris，1932，rééd. A. Colin，1970. ——原注。

参见乔治·列斐伏尔：《1789年的大恐慌》，山西人民出版社2019年版。——译注

现在，根据“在权利方面的自由和平等”[1]，他们是人，最终与其他人一样。正因为如此，他们也要签订契约。此后，农民的生活就投入到契约中，投入到对契约管理的土地的渴望中，他们得到满足并再次激发。这在皮埃尔·里维耶父亲身上得到表现，对于这块可能是他的父母本人趁着大革命而获得的土地[2]，他树立起一个更大的野心，他想遗赠给他的孩子们。作为土地的购买者和出租者，通过严格地管理被他妻子以及他的志愿劳工垂涎的土地，他把自己等同于一个契约，从而异化了自己，迷失了自己。

权利，疯子

这正是所有的东西都被困住的地方。自由的新社会的秩序将各种管理机构也设置在这个地方——即契约，所有权的欲望，对给予工作的激励——以便把等级制度和不平等掌握在手 299

1. 这是从法国《人权宣言》第一条中截取的名句，全文是“在权利方面，人们生来而且始终是自由和平等的”（Les hommes naissent et demeurent *libres et égaux en droits*）。——译注
2. 我们只是假设了如此情况。在一次仓促的研究中，我们只发现一个与事发几乎同时代的土地登记册，但却是没有名字的登记表。里维耶家的“土地”（territoire）是无法确定的。而且，在19世纪的下半叶之前还没有任何地产税纳税人的名单（卡尔瓦多的档案依然可以再核对一次）。应该对国家财产的出售方面展开一次更深入的研究，这是我们想做但又没空做的。欧奈修道院及其领地便是作为神职人员的财产而被肢解和瓜分的，里维耶家族很有可能正是在这个时机下开始获得土地。

中并使它永远存在；但是这一次，他们假装“自由地”表示赞同。这便是权力在当下的隐秘使用。[1]

以母亲维克多莉·里维耶为例，毫无疑问，因为作为一个女人，更因为她为了利用这个规则挫败一个本身不合规则的规则而结婚嫁人，所以，她觉得任何契约都是一个骗局、一种制度化的强权打击——如同一场被冻结、被俘获和被无限拖延下去的战斗。她以所有契约的永不停止的破坏者自居，不会停止对它的问责，会通过不断的运动来移动它的标志，这就是说，她拒斥并反抗契约。

作为这场对抗的产儿，皮埃尔·里维耶对这些契约非常着迷，使他把自己的回忆当成了避难所。不过，这场战争使他变得敏感，这超出了那些在其中表述为冲突的狭隘术语，因而也超出了他本人应该在那里做出的选择；也使他对这个明摆的事实变得敏感：即更普遍地说，有些东西在有些方面往往都是错误的。在他周围的世界，他周围的所有一切，就好像一块用来改变牲口蛮力的摇摆和带着嘲笑的红布。牲口察觉到了圈套。在言必称秩序的时候，说出来的都是谎言。或者更确切地说，

1. 我们想起在旧制度下，权力以某些方式加诸身体之上，不仅控制着人的地位，从而控制着他们的自由；而且，尤其是他们的直接工具是税务机构（比如皇家的、封建领主的等等），因为他们刮走了农民劳作之产物和所得的精华。农村抢劫城堡，这不是偶然的，每一次只要它想干就都能得手，他们会对付收税官和十一税征收员等人。从此以后，农民的劳动之产出，被契约的迂回方式从内部予以控制。米歇尔·福柯向我们指出了这个观点：在签约者和新类型的农民犯罪（家庭内部犯罪、有关所有权、地租和剥削等的制裁报告）之间的憎恶之情。

现存的秩序都是对一种秩序的颠覆。皮埃尔·里维耶便是那个提出了关于权利问题和疯子问题，关于正义与不正义问题的人。一个范例。

而且，为了提出这一个问题，他应该必须拥有话语权。不过，事实恰恰不是这样的：他的愤恨，将不会终结。 300

因为，过去的革命风暴很快在帝国的杵臼之中被磨成齑粉。在这个复苏的社会中，我们用什么样的办法找到乡下人呢？这些人对权利的平等、对所有形式的平等以及获得的自由的假设是什么？事实上，一切都没有改变。他们依然是动物。占统治地位的话语依然没有被移开。他们才是他者。这些畜生或者事物，这些无足轻重的东西，去思考他们想要说些什么，这并不重要。可怜的医生们继续详细研究着他们的怪物性，总是把它们弃置于邪恶本性的一边。

但是，这可能吗？如果我们仍然是怪物，而且今后是你们的同类，那么你们是什么呢？新规则不再允许这个没有引发反馈效应的蔑视游戏了。效应到来了。

鲜血，尖叫

事实上，大约在皮埃尔·里维耶出生的那些年，就开始出现意外事件了。农村，这个不幸的无声世界，不再忍受自己的地位，而是把各种恐怖罪行外化表现了出来，就像那些有指示意义的症状。对于这些症状，我们无法讨论得更出彩，因为这是一个医学话题。医学立即从我们获悉这些案件的《年鉴》中找到了兴趣点。此即，那些农村的女佣们，无缘无故且异常残忍地割喉杀死了她们怜爱着的柔弱孩童，这些孩童是人们托付
301 给她们照看的。有一个贫困潦倒的短工的妻子，无法再忍受她15个月大的孩子那饥饿的哭声，于是用一把剁肉刀砍断了孩子的脖颈，将他杀死，并且还吃了一条割下来的大腿。然而，就在这一贫如洗之中，她却在一座小花园中养了一头山羊和几颗白菜。种葡萄的安东尼·雷格（Antoine Léger）离开了他的村庄，像野人一样住在森林里，他袭击了一个小女孩，并不是想强奸她，而是用刀把她剖开，啜她的心，喝她的血。[1]

所有人对他们的行为都无法忍受。前一个人说，我想让这个小孩，让他摆脱像我这样的生活，孤独、没有快乐，还不如去死。这个吃人的女子说，“这真是太悲惨了”；吃人的男子则解释道，“神抛弃了我，我渴了”。他们坦白招供中的某些部分讲得结结巴巴：正是我，我杀了人。而皮埃尔·里维耶，这个怪异世系中的桂冠，他向邻居们高喊的，不是“我杀人了”，

1. 大部分的案例，在1971年由米歇尔·福柯召集的有关刑罚的研讨会上都讨论过了。它们发表在《公共卫生年鉴》（*Annales d'hygiène publique*）合订本上，其他的部分见于格奥尔格（Georget）的《雷格等人的诉讼案例》（*Examen des procès de Léger, etc.*），1835年，以及马克（C. H. H. Marc）的《论疯癫》（*De la folie*），1840年。最近，我们重版了两个吃人事件，参见“食人魔的档案”，《新精神分析期刊》，第6卷，1972年秋季。（“Ogres d'archives”, *Nouvelle Revue de psychanalyse*, n°6, automne 1972.）

而是“我要去死……为我的父亲。”[1]

我们认为，农村中沉默的人民，刚刚发现了他们中某些牺牲掉自己性命的人的证言和运气，这些人好像得知了一种知识或者一种摇摆的理性，以便说出来或者让大家听到，对于村民们来说，他们必须以杀人开始，并死于此。他们的行动就是话语；然而他们说了什么，他们为什么用这种恐怖罪行的语言说话？

这些恐怖的凶残性，它们非常悲惨，在法官和医生的通常都非常充实、非常肯定的话语中激起了慌乱和不安，为了理解一种重要之物的到来，我们只需认清这种慌乱和不安就足够了。 302

事例，事件

实际上，有些重要的事情已经发生，这是所有事件的症结之一。传统上，在其社会—政治的重要性中，我们对法国大革命的年代及其延续时间的考察都截至1815年。理应如此。但另一个方面，我们完全忘记了去表现那种震惊和那些错位，它们产生于历史学家笨拙地称之为精神状态（mentalités）的东西中。

1. 皮埃尔·里维耶的回忆录，第170页；另参见第160—161页。——原注首先，对死亡和暴力的假设。必须说，在二十多年的时间里，我们已经在那里进行了相当多的屠杀了。嗜血的癖好能够在那里找到它的数目和进展情况。这些新的公民，摆脱了封建枷锁的农民们，被礼貌地邀请在整个欧洲的田野上自由地播种他们的血肉之躯。其他人则会来坐享其成。为自由而死，继而为了大人物的利益而死。为了自由而杀人，为了大人物而杀人。杀人，死亡。他们在此获得的都是不值钱的东西；在这条道路的尽头，对这群乡下佬们来说（又对他来一次），等待残废或者死亡的应许。他们为那些骗人的新权利所付出的代价太大了。于是他们试图避免这些义务，皮埃尔·里维耶的出生便是直接证明：怀这个孩子就是为了让他父亲不用服兵役。

在此期间，有一些仪表堂堂的、雅各宾派的、帝国的、皇家的食人魔被给予了普遍的关注。他们大都金玉其外。最著名的一位已经在一个小岛上腐烂了。[1]但是，在他之前与在他之
303 后，还有多少其他的食人魔，会一直坐在他们的餐桌旁，一边消化着波兰，一边嘴里还紧咬着各个民族和各种自由！净是些风度翩翩的怪物。比他们低一个级别的，归根结底，省长、法官、革命者或者非革命者，又是些什么人呢？无论如何，都是喝过血的。既然父辈们无论愿意与否都已然迷恋上这个暴力的世界，那么，我们也不必惊诧于孩子们长出了愤怒的爪牙。杀

1. 此处暗指拿破仑。保皇党人给拿破仑的绰号为“科西嘉的食人魔”（l’ogre de Corse）。——译注

戮中的皮埃尔·里维耶和他的兄弟，村子里吃人的男男女女，砍掉小孩脑袋的虚弱女人，他们并不是独自发明了这种暴力。这个渴望着荣耀的弑亲犯也没有发明出他所承认的为了善而展开大屠杀的念头。

从攻打巴士底狱到热月政变，有足足好几年时间都在记忆中留下印记：因为大事件本身也出现在其中：启示被期待已久，并最终确定下来，但却没有人受到这个事件的保护，即便是暴君也没有。[1] 更捉摸不透了。因为此事已经发生，今后任何的事情都会发生。在这个死亡的节日中，人们了解到，并在此后不停地回想起，如果死亡威胁到他们，那么死亡就会转变为其他东西。

圣·茹斯特（Saint-Just）已经期待这个晨曦（他忽视了这一天将会到来），米什莱说，圣·茹斯特被一个冰冷的世 304
界撞得鼻青脸肿，他对此愤愤不已（“自从罗马人之后，这个

---

1. 在卢丹的魔鬼附体的时候，大部分的解释和歪曲事件的小册子和讽刺短文，日复一日地在与真理的特定关系中给出了他们的书名：《关于……的真理回忆》,《关于……的公平诉讼的真理关系》,《通过对……附体的真理辩护》，或者《……的案例》。随着大革命的发生，这些事件，它是那个领域，被迫说出的并非全部的真理，而是事实和行动的证明。在呈文和檄文中不断重复的是如下题目：《关于所发生的……的回忆》(或者《论所发生的……》),《用于……事件历史的文件》《关于……事件的细节》(或者《关于……事件的阐释与细节》)。皮埃尔·里维耶正是把最后一个题目选为他的回忆录的题目。对于那个时代，在犯罪故事的书名中频繁出现的这类惯用语，大家可以参考米歇尔·福柯的文章。——原注

卢丹的魔鬼附体事件（la possession de Loudun，l'affaire des possédées de Loudun），1630年由当时的红衣主教黎塞留所发起的在法国卢丹地区的猎巫事件，指控天主教神甫乌尔班·格朗蒂耶（Urbain Grandier，1590？—1634年）使用巫术与魔鬼缔约，并将其判处死刑。——译注

世界就空虚了”[1]），于是把自己锁在房间里读古代英雄们的生生死死；等到他再出来的时候，他立即成为丧礼的第一演说家，索要皇帝的项上人头。“人们惊骇于他［跟塔奎尼乌斯（Tarquin）一样］用棍子打掉罂粟花”。[2]而皮埃尔·里维耶，

---

1. “自从罗马人之后，这个世界就空虚了”（le monde est vide depuis les Romains），参见 Jules Michelet，*Le procès de Louis XVI*，Editions Complexe，1992，pp.70—71.
2. 米什莱：《法国大革命史》，第九编，第五章（Michelet，*Histoire de la Révolution française*，livre IX，chap.v，Bibl. de la Pléiade，t. II，pp.76—77）我们不断地惊诧于皮埃尔·里维耶的故事对那些他并不了解的伟大榜样的复制。因此，他在多个方面被纳入这个榜样世界中，但是他并不知道。“普鲁塔克的一个学生”，司汤达（Stendhal）对他的于连·索莱尔（Julien Sorel）说。这个寂寂无名的农民就像于连一样，就像圣·茹斯特和唐·吉诃德一样，在他踏上漫漫征途的决断之中，奠基性阅读起了相同的作用。就像他们之中的每一个人，通过亲身重蹈那些榜样人物的生活，见证了旧时代法典的专制独裁（罗马人的威严之于圣·茹斯特，骑士精神之于吉诃德，拿破仑式的冒险之于于连·索莱尔等等），唯一的说明与行动应当足以归之于虚无，即这个他如逃亡般活在其中的堕落世界，对于一个眼睛盯着其他文本的人来说，它的价值就是谎言和欺骗。因此，正如愁容骑士（即堂·吉诃德的随从桑丘·潘沙），他似乎疯掉了；正如于连，他似乎是个造反的罪犯；正如圣·茹斯特，他似乎忧郁而失去理智。正如他们所有人，正如哈姆雷特，他手中握着或者脑中记着一本讲出真相的书，涉及波洛尼乌斯（Polonius）所有的令人费解的措辞——这本书至少阐述了这个榜样，他们中的每一个人都与此相关，以便产生出他自己的真相。——原注

   参见 Jules Michelet，*Le procès de Louis XVI*，Editions Complexe，1992，pp.70—71。

   古罗马王政时代的最后一位国王——暴君卢基乌斯·塔奎尼乌斯·苏培布斯（Lucius Tarquinius Superbus）的小儿子塞克图斯（Sextus Tarquinius）已经在罗马以东的迦比伊城（Gabii）大权在握，他派出信使向父亲暗地咨询进一步的举措。塔奎尼乌斯不置一词，他踱着步子走向花园，用棍子扫掉了那些长得最高的罂粟花头。使者不知其意，据实回报。塞克图斯立即领会父亲哑谜的意思是让他消灭最优秀的分子。于是，他将迦比伊城的精英分子悉数杀尽。这个典故源自古希腊的一则轶事：科林斯（Corinth）僭主佩利安多洛斯（Periandros）派使者向米利都僭主特拉叙布洛斯（Thrasyboulos）询问如何治理城邦，后者把使者领到一片谷地，一边询问科林斯的情况，一边把田里长得最高的谷穗全部剪（转下页）

就在那一天前后，他躁动不安地绕着卷心菜转圈，他顺着小孩的游戏开讲，已经说出了做首领和处决暴君。

当大幕于1815年之后落下，1830年之后又再一次落下，建立起的秩序在说，它一直都在说："别惹麻烦！"（Pas d'histoire！），有一些人（一个辱骂神并献祭儿子的女人、一个认为一切都是骗子的皮埃尔·里维耶、与他同一年犯法的一个拉瑟奈尔和一个费耶斯基[1]）杀人，并且接受了他们的死亡，在一种致死的静止中，期待着某物的到来，苟活、反抗、质问、扰乱。该事件是自由的；它就像一把快刀，斩断、动摇、挫败或者颠覆任何种类的制度。这是一个典型事件，在一个冰冷的世界中，杀人所针对的正是权力秩序和无尽的压迫。 *305*

国王，怪物

从攻陷巴士底狱到路易十六之死，另一个转移出现了，就

（接上页）除。参见希罗多德：《历史》第五卷，5.92f，商务印书馆2005年版，第388页。亚里士多德：《政治学》，1284a，商务印书馆1983年版，第155页。李维：《建城以来史：前言·卷一》，第一卷，第54节，上海人民出版社2005年版，第137页。Levy，*Book I & II*，Leob Classical Library，Harvard University Press，1967，pp.188—189. 此外，克尔凯郭尔在其《恐惧与颤栗》文前题献中也有引用。——译注

1. 拉瑟奈尔，详见《导言》，边码第15页；以及《与诉讼相关的报刊文章和信札》章，边码第227页。费耶斯基，详见《导言》，边码第15页。以及《弑君与弑亲》章，边码第341页。——译注

在真相的这些效应将要不断地涌现和爆发出来的地方。

在旧制度发源于其中的神圣秩序之中，国王构成了一栋建筑的拱顶石，在这种功能中，每一个人都分配有各自的位置。而唯有那些出身很好的人，才是一个完完全全的人。只有每一个人都承认这个位置及其隶属关系，那么他才有存在、话语和可陈述的证据。无论谁宣称自己位于其他位置（或者说着其他的话语），就是背叛了神圣的秩序，要被彻底地排除出人类之外。诸如，女巫、无神论者、造反者，他们都不在此列。

自 1789 年 7 月以来，上帝和真理改变了它们的阵营，通过自身的世俗化，转到了人民这一边。因此，国王发现他被他自己的真理所孤立，并与上帝分割开来。如此一来，今后就没有什么是可信赖的了。其结果就是，国王的脑袋在不到四年之后就掉了下来。“一个国王是非自然的；从人民到国王，中间没有自然的关联”——这是蒙田的理论[1]。我们不做评判；我们
306 要铲除消灭怪物。[2]

然后，我们在自身中发现了我们自己。特别是一段时间以

---

1. 这句话出自圣·茹斯特在 1792 年 11 月 13 日制宪会议上的讲话。参见“关于路易十六审判的演讲”，《圣·茹斯特全集》，第一卷，第三部分，第 364—372 页。（Saint Just，“Concernant le jugement de Louis XVI”，*Œuvres complètes de Saint-Just*，Eugène Fasquelle，éditeur，Paris，1908，tome 1，p.368.）——译注
2. 因此，圣·茹斯特就是这么说的。参见米什莱，同上书；阿贝尔·马提耶（Albert Mathiez）：《法国大革命》（*La Révolution française*），第二卷，第二编，第四章。在 1792 年 9 月，格利高里神父说，“我们知道得很清楚，所有的王朝都只不过是靠吞噬人的肉体才存活的一帮人。”他继续补充说：“在道德的秩序上是国王，在肉体上是怪物。”参见米什莱，见前揭书，第八编，第三章。

来，出现了一种观念，并最终使之成为可能，即在平等的人之间建立契约：再也没有臣民，大家都一样。不再有任何东西能够限制人归于完整人性。不过，在对所有征兆的惊人的颠覆之中，一旦统治者也会被指定为怪物，那它足以提出一个关于人与非人之间界线的问题。

从此以后，这个边界不再具有法律基础。但是，边界的痕迹并未被抹去，它支持着占统治地位的人在他们的权力运行之中所自行拥有的虚幻表象。不过在此，谎言的效应和否认的权能已开始有燎原之势。

在一个眼下服从于金钱的抽象暴力的世界中，农民和他的同胞，被殖民征服后的原住民[1]，他们不再被定义为是对统治者的否定。统治者只是"重要人物"（notable）而已，也就是说，可以在他独自建立的价值等级中辨认出来，并且这个价值的等级将被认为是"人性"（humanité）的等级。不过，"重要人物"不具有反义词，因而其他名字（原住民、野蛮人或者粗人）甚至都不能用来给它命名。在旧制度统治下，他几乎不存在（因为绝对的服从，但从这个地方也能辨认出来）。在此，一旦他不再通过合同的强制力（即通过他与经济活动的关系）来规定自己，那么他就彻底一无所是了。那么，他所剩的只可能是对社会道德标准的颠覆。唯有那些被社会活动所排斥的

1. 原住民（indigène），结合下文所引用弗朗兹·法农（Frantz Fanon）的内容，此处指的是法国在北非殖民地的阿尔及利亚人。参见本书边码第309—310页注释。——译注

人，他们才会出现这种念头，提出一个有关人的本性之边界的
307 问题。

罪行，确认

在此，农村的一些代表将进行干预，并通过平衡他们生活的权重和他们理智的权重，来确保给予他们的话语权。说真的，这种话语是如此微不足道，以至于我们早已养成了根本不留心记录的习惯。这些数个世纪以来的档案证明，人们必须读出其言外之意，以便在主人（领主、管家、公证人、医生、法官、收税官、武士，等等）的话语之下，读出要说出的话语，及其被掩盖掉的内容。即便这种声音是在大声喊叫，我们所能听到的也只是如将死之人的气若游丝般的声音。如果有话要说，原住民是唯一我们认为不会那样说话的人。他必须通过被杀的方式，其声音才为人们所听到。

正是在这一点上，那些可怜的先驱们将感到震惊。他们说，假如不承认它们是社会基础的话，这个社会会以为是通过将这些基础排除在其定义之外而建立的！……既然拒斥了它们，我们就引入了一个边界，只要到处都有那些不人道的东西——这不用说是假设的——，那么重要人物们的这个文明世界还能保有它所说吗？他们想要这些怪物吗？这里就有。但是，在这些怪物中，没有人会认不出自己来。因为一旦封建的

世界被扫除，这些重要人物的重要性就不再能被神的意愿或者秩序所保全；而且，在法律中（主流的法律……），每一个人对其他人都是平等的。不幸之人与幸运之人也是平等的。前者们只需要使用这个边界，就能够体验到后者们试图证实的那个想象的边界；他们无法在所起的作用中相互支持了。

这些激进的杀人行为，攻击了礼仪原则本身。在法典中，这种礼仪被定义在一个双重的界线之内：一个是明说的，即弑亲的界线（任何弑亲的人都是反自然的）；另一个是在暗指，即同类相食（它尚未被讨论过，在法律中也没有被论及）。对于这些界线，原住民一再突破，并对这个地方，提出了他的问题：那么，告诉我们那些你们同意与之平等缔约的人的本性吧。这就是说，在真相中，而不是在圈套中，规定一个人性的边界，使我们在其中能够认识我们自己。那么，我就不会再用这些怪物的面具来恐吓你们了。 308

而像这样的问题，只能在一种（一个受害人死于其中的）绝对行为与那些不畏死之人（即在断头台上或者疯癫的虚无中）的死亡之间所展开的摇摆时刻之中被提出来。至少这两种死亡，我们不可避免地要谈论它。这不同于农村的日常死亡，单调乏味，我们只能悄悄地纪念。而皮埃尔·里维耶，他在此添加了一个文本，所有的重要人物都会惊慌失措。

这些悲剧中的每一个悲剧，其实都启动了司法和医学的滔滔不绝的话语机制。这些机制尝试囊括它们所遭遇的问题，并将其消弭在语词的浓浓迷雾之中，它们在这种行为中既合作又对抗。事实上，所有这些使事实被逐字逐句歪曲的话语活动，都得到了更多的利用，以至于法官和医生们对着镜子也能毫不害臊。但是，这种权力的可靠支持者，他们能否使自己相信，每当发现他人的残暴性施加于他们身上之时，他们都不害怕？他们能否使自己相信，他们中间有人说了同样的话，即欲望能够越过这些障碍，正常只是他们所使用的一个语词？否则的
309 话，由知识所激活的这种急切愿望从何而来，在总是更不完备且总是不协调的疯癫（无论是不是单狂症的疯癫）范畴中明显可见的这种医学的废话从何而来？在塞莱斯塔事件（l'affaire Sélestat）中，当弗德雷（Fodéré）在咨询了巡回法庭后，不得不说这位母亲是个女食人魔，他对此非常困惑。这个女人从未表现出任何我们认为是疯癫的完整征兆；其行为散乱，没有条理，仅此而已。因而，既然由于他不能认同，"他被迫认为（尽管如此）被告人被剥夺了她的理性……也不得不让法官们，（基于人的尊严），别再非难这起骇人听闻的罪行"。[1] 他补充说——这是回马枪（la flèche du Parthe）——这个悲惨的地方住满了笨蛋和傻子。虽然一时动摇了，但统治者立即在一种种族主义的话语中重新得到了权力。

正是因为这种恶行是如此强大，以至于必须有无穷无尽的

1. 参见"据斯特拉斯堡的赖塞森医生所报道的一起罕见的杀婴案例"（"Examen d'un cas extraordinaire d'infanticide, par le docteur Reisseisen de Strasbourg"），《公共卫生与法医学年鉴》（*Annales d'hygiène publique et de médecine légale*），第 8 期，1832 年。弗德雷：（Fodéré）：《关于各种疯癫的法医学论文》（*Essai médico-légal sur les diverses espèces de folie*），斯特拉斯堡，1832 年。

新杀人犯一再地提出那个相同的问题。然而，这些急进侦察兵为了一个遥远的目的，如此莽撞地在黑暗的中心身犯险地，然后发现他们是如此的孤单，以至于要通过杀人来证明，通过杀人来自我毁灭。有些典型的案例说明，基于原住民之生存状况的效应本身，他们并不想杀死那些已然被法律的权力——虚幻的权力——所制裁的人。这个原住民恐怖分子杀死了那些他原本疼爱着的无辜的孩童；他在劳役中杀死了他的兄弟们，这些持续的受害者，这些手无寸铁的人。在他们之中，通过杀死他最亲近的，杀掉他所拥有的，他也打击到了自己，一个双重打击：在一击之中，杀戮数人，杀戮数次。[1] 310

至于他那信仰坚定而盲目的父亲，只乐于蓄积土地，沉浸在一种虚幻的解放中，而皮埃尔·里维耶想要以生命为代价，去反抗被解放的话语的极端暴力。如果他没有杀死他的母亲和妹妹，如果他这样做了，他便可以做出正确的选择，这两个女人都反抗并参与了同一场复杂的解放战斗，她们从一个方

1. "……我干了这件可怕的事……杀完之后又再砍了几下"，皮埃尔·里维耶：《回忆录》，第 170 页。"[原住民] 的野蛮尤其表现为伤口的多种多样，一些伤口是在死亡之后所施加的，它们都是没必要的。尸检表明了无可争辩的事实：基于受到相同严重性的伤，凶手给人的印象是，凶手想杀很多很多次。" 弗朗兹·法农："从北非的犯罪冲动到民族解放战争"，《全世界受苦的人》，万冰译，译林出版社 2005 年版，第 221 页（译文有改动）。（Frantz Fanon，"De l'impulsivité criminelle du Nord-Africain"，in *Les Damnés de la terre*，Paris，1961，p.226.）——原注

本文作者 Jean Pierre-Peter 和 Jeanne Favret 所引用的上述弗朗兹·法农著作的引文"[原住民] 的野蛮"[La sauvagerie de l'（indigène）]，在法农的原版中为"阿尔及利亚人的野蛮"（La sauvagerie de l'Algérien）。——译注

面（她们的方面）致力于削弱正义的秩序，而皮埃尔·里维耶瞄准的则是另一个方面。在那个时代，前者的行动的不幸之处在于行动得太早了。而对后者而言，这也是一个不幸，在统治阶级维护弱者却使其失去反抗的这种针对弱者的混淆之中，正是他的苛刻，使他原本可以认出那些连贯的符号，摆脱一个暴君，设置最初的受骗者（那匹筋疲力尽的老马、百姓、他的父亲），并且独自提出一个我们无法完成的难题。

母亲，暴君

这位总是失败的农民，认为他通过杀死一位暴君，可以创建一个新的时代，无论是法官还是医生似乎都没有在皮埃尔·里维耶身上见到这一幕。他的回忆录在《公共卫生年鉴》上的出版，足以证明我们事先就被局限于其中的误解：在此，那个使
311 契约成为笑话的人是母亲，而不是君王，这使得医生能够把谋杀还原到症状的维度，把杀人犯还原为一个临床病例的抽象作用。[1]

在其回忆录的开场白中，里维耶提请大家注意：“但愿大家能够理解我想要说的东西，这便是我所要求的”，他总结道。因此，至少我们能够做的是，看看他如何为自己的谋杀辩

1. 对皮埃尔·里维耶案感兴趣的医生们判定其回忆录的第一部分缺乏临床的用处，它的标题是“从 1813 年到 1835 年我父亲所遭受之来自我母亲的痛苦和折磨的摘要”。因此，他们没有出版它。

解，看看他在颠覆了一切的不协调中，用什么方式把拿破仑的罪行与他的母亲的罪行并置起来：“这让我想起了 1815 年的波拿巴。我还对自己说，拿破仑为了满足自己虚妄的任性，让成千上万的人出生入死；所以，让这个使我父亲不得安生和幸福的女人活着是不公平的。”[1]——此外，是时候树立一个榜样了，以便颠覆“这个自称是启蒙时代的好时代”的道德，颠覆“这个似乎非常渴望服从女人的自由和荣耀的国家”的道德。[2]

因此，在这个新时代，暴君再一次出现。这一次是女人。她们所创建的法律是专制的。绝不能再这样下去了！在我的家里，这个暴君，便是我的母亲：她消解了所有契约的意义；她让我父亲失去了地位，并用债务羞辱他。[3]与此同时，她使她的儿子失足绊倒：我一直期待着她，也许是因为在她的床上有一个空位，而从一开始她就没想让我父亲前来，我父亲 312
也不知道如何占据。我憎恨她。[4]通过杀死她，我树立了一个

1. 参见边码第 164 页。——译注
2. 参见边码第 163 页。——译注
3. 皮埃尔·里维耶一直把自己的父亲描绘成一个温和、软弱和被压制的人。他的母亲不是在法官那里赢得了诉讼么；正是她在法官面前拖累了她的丈夫。儿子随即评论道：“因此，这个不幸的人被抛弃了，他屈从于她的强力（此即那个暴君母亲）”。参见上文，皮埃尔·里维耶的回忆录，第 141 页，注释 1。——原注
4. 让我们读一下由检察官抄录的幸免于难的父亲的证词：“他的母亲尤其让他（译按：皮埃尔·里维耶）难以忍受。当靠近她时，他往往表现出一种排斥和狂暴的举动。”里维耶清楚的讲到过这种情绪：有一段时间“他沉溺于伟大和不朽的念头中，肉欲的激情束缚着他，他尤其有一种乱伦恐惧，因此他不接近他家的女性亲属，如果他无法避免这种接触，他就驱邪消灾，他觉得必须搞一些使他周围的人感到震惊的仪式”。（参见边码第 156 页）

榜样，使得权利得以恢复，契约得以兑现，暴政得以推翻[1]。因此，我是在践行上帝的正义[2]，人的契约太恐怖了，因此我呼吁另一种正义，而有着禽兽外表的我，则是被选定的执行者。

动物，疯子

从那时起，人们想尽一切办法来减少他行为的影响，这并不奇怪：因为他瞄准的是社会的秩序、契约的秩序，这种行为只可能是禽兽或者疯子之所为，绝不可能是人干的。因此，那位检察官，那位各种人类规则的代表，这些规则在里维耶看来是无耻和羞愧的。他说，里维耶“孤独、不合群和残忍”，“是一个失去了同情心和社交能力的野蛮人。”他立刻把这个杀人者的相貌和一只猴子或者灵长类的长相等同了起来：“他身材
313 不高，前额狭窄而又扁平，眉毛浓黑，相互交错，呈弓状。他的头总是不断地点地，目光歪斜，好像害怕与别人的目光交汇，或是害怕自己的想法流露出来。他走路不稳，一颠一跳，

1. 我认为我的父亲陷入了疯狗和野蛮人之手，我必须拿起武器反抗他们。以前，人们看到雅亿（Jael）反抗西西拉（Sisara），朱迪特（Judith）反抗霍洛费内斯（Holphernes），夏绿蒂·科黛（Charlotte Corday）反抗马拉（Marat）；而现如今，该男人们去使用这种疯狂了（即，杀死女人并夺取权力）。——原注
2. 对我而言，上帝让我这么做，我在践行祂的正义。我知道关于人和治理的各种规则，但是我认为我比其他人都更明智，我认为他们是无耻和羞愧的。——原注

与其说是走路，不如说是蹦蹦跳跳。”皮埃尔·里维耶，极端—粗野，所以极端—禽兽。或许他只能如此出现，因为他知道自己的隐秘思想是多么危险，也因为当他寻思这种思想会把他定位到哪个序列（超人还是动物）之中时，他往往摇摆不定。

因此，他便用“一些从一开始就干的愚蠢行为”来解释他的孤独，这使他永远不被信任。[1] 毫无疑问，他知道“这些愚蠢行为”中的某些内容仅仅是一些乱伦念头，在脑海中挥之不去，以致他变得沉默寡言，以致他担心与别人的目光交接，以致他坦然接受别人对他的动物性或野蛮性的裁断：“此外，他曾问他的父亲，人类是否不可能在森林里靠吃草和根茎维生。”[2] 远离欲望的对象，远离女人的暴政，远离懦弱的父亲。为了达到这个目标，他将犯下三重谋杀，还不能自杀，就像他所计划的：因为在这个由女性法则所支配的世界中，身为男人只允许昙花一现：杀人然后死去，在电光火石之间极尽其所能。既然无法达成此目标，他决定暂时变成动物：“既然错事已无可挽回，我决定顺从我的状态，我决定以花草和根茎维持生命，直到那件事不期而至。”[3] 杀人，然后偷生并苟活，这是 314
生之为人的对立面。还是要试着返回大自然。

1. 参见边码第 154 页。——译注
2. 参见边码第 36 页。——译注
3. 强调部分是我们添加的。——原注
参见边码第 173 页。——译注

但是，他并没有像鲁滨逊（Robinson）一样生活在那里，鲁滨逊被他父亲的话彻底鼓舞，干活、开荒、不断地改造自然，积累物资，以备重新融入社会，并且必然能够达到。与之相反，里维耶的父亲对他所说的关于其前途的话语（你将成为牧师）是毫无用处的；就像他希望他的妻子尊重结婚契约一样毫无用处。这就是为何他儿子不可能幸存苟活。他拒绝进入自然之中，但又不知道该怎么做：既不依靠自然，又不开发利用。他禁绝了对自然的享受，小农的所有知识对他来说毫无用武之地。他一直流浪着，就像一个没有文化的人，就像一个丧失本能的动物，也就是说，他就像一个不存在的人，准确地说：一个神话中的人，一个怪物般的人，对他的定义是不可能的，因为他不属于任何一个能够表述的种类。

毫无疑问，这就是为什么他会在村里露面，他试图以此引起人们的注意，以便终结这种疯狂的状况；但是农民们既没有认出来，也没有去检举他。因为，人们所寻找的，是"那个欧奈镇的人"，三重谋杀的嫌疑犯。然而，人们所看到的就不是一个字面意义上的人：既不是人，也不是禽兽；是幽灵？那么是什么的幽灵？

于是，他决定重新融入社会，不过是在疯子的面具之
315 下。[1] 最终，当他被抓获的时候，他声称他来自五湖四海（de

1. 因此，他表现出的征兆就越来越多，他在沟渠里睡觉，躺在公共广场，怪异地回应别人的发问。但是，当人们见到他拿着一件由他本人制作的古代兵器的时候，他们只能认为他是真的疯了。参见下面米歇尔·福柯的文章。——原注

partout），要前往上帝命令他去的地方。我们看到，当里维耶仍在试图说出他以后便坚守在此的不可能性，如同勇敢地坚守在战斗的阵地上，在这个时候，他那伪装的疯癫保留了多少严酷，他的面具就透露出多少真相。

然而，那些把其谋杀所揭露的不可能性——即合同的虚假规则——视为可能的人中的每一个人，都参与了这场标签游戏。尤其是他周围的人，迅速地宣称他是疯子。他们说，他的沉默寡言，他的野蛮举止一直都让他们感到恐惧；这些被医生和法官们称为禽兽的村民们，一直把里维耶视为一个超级—禽兽：禽兽里维耶；无论这是不是一种原初缺陷对这个小孩的影响，人们都已经把他驱逐出社会，已经把他限制在一种荒诞的动物性之中。然而，仿佛这还不够，如果是一个这种类型的人——人们说他或疯或傻——那么仿佛两次驱逐总要好过一次；因为，当他在社会中时，他沉默不语；当他独自一人时，才开口说话。尤其是，当人们问起他这些怪异行为的原因，他笑个没完没了，那是一种令人恐怖的笑。在他被捕之后，他的同伴说他的笑是其病态症状的无法容忍的伴生现象。在这些人中，只有神甫将大事化小，他说："毫无疑问，如果没有他所犯下的凶杀案，我们不会这么考虑。"这些对周围孩童和动物的残忍，这些对卷心菜和假想敌的模拟战斗，这个年轻农民不记得他从中获得了什么快感了吗？然而，皮埃尔·里维耶，如果他杀了人，那么他过去的所有游戏就都成了疯癫的征兆。对他而言，认为自己从一开始就被荒诞的影响所困扰，当每次笑声出

现时，他只注意到——很经常地注意到！——别人的笑声。在
316 此对他们而言，不可容忍的是：他用自己的嘲笑倍增了禁锢着自己的别人的篱笆。就像一个放声大笑的女巫，被一圈熊熊烈火所包围。[1]

死亡，词语

里维耶被囚禁，被质询其行为的动机，面对跟他对话的人，他不再报以他那种让人无法忍受的笑：他回应，但是话很少而且很平静。当我们让他回去，“他立即拿起羽毛笔，继续写他的回忆录，好像他没有被打扰一样。”[2] 从谋杀到文本，这条线索是连续的。但是，有那么一瞬间，这条线索是断裂的：即当他逃进森林里投掷他的武器之时，他突然意识，荒诞的事情都制造了出来，上面所提到的都降临到了他身上，在这个漫长故事的结尾之处，只有他能讲述其进展和严密的推理。于是，这个对俄瑞斯忒斯（Oreste）一无所知的人写道：“深渊，您在我脚下裂开！大地，您把我吞没！”[3] 最终的窒息，立即到来了。

1. 米什莱：《女巫》。——原注
参见米什莱：《女巫》，电子工业出版社 2014 年版。——译注
2. 参见边码第 188 页。——译注
3. 参见边码第 11 页、第 213 页。俄瑞斯忒斯，又译俄瑞斯忒亚（Ὀρέστεια，Orestie）。是希腊神话中阿伽门农（Agamemnon）之子。阿伽门农被妻子克吕泰涅斯特拉（Clytemnestre）谋杀后，他为父报仇，杀死亲生母亲。——译注

然而，他还得勉强地继续生活，他那些“荣耀的观念”还得继续。他逃往他的法官那里以便藐视他们，通过死亡而使自己不朽，从而也给他文本中的话语增加了分量。[1]

他起先想着撰写一部记录其行为和动机的回忆录，然后进行三起凶杀，接着寄出他写的东西，随后自杀。数周之后，他又修改了自己的计划：先撰写回忆录，然后穿上礼拜日的正装去杀人，以此挑衅法官的黑色长袍（在每一部法律中都有其徽 317
章和饰物），然后因其主张而判刑死去。但是，每一次当他专心于撰写之时，他就被干扰或者睡着了；每一次当他穿上礼拜日的正装之时，那些被害人就分散开来。最后，他决定在脑海中构思他的回忆录，并不再穿正装去杀人：在杀死他的暴君母亲和处决他自己之间的间歇期里，总是有时间去写并去藐视的。

无论如何，杀人或者死亡是同一个勋章的两面：杀人犯的死亡，即在单人牢房的无人看管之中，皮埃尔·里维耶不得不给予自己的孤独且苍白的死亡，用尽了那些听到他呼声的人们的所有的救助和机会，他向他们呼吁要求光明正大杀死自己，不要让他在牢房里就这么腐烂；他那无法救赎的死亡，只能作为他在回忆录中所撰写的并用一种确定的真理所填充的那些东西的一个必然结果，“我只能追随他们而去”，他对受害者们说，“因此，我期待着我应得的痛苦，也期待着将要结束我的

1. 在谋杀之前，他计划撰写一个回忆录，并在其结尾处写下“我行凶的理由，以及我为追求正义、藐视正义、为了使我不朽……所做的事情。”——原注
参见边码第 162 页。——译注

怨恨的那一天。”[1] 新生的精神医学曾试图从里维耶那里偷走他的死亡。通过对他的赦免，人们不再去倾听他；大家声称，总的来说，这些当地人说的话都没有什么分量，甚至都没有极端可怕的结果：这些罪犯只是些玩玩死亡游戏的问题少年，就像在玩文字游戏一样。他们表现出的怨恨没有存在的理由，这是他们想象力的产物。

确切地说，自杀挫败了这些家长制式的推理。当没有人能把死亡加之于皮埃尔·里维耶的时候，他甘愿自杀，他的死亡迫使读者把他的全部重心都放在这个文本上，该文本给出了证据，证明里维耶既不是一个疯子，也不是一个野蛮人。虽然这
318 个人“文笔非常粗糙”[2]，还没有掌握拼写规则和标点规则[3]，但

1. 参见边码第 184 页。——译注
2. 参见边码第 89 页。——译注
3. 他们执意要在 1835 年出版他的回忆录，还保留与手稿相同的那些形式，包括其拼读的模棱两可、其标点符号，其在大写字母使用中的游移不定——想一想何以他们非要如此，这并非全无裨益。见到过从 18 世纪末或 19 世纪初的手稿的历史学家，尤其是那些医生，受过教育的人，都知道他们的拼写常常是非常个人化的。因为毕竟，规范的小学教员和共和国的小学教员，都还没有来规范所有的书写。但是，从那时开始，印刷厂的工人已经开始使用标准规范了。但他们发现重新发现这些手稿时，它们已经重排重印过，根据统一标准：包括拼写、标点符号和大写字母的使用。为什么没有使用与皮埃尔·里维耶的手稿相同的样式呢？难道是必须就这样来表现他恰好是一个农民，表现他那模仿说话和涂鸦的滑稽行为，而他却不属于那个读写的领域？至少从症状上来说，我们当时所拥有的版本转写得非常糟糕，以至于我们不停地把与那个荒唐的原稿对比之后的错误和不连贯都归之于皮埃尔·里维耶。我们不能过于把这种荒谬归罪于这个农民：这就是为什么抄写工或印刷工不停地给他编造着另一个文本。他们把逗号和句号搞得乱七八糟（然而在原稿中是清晰可辨的），以至于句子都混到了一起，真的搞出来一个“疯癫”（insensé）的文本。因此，对我们而言这是个问题：通过尊重该文（转下页）

是他找到一种语调、一种节奏和一种——平静的——呼吸，用它们来讨论窒息。通过这么做，它表达了其主要功能，即对所有的主流意识形态釜底抽薪，即便它是人道主义。通过其内容及其韵律，通过其拐弯抹角（oblicité），他粉碎了那些形象，即一直以来每个人都试图抓住皮埃尔·里维耶，而有时候他也甘愿被抓。这个文本，由一个在社会边缘苟活之人所讲述——但是我们真不知道是否他刻意于此，或是他被迫相关——，似乎是在他所热衷创造的“全新的器具”[1]中最成功的一个，它如 319
同一个强劲的器具，能够最终把他带离边缘地带，并且向每一个人——包括法官在内——提出这个我们一直回避的核心问题：哪里才会有一种超越这种法律的法律？

在有这种法律的地方，任何人进入都要受到惩罚。如果有人正视上帝的面孔，他会粉身碎骨。

而面对他那谁都无法抚平的破碎生活，我们又能如何？

我们会不停地给它添加更多文字，以免被这些文本那炽热的地狱烈火所吞没和炙烤。

（接上页）本自生的准确性，来获知我们是否会持续地被禁锢在这个文本的另一个状态之中？或者如果必须接受一个正确的文本，就像档案的其他文件一样——那么，这是否意味着可以接受一个修订版本？我们得出结论（但我们可能会犯错），对于这个文本而言，时间赋予它一种最高权力，这使它能够在其固有的形式中显现自身，此后不再有任何偏见。——原注

1. 当他从女孩子那里感到被奚落，他就计划报仇雪恨，通过写一些东西来对抗他的那些嘲讽者，同时也通过制造一些全新的器具使自己出类拔萃：一把用来打鸟的“卡力倍”（calibene），一个自动黄油机（也就是说，“不再需要女人去操作”），一个自动行进的车等等。——原注
参见边码第 157 页。——译注

二　众人讲述中的谋杀案

米歇尔·福柯（Michel Foucault）

在150年后，皮埃尔·里维耶的回忆录重新回到我们身边，宛如一个完全陌生的文本。时至今日，仅仅凭它的美，就足以是它今天存在的理由。我们不禁感到，需要一个半世纪的知识积累和转化，才能使我们最终与其说理解它，不如说是读懂它；即便如此，我们也读得不太懂，而且掌握的内容也很少。而在1830年代的初审和诉讼的过程之中，那些必须在其中找到确定疯癫或者死亡之理由的医生、法官和陪审团成员怎么能够接受它呢？

然而，迎接它的是一种确确实实的安静。无疑就在最近这段时间，它才激起了惊奇：这个在村里被认为是属于白痴之类（sorte d'idiot）的人，竟能写东西并能推理；这个被报纸视为一个疯子（furieux），一个狂怒之人（forcené），居然写了50页的说明材料。在接下来的一个月，该文本导致了专家之间的论战，激起了陪审团的犹豫不决，支持了肖沃在重罪法庭上的

辩护词，促成了在埃斯奎诺尔、马克和奥菲拉担保下的赦免请愿，给正在就单狂症进行长篇论战的《公共卫生年鉴》中的一
322 篇论文提供了素材。这是一个充满好奇心和大量不确定性的运动。

然而总的来说，它落入了案件卷宗的其他文件中，没有引起太多的注意。每个人似乎都想到，里维耶不只是澄清和解释了他的罪行，而是亲手犯下了罪行。负责初审的法官注意到回忆录是基于罪行而产生的，他建议里维耶将其白字黑字地写下来，权且算作对他所犯罪行的了结。该文本在法庭上作为上述判决的附录，它已经成为一个诉讼的文件。对于当时的人来说，对犯罪的记述并不是外在于和高于犯罪的，它不是一个使我们能够知道其犯罪原因的东西；它仅仅是里维耶理性或者非理性行事的一个要素。有些人说：疯癫的相同征兆，在谋杀的事实中，也在讲述的细节中；另一些人说：神志清醒的相同证据，在其准备过程中、在其杀人的诸状况中，也在其写下的事实中。简言之，杀人的事实和写作的事实，所犯下的罪行和所讲述的东西，作为同一本质中的两个要素相互交织在一起。

因此，那个时代的人似乎已经接受了里维耶自己的游戏：杀人和对杀人的叙述是共存的。所有人都可以思考一下，在疯癫的征兆或神志清醒的证据之间，是否一个能够代替另一个；没有人似乎真的惊诧于一个刚会阅读和写作的卑贱的诺曼底农民，能够通过这样的叙述使罪行加倍；这三起谋杀想必是与谋杀的话语交织在一起的；他杀死了一半的家庭成员，这才想到

要撰写一个文本，它既不是忏悔，也不是辩护，而倒不如说是罪行的构成要素。总而言之，里维耶本来就是“auteur”[1]，以两种不同的方式，但只有唯一一次行动。 323

文本与谋杀

事实上，在里维耶的行为举止中，回忆录和杀人不是根据一个简单的编年史序列排列的：犯罪，然后叙述。文本与行凶无关；但是，从前者到后者，却完全是一个关联的结构：在不断改变的关联中，它们彼此相互支撑、相互借鉴。

如果我们相信里维耶的文本，根据第一个方案，回忆录必须围绕谋杀展开。其实，皮埃尔·里维耶想这样开始撰写回忆录：在开头部分先是对罪行的宣布；接着是解释父亲和母亲的生活；最后是行凶的理由。于是，撰写的完成，也就是谋杀的开始；而在邮局寄出手稿后，里维耶最终将会自杀。

第二个方案：杀人不再与文本交织在一起；文本不是中心，它被置于外部，被置于终点，同时又在文本的结尾处搜寻，好像最终是由文本产生的一样。里维耶计划在所有人都能阅读的回忆录中讲述他双亲的生活；然后撰写一个秘密的文

1. 法语 auteur 一词本意为始作者，可以引申出凶手和作者两种意思。此处，福柯同时使用了该词的两个含义，并以两个含义之间的张力构成了贯穿该篇论文的主旨。——译注

本，讲述谋杀的到来，他将其称为结束和开始的理由；因此，他就行凶了。

因为一次阻止他写作的“致命的”睡眠，使他差不多忘记了他的回忆录，他做出了最后决定：杀人，然后自首，然后发表他的声明，然后死去。他最终施行的正是这个决定。但是，除了没有写作之外，他流浪了整整一个月，然后被捉拿归案，
324 在做出捏造的声明之后，初审法官要求他写下真实故事。但是，虽然他是在杀人之后的很长时间才开始写的，他强调说他的回忆录已预先在他的头脑中全部写好了，他已经深思熟虑了其中使用的大部分话语；这就是为什么，谋杀刚一结束，凶手对受害者所说的那些恶毒和无用的话语就已然出现在他头脑中了。回忆录预先存放在记忆之中。

在转变的整个过程中，文本和谋杀是相对于对方而相互移动；更确切地说，它们是相互朝向对方运动。最初应该出现在回忆录开头部分的关于谋杀的叙述，消失不见了；它必须被这个后面也不再会谈论谋杀的文本隐藏起来，但它会成为该文本的秘密遗嘱；最终，对谋杀的宣布不仅被置于回忆录的结尾，而且也被置于杀人行为之后。经过这样一个逆向的运动，谋杀逐渐地摆脱了回忆录的约束：原计划是写完并寄出之后再动手行凶，但谋杀却解放了自我，最终单独并且首先出现，它被一个决断所触发，该决断没有被写出来，但却逐字逐句的规定了对谋杀的叙述。

文本和行为的连续位置，实际上只是一种“杀人—叙述”

装置的生产和运动的各个阶段。谋杀看上去有点像一个投射的弓箭，它首先隐藏在一种话语的机器中，在由谋杀触发这个机器的发射运动中，这个话语机器会后坐并不再有用。让我们把这种机器称为“卡力倍”（calibene），或者“弩弓”（albalètre）吧，这些都是机器的名字，同时也是里维耶所发明的器具，是生造出来的名字，这些机器发射弓箭，是用来射云、打鸟的武器，这个想象的名字会带来死亡，他把动物钉在树上。325

武器—话语的对等关系在凶手犯罪之后的逃亡中表现得非常清楚。事实上，在谋杀完成之时，里维耶没有发表他所承诺的宣言。他逃走了，但是他没有真的隐藏起来，而是一直处在森林和村庄的边界之处；在一个月的时间里，他变成不可见的了，这不是他耍花招的结果，而似乎是因为是一个他弑亲者的特殊属性，或者因为所有碰到他的人都系统性失明了。在这期间，他决定造一把弩弓：“它很能派上用场……在我要扮演的角色上”；他随身携带着的正是弩弓，它是徽章，是自白书，是致命的武器，是疯子的癖好；最终，一个默契的陌生人，正是通过弩弓认出了他：“啊，你看，那儿有个家伙拿了一把弩弓”。弩弓作为一个无声的宣言，取代了那种肮脏的话语，那种话语由犯罪所激起并通过讲述它而试图把荣耀归于里维耶。

如果弩弓能扮演这个角色，这或许是里维耶的游戏，他的想象，他的剧场，这些他称之为他的念头和他的想法的东西，某一天（不就是有一个女孩亲吻他嘴唇的那天？）会变成话语—武器，变成诗歌—痛骂，变成语言—弹道的发明，变成

“埃纽法拉”（enuepharer）的机器，变成了他生造名字并埋在土里的死亡机器，变成这些发射物式的词语，它们以后将不断地从他口中和手中发射出来。

历史的与日常的

传单和杀人犯，至少是以这种形式，里维耶的讲述被归入一系列叙述之下，这些叙述在那个时期形成了一种流行的犯罪回忆录。这些叙述在当时形成了一种对犯罪的民间记忆。“对
326 6月3日在福克特耶村的突发事件的细节和解释”，似乎回应了当时由小道消息和传单得来的其他讲述：“这起不幸的事件传到了巴黎的皇宫，关于一桩双重自杀的细节，关于一桩因为嫉妒而对波兰女性行凶的恐怖罪行，关于一桩恶劣罪行的真实细节，它发生在首府附近的一个美丽而偏僻的小地方；关于刚刚发现的两个在圣日耳曼昂莱（Saint-Germain-en-Laye）的人的好奇而详尽的细节，他们从苦役犯监狱给逃跑了。”[1]

我们必须注意一下这些词语，它们在小道消息的题目非常频繁地出现：细节、具体情况、解释、事件。实际上，就报刊和书籍对于相同事件的重要性而言，它们很好地设计了这种话语的功能：它们改变了规模，放大了比例，显露出故事的细枝

1. 参见让—皮埃尔·塞冈：《过去一个世纪的小道消息》，巴黎，1969年版（CF. J.-P. Seguin，*Canards du siècle passé*，Paris，1969）。

末节，使日常生活得以切入讲述之中。为了导致这种改变，我们一方面必须进入到叙述的要素、人物、姓名、动作、对话和目标之中，它们通常在叙述中没有地位，因为它们不崇高或者缺少社交的重要性；另一方面所有微不足道的事件——虽然很频繁并且乏味——却显现为特异、好奇、非凡、独特或者几乎为人们所牢记。

正是这种叙述，能够在亲朋好友和杰出人物之间，在日常生活和历史纪事之间，起到交换作用。在这次交换中，进行了三种基本操作：人们亲眼所见的东西；他们从口到耳所讲述的
东西；局限在一个村子或地区中传播的所有故事，它们通过某 327
种特别的形式，变得可以被所有人讲述，可以被广泛传抄。这些东西最终成了印刷的文本：书写的段落。与此同时，叙述改变了它的状态：它不再是不确定的道听途说，从一个传播源转到另一个传播源；它成了固定下来的新闻，一劳永逸地包括所有的规范化细节：我们正是从上述内容中获得它的，听到的传言已然变成了公告。最后，村庄和街道就在从其自身而不受外界干扰地制造着历史；而反过来，历史在它的瞬间经过中也标示出了日期、地点和人物。不需要国王和权贵就能够记住它们。所有的故事都在讲述一个没有主子、狂热而自主之人民的历史，都在讲述一个在权力之下却挺而对抗法律的历史。

于是，在好奇的新闻、非凡的事实和历史的大人物或大事件之间，传单建立起了相邻、相反和可逆的关系。事实上，小道消息不仅讲述当下的犯罪，还讲述已经逝去的时代：帝国的

战争、大革命或旺代战争、1814年战争中的伟大岁月，近于谋杀的对阿尔及利亚的征服；拿破仑或者拉·罗彻杰奎拉与土匪或者司机并置在一起，爱国军官与海难中的食人者并置在一起。

从表面上看，这两类故事完全相反，犯罪对荣耀，非法对爱国，断头台对不朽者。从法律的另一个方面看，战争的回忆对应着谋杀的可耻名声。但是事实上，这两者太过于接近，总
328 是相互交织在一起。总之，战争把历史的印记铭刻在无名的割喉杀戮之上；而叙述从简单的街头冲突就能构成历史的片断。从一者到另一者，边界不断地被越过。而它被穿越，也只是为了一件特殊事件：杀人。杀人是历史和犯罪之间穿越的交汇点。正是杀人使战士不朽（他们杀人，他们让别人杀人，他们也接受死亡的风险）；正是杀人使得罪犯声名狼藉（他们通过流血，接受断头台的风险）。谋杀建立起了合法与非法的模糊性。

毫无疑问，从民间记忆的事实来看——就像它在新闻传单或纪念传单的流传中编织起来的那样——杀人尤其是重大事件。通过杀人行为，权力和人民的关系就被置于一个完全不加掩饰的形式之中：命令杀人、禁止杀人；被杀、被处决；自愿牺牲、课税的惩罚；回忆、遗忘。杀人游荡在法律的边缘，在法律之内或者法律之外，在法律之上或者法律之下；杀人就处在权力的周围，时而反对它，时而支持它。对杀人的叙述则被置于这个危险区域中，而叙述正是要利用该区域的可逆性：必

须把禁止与屈从、匿名与伟大沟通起来；通过这种沟通，耻辱能够达及永恒。

终有一天，我们必须分析这些对犯罪的叙述，并指出它们在民间知识中的地位。就像我们在19世纪发现的那样，他们已经不再肯定非法的英雄人物，比如曼德林（Mandrin）和卡图什（Cartouche）[1]。它们也不再是一种民间流行的真实表达。在19世纪流传的所有传单都非常因循守旧，非常的劝善说教。 329

它们都成了道德教训。它们小心翼翼地在士兵的光荣行为和杀人犯的可耻行为之间做出区分。从某种意义上说，它们是在阐释法典，传达暗含在其中的政治训诫。然而，正是通过它们的存在，这些叙述赞扬了杀人的两个面向；他们的普遍成功表明了一种求知欲和告知欲，即人们如何能够起而反抗权力、僭越法律，以死亡直面死亡。

这些活页的模棱两可的存在，掩盖了在大革命和帝国战争之后，围绕着两种权利进行的地下斗争的过程，这两种权利，乍一看似乎并不算异质：即杀人的权利和被杀的权利；说话的权利和叙述的权利。

正是在这场地下斗争中，里维耶记录下他的杀人—叙述；

1. 曼德林（Louis Mandrin，1725年—1755年）是一个法国旧制度时期著名的强盗和走私犯，经常骑马抢劫，号称法国的“罗宾汉”。卡图什，本名路易·多米尼克·加特豪森（Louis Dominique Garthausen，1693年—1721年），是法国摄政时期巴黎附近的一个土匪集团的头目。——译注正是据此，里维耶把这种叙述与牺牲的和光荣的杀人故事勾连起来，或者毋宁说，正是据此，他亲自执行了一场历史上的谋杀。

被传唱的犯罪

在19世纪初期，小道消息一般由两部分构成。一部分是一个匿名的声音对事件的“客观”讲述，另一部分是对罪犯的“悲歌”。在这些古怪的诗歌中，犯罪分子假装开口讲话，回忆起他的所作所为；他迅速回顾了自己的一生，汲取了冒险的教训，表达了他的悔意，在死亡时唤起对自己的恐惧和怜悯。在1811年间，有一位19岁的女弑亲犯人在默伦（Melun）[1]的公
330 共广场被砍掉了脑袋，斩断了双手。长期以来，这个故事就被许多小道消息所讲述和改编；在1836年，其中的一个版本唱的是这位女死囚犯的悲歌，它的开头是这样的：

你们颤抖吧，我看到，敏感的心，
而我的面目使人憎恶，
是的，我的罪孽，我的罪行骇人听闻
而我应该受到老天的责罚。

1. 默伦（Melun）是法国法兰西岛大区的一个镇，也是塞纳—马恩省的省会，它位于巴黎的东南部郊区，距离巴黎市中心约40公里。——译注

你们放心吧，我已经准备好受刑。

这首悲歌表现出一系列的显著特征。首先是第一人称的使用，包括韵律以及有时会出现的旋律。犯罪被传唱；它注定会口口相传；每个人都能唱这首歌，就像在一种歌词的虚构中歌唱自己的罪行（例如，对默伦的女杀手的悲歌，在“忠犬”的歌曲中被传唱）。罪犯向大家坦白他的罪过；他丝毫不避讳他有罪；反倒是大肆宣扬它；他召唤着对他应有的惩罚；他给自己重新建立了一套法律，并只接受它的结果（他们判我接受死亡：// 我的手被斩断，我的头被砍掉 // 所有的大恶人都吓破了胆）。因此，罪犯毫不遮掩地坦白招供了，他用一种在自己内心中激起的恐惧装扮自己，然而他完全接受这种恐惧；他对自己的残忍兽性没有丝毫的忏悔（让我们认一认这个可恶的姑娘。// 是的，这正是我，这正是马格德兰・阿贝尔 // 这个恐怖、残忍、可恶的禽兽）。最后，在最接近惩罚的那一刻，罪犯开口发言：在死亡的那一瞬间，在进苦役监狱的时候，他大声疾呼，召唤将使他消逝的正义为他祝福；歌曲处在两种死亡之间——谋杀与处决（终于，我听到最后时刻的钟声 // 唉！我 331
的头颅给了刽子手 // 而我的灵魂将来到上帝面前）。

这就标示出一个既是话语主体又是谋杀主体的主体位置，当然这个位置是虚构的。这个位置不是（司法意义上的）坦白的位置，也不是辩护或者辩白的位置；它也不是我们申请特赦或者和解的起点。话语的主体显然包藏着他的谋杀，把自己隔绝在里面，他召唤法律，求助于回忆和诅咒。我们在此拥有谋杀主体的抒情立场，这个立场是由负责编写传单的人从外部所规定的。

事实上，皮埃尔·里维耶填补了这首虚构的抒情诗。他是借助于真实的杀人来填补的，他已提前计划讲述这起谋杀，并根据法官的要求，准确地把它讲述了出来。他把自己的行动和话语置于一个被规定好的地方，即在话语的一种特定类型中，涉及知识的一个特定领域。他在文本中唤起的所有历史记忆，都不是基于事实的美化或辩解。从他在学校学习的《圣经》历史，直到传单和小道消息所告知或追念的最近发生的事件，这些都是如下知识的领域，这种知识投身于其谋杀—叙述之中，反过来谋杀—叙述也介入到这种知识之中。这个历史领域，与其说是关于这个“杀人—回忆”的标记或者解释性内容，不如说是其可能性的条件。

皮埃尔·里维耶是双重意义上的回忆主体：一方面，他是那个冷酷地回忆起所有一切的主体；另一方面，他是这样的主体，其回忆唤回了恐怖的犯罪和光荣的犯罪，还有其他的犯罪。叙述—杀人的机制必须建立起来，它既是投掷物，又是
332 靶心；根据这种机制的运动，里维耶在真实的谋杀中展开行动；这就把他置于被判处死刑的境地。最终，他是双重意义上的“作者”(auteur)：即罪行的作者和文本的作者。对此，回忆录的标题说得很清楚：此次行为的始作者（auteur de cette action）皮埃尔·里维耶所做的关于6月3日在福克特耶村之

突发事件的详情与解释。

毫无疑问，在某种话语实践和与之相关的知识的层面上，里维耶完成了自己的犯罪。在其弑亲和其文本所构成的错综复杂的统一体中，他真的在玩一种法律的游戏，谋杀和回忆在这期间支配了“对犯罪的叙述”的全部内容。这个游戏不合理吗？基于他所玩的这个既在文本又在行动中的亲密游戏的事实，以及他是双重作者并且构成了双重主体的事实，陪审团的大多数成员似乎都判定他为残暴而非荒诞。

一种另类游戏

然而在那里，在惩罚的体制中，里维耶的谋杀—话语面临着一个完全另类的游戏。说话主体在那里不仅身份不同，而且话语也不构成同一类型的事件，也没有产生相同的效果。里维耶被指控：因此这就涉及去确定是否他正好是犯罪的凶手（auteur）的问题。在重罪法庭上，他被告知，在1832年之后犯人享有按照可减轻罪行的情节给予减刑的权利：因而这是一个根据他的所作所为、他的所说、他生活的方式、他所接受的教育等等，形成一个对他自己的评判的问题。最终，他成为一个医学检查的对象：成了一个研究他的行为和他的话语是否与
疾病分类表的标准相符合的问题。简而言之，我们向他的行 333
动—文本提出了关于真理的三重问题：事实的真理、评判的真

理和科学的真理。对于完全卷入到大众知识之规则中的这种话语行为和这种在行为中的话语而言，我们所研究的乃是一种在别处产生且由别人管理的知识的各种问题。

不过，里维耶的弑亲换来了他汲汲以求的荣耀。至少是很小的代价。就像同时代的很多其他的犯罪一样，他也在传单上被传颂[1]。它根据惯例被传唱和修改，混合了原属于其他犯罪的元素，或者构成了在这种叙述体裁中的必要段落。人们甚至给予里维耶他所期望的死，这是由法律所判定的，但却不应该属于他，也许只是因为他为了更好地预备他那光荣的死，而写下了那份为他免除恶名的回忆录。但是一份报纸告诉我们，还在监禁之时，皮埃尔·里维耶就认为自己早已经死了。

1. 感谢柯瓦塞女士，我们在国家图书馆的未编目材料中找到了一个样本，它转载于本书第 274—275 页。

三　从轻情节[1]

帕特利西亚·穆兰（Patricia Moulin）

“在1835年的6月，一个生于诚实家庭的年轻人，冷血并蓄意地杀害了他怀孕六个月的母亲、他的妹妹和他的弟弟。陪审团已经作出有罪判决，但对处决他抱有极大遗憾。因为尽管他们发现他有足够的辨别力，可以对他的行为负责，但他们认为，他从未完全拥有的理智，可能会受到他所处环境的强烈影响。最终，他们致信给国王，请求减刑。”[2]

这几句前后矛盾的话，概括了1835年11月11日卡尔瓦多重罪法庭在判处皮埃尔·里维耶时，对从轻情节的使用所出现的令人困惑的麻烦。在他被判决的前三年，经过长期的发展，于1832年通过了一项法律，把从轻情节的可能性推广到

1. 从轻情节（les circonstances atténuantes），指可以减轻处罚的情节，可使刑事案件中罪责或处罚减轻或民事案件的过错减轻的情节。日文版译为“情状酌量”，即英美法系统的“减轻情节”（extenuating circumstances）。参见《元照英美法词典》，北京大学出版社2013年版，第519页。——译注
2.《公共卫生年鉴》，1836年。

适用于所有的犯罪行为。

因而，在1835年，有以下两种可能性之情况下，可以修
336 改刑罚。可以向国王请求赦免，也就是说，请求国王对宣布的最终判决进行修改。第二种解决方案是由陪审团对犯罪状况进行再次查验，从而给予从轻情节；但是同时也承认，犯罪之外的情况限制了被告的过失，因而允许减少刑罚。

在旧制度下的由法官随意确定刑罚的情况，在大革命时期被一种由立法者所编纂的刑法典原则所取代。1811年的《刑法典》开始制定从最小到最大的刑罚范围，同时也在第463条中引入了从轻处罚情节，把它们预留给某些轻罪。最后，在1824年制定的法律之后，它们把从轻情节推广到某些预先限定的犯罪，并让法院加以判断，1832年的法律把从轻情节加以规章化，规定了对意外情况的禁止。由法院来认定从轻情节。

一个三重冲突

导致从轻情节自由化的这次发展，应该能够使皮埃尔·里维耶受益，它实际上源自他内心中的三重冲突：在权力和一般共识之间的冲突，对镇压性权力之占有的冲突，在科学知识和司法权力之间的冲突。

在镇压性权力和民众的共识之间的冲突，往往源自法律的

太过于压制的特点。这其实就导致了对轻罪犯人和很多不正当的无罪释放者的同情之心，无论是因为缺乏从轻情节，还是因为害怕法院在 1824 年法律的规定下拒绝从轻情节。因此，问题在于如何确保镇压。为此，可以想到的方法有两种：减少刑罚或者降低他的最小刑期。从轻情节接受了第二种解决方案。它实际上回应了一个双重的关注，维持镇压性的武器库，虽不使用但是准备着要使用，同时使法律适应舆论的状态。在两次革命之后，舆论已不再能完全被认为是可以忽略的。从轻情节允许基于良心的详细评判和法律的一般评判的纠正。在第一层次，从轻情节把刑罚个人化，并且通过给予每一个囚犯更少被惩罚的希望来减少对法律的违抗；尤其是，通过一种系统性的使用，从轻情节使法律的现代化成为可能，使适应法律成为可能。因而，从轻情节的首要作用是为了减少在民意和法律之间可能出现的重大矛盾，况且它是由陪审团做出，而非由国家管辖下的法官来决定。因而，从轻情节掩盖了对权力本身的所有质疑。 337

第二个冲突围绕着对镇压性权力的支配。这个问题能够在行政机构和立法机构的关系的层面上进行研究，然而这涉及有关一般政策的问题，与从轻情节并没有直接影响。从轻情节主要涉及一般的政治权力和拥有镇压性权力的司法权力之间的关系。大革命把刑罚与法律完全关联了起来；事实上，这涉及在镇压性权力的执行中对旧制度的自由裁量权的废除。在 1832 338
年，从轻情节似乎又回到了法官的自由裁量权，因为从轻情节允许修改那些法律所预先判定的处罚。实际上，根据1832年的法律，其认可了一种将在此后保持不变的势均力敌。法律的创制，对可惩罚事实的确定，目前都以一种不可逆的方式隶属于立法者。法官使一般框架适应舆论共识，并且在法律之内找到了一种自由度。法官也使一般框架适应各种事实。在轻罪之外，法官还考虑了轻罪犯人的全部行为，考虑了他们对一般环境的适应性。

正是通过这种方法，使得一种得到充分发展的知识能进入到司法中，此即精神病学的知识。第64条通过免除精神错乱者的责任，已经成为这种冲突的标志。疯子犯人会对社会秩序造成与所有其他犯人同样多，甚至更多的危害，应该要被判刑；不过，他的疯癫性质会优先于他的犯罪性质被考虑。事实是具有优先权的，在轻罪犯人超越其罪行的情况下，允许由任何一个针对事实的专家来确定责任，也允许任何一名法官来确定责任。它促成了精神病学的更进一步的介入，进而促成了有限责任理论的发展，它把疯癫的所有细微差别引入到了司法责任中。事实上，从轻情节的存在，允许精神病学之外的所有社会科学和人文科学（心理学、社会学、遗传学、……）进入到司法领域。从轻情节能够被代表舆论共识的陪审团所决定，也能被法官所决定。于是，它削弱了司法机构的特殊性质，并且也削弱了法官的权力，因为法官们看到很多专家进入到他们的
339 领域中来了。

从“不决断”到“自由裁量”

因此，三重冲突标志了从轻情节的开场，而根据皮埃尔·里维耶的犯罪时间及其个人的状况，他正处在这些冲突结点的中心。

皮埃尔·里维耶来到重罪法庭，此时陪审团刚刚在一个案件中获得了给予从轻情节的机会，在这起案件中，被指控的罪行是有疑问的，而且正如重罪法庭庭长告诉刑事案件局[1]的那样，处决只能产生一个恐怖的效应。

此外，皮埃尔·里维耶是弑亲犯，但在刑罚上却近似于弑君犯，这就提出了一个通过给予从轻情节来解决的政治问题，它可以象征着司法权力的恢复。

最终，皮埃尔·里维耶被认为从未使用过其全部的理性，故能以此名义享有从轻情节的权利。于是，精神错乱不再是不负全部责任的唯一情况了。

因此，里维耶应该享有从轻情节的权利。然而，陪审团却拒绝了，陪审团在数天之后向国王提出减刑。那么这就涉及一个表面看似矛盾的决定。这个决定其实是由里维耶的性格及其

1. 全称为刑事案件与赦免局（la Direction des affaires criminelles et des grâces），简称 DACG，成立于 1814 年，隶属于法国司法部，由司法部长授权处理刑事领域的全部事务。——译注

罪行本身所促成，也被弑亲犯在1835年的政治环境下的特殊性质所促成。

事实上，在皮埃尔·里维耶案中，这三种冲突的交叠是最为复杂的；在知识的所有层面上都存在着矛盾。在民间知识的
340 层面上，证人们之间相互矛盾，对里维耶的疯癫无法达成一致意见，而公众以最强烈的兴趣追随着对该事件辩论，他们也是各持己见。在精神病学知识的层面上，医生们各不相同，而他们被认为都同等地值得信赖。在法律的层面上，陪审团的成员由因其教育程度和洞察力而杰出的人士所组成，他们未能得出一致意见，六名成员同意从轻情节，七名成员反对。如果想要法庭成员们宣判的话，他们的头脑中就会出现了严重的疑问。[1]

这些在所有层面上都能觉察到的分歧和矛盾，导致了决断的明显失常。信息匮乏的陪审团无法决断，发现他的最新权力也无法使用，刚刚赋予他的自由裁量权也无法使用，只得提交给最高法院，提交给国王来裁决。其实在面对精神病学知识之时，陪审团的权力表现出各种不足；它拒绝承认疯子可以部分地不负责任，因为这与根据法律和舆论共识来规定疯子的传统标准并不相符，但是他也不能完全地否认精神病医生呈现给他们的一个模棱两可的现实情况。因此，疯子只能够被免除掉那些他们不能承担的新责任。

那些政治动机也左右了卡昂法庭的决定。由于弑亲犯与弑

1. 重罪法庭庭长给刑事案件局的报告。

君犯相类似，以至于在议会就其从轻情节的法律投票之时，发生了激烈的讨论。实际上，对于保守者来讲，弑君犯是不能容 341
忍的，而对于弑亲犯来讲，则可以享有从轻情节。

此外，1835 年 7 月 28 日，费耶斯基（Fieschi）持地狱机[1]向路易·菲利普开火，而且他尚未被审判；事实上，贵族法庭直到 1836 年 2 月 15 日才宣判。因此，在这种情况下还给予这位弑亲犯人以从轻情节，这将是对国王的大不敬。弑亲犯人与政治罪行之间的密切关系，实际上出现在了所有人的头脑中。

这种限制必然会变得愈加明显，刑事案件与赦免局（la direction des affaires criminelles et des grâces）已经批评了芒什省的省长，他们为 1834 年 12 月的重罪法庭选择的构成人员都太过宽容。大部分是缺乏教育的乡下人，他们不能估量出所履行之职能的重要性和太过于宽容而带来的危险。[2]因此，可以非常确定的是，同样的情况也出现在了卡尔瓦多，卡尔瓦多的重罪法庭在卡昂，他们开始高度关注陪审团的构成，尤其关注构成人员的保守性特点和镇压性特点。

因此，让陪审团在一个政治上棘手的领域中做出决定是不

1. 费耶斯基（Giuseppe Marco Fieschi，1790 年—1836 年）科西嘉岛人。1835 年 7 月 28 日，他手持自制的 25 管排枪（即地狱机，machine infernale）行刺当时的国王路易—菲利普一世，打死 18 人，但国王本人只受轻伤。他当场被捕，1836 年 2 月 19 日，他被送上断头台。——译注
2. 重罪法庭庭长给刑事案件局的报告，1835 年，第一季度。

可能的。此外，还必须考虑到如下事实，路易·菲利普[1]的父亲，即菲利普·平等（Philippe Égalité）[2]自己曾投票赞成判处国王死刑，所以可以被看作是弑君犯。如果法院采取一种不顾及国王权威的独立自主的立场，那么它会使得司法权力得到巩固，但是或许是以一场与国王的冲突为代价，而且要冒一种不
342 可能承担的风险。

法官们的决定，对从轻情节的拒绝，向国王寻求减刑的请求，最终都得到了完美的证明。司法权力立即发现其有能力解决同样非常棘手的案件，比如里维耶案。然而，尽管它获得了最严格的司法权力，但当面对一种事实状况，即作为一种不可能的政治状况，司法权力也只能放弃各种特权，并请求国王来替代它。因而，法官们所做出的先天（a priori）就自相矛盾的决定，在它所处的政治背景中则完全是合理的。

1. 路易—菲利普一世（Louis-Philippe I，1773 年—1850 年），1830 年七月革命后，他被议会选为王国摄政，随后加冕为法国国王，在位期间百业萧条，人民不满，引发了 1846 年的二月革命，其后他于 1848 年逊位。——译注
2. 路易·菲利普二世（Louis Philippe II，1747 年—1793 年），别名菲利普·平等（Philippe Égalité）；是法国波旁王朝奥尔良公爵与后来的法国国王路易—菲利普一世的父亲。他是路易十六的表兄，但在法国大革命中支持革命，并在对国王路易十六的死刑判决中投下赞成票。其后他仍在雅各宾专政时期被处决。——译注

四　弑君与弑亲

布朗迪安·巴盖—克里格（Blandine Barret-Kriegel）

为什么皮埃尔·里维耶，以微弱多数的反对而未能受益于从轻情节，自从1832年刑法典改革之后，从轻情节已经使很多弑亲犯，既摆脱了断头台又被无罪释放；为什么在国王特赦的效应下，最终他又获得了减刑？

对于第一个问题，我们试图通过援引两种体制的对立来回应，他们在里维耶问题上争论不休，这就是司法体制和医学体制，力量相对弱小的后者其内部也各有分歧，因为，虽然有一些人是诊断的权威人士，如瓦斯泰尔、埃斯奎诺尔，但其他人则拒绝承认疯癫的存在，并在法庭上也这么讲（布夏尔、图维、勒比多瓦……）

通过其行为和回忆录之间不可分割的联系，皮埃尔·里维耶似乎把医学知识难住了，并且通过表现出他的分裂，就像我们在别处解释的那样，他似乎以某种特定的方式拒绝了仲裁调解，这是无可争辩的。

罪中之罪

然而，在1835年，司法部门还有其他理由来呈现出其严
344 厉：就在卡尔瓦多的重罪法庭判处这个弑亲犯的时候，巴黎的贵族法庭正在波塔利斯（Portalis）[1]的主持下预审如下案件：费耶斯基和他的同党于1835年7月28日预谋杀害国王本人及其家人[2]，被判处弑君罪。而里维耶案，基于《刑法典》的同一条款，恰处在费耶斯基案的余波之中。

自从1810年由特雷哈德（Treilhard）最初编纂《刑法典》之后，1835年的《刑法典》已经多次修订，准确地说，它并没有提到弑君罪，只是出现在违反国家安全罪的名义之下，它的基本条款叙述如下："谋杀国王本人或伤及国王性命者被判处弑亲罪"（第86条），第88条更准确："行凶或行凶未遂亦构成谋杀。"[3]

超过了约定的日期——11月12日，皮埃尔·里维耶被判处弑亲罪，1月15日，重罪法庭拒绝了他的上诉，与此同时正在进行着对费耶斯基案的复杂的初审，并且我们得知在

1. 约瑟夫·波塔利斯（Joseph-Marie Portalis，1778年—1858年）是法国的大法官，外交官和政治家，曾于1829年至1852年间担任法国最高法院第一院长。他的父亲是让·波塔利斯（Jean-Étienne-Marie Portalis，1746年—1807年），是法国大革命和第一帝国时期的法学家和政治家。——译注
2. 国王未被杀死，但是有18个人被杀，其中包括莫尔蒂埃元帅。
3. 参见《法兰西刑法·美国刑律》，王大错编，民立图书公司1913年版，第31—32页。——译注

1835年2月15日皮埃尔·里维耶得到特赦，这正是费耶斯基被判处弑亲罪的第二天，也是他在人山人海中行刑的前一天——这两起事件结合起来，一个弑亲，一个弑君，被深深地铭刻在了19世纪的刑罚史上。

《刑法典》把弑亲罪定为死罪，而在谋杀、杀婴和投毒所有这些被判处死刑的罪行中，它是更明确和更彻底的（第302条）。《民法典》确立了父亲的权威，并通过把大部分的规范条款归于家庭而使其神圣化，《刑法典》则确保最严重的侵犯受 345
到最严厉的惩罚。“这件我们一说出名字就不寒而栗的罪行真是罪中之罪。犯下这桩罪行的这个恶魔，有能力干他能想出的所有的邪恶罪行”，议员盖亚尔·德·凯伯尔丹[1]（Gaillard de Kébertin）如是说。（《就刑法典改革的讨论》[*discussion de la réforme du Code penal*]，1831年12月7日。）

事实上，直到1832年的改革，“因弑亲罪被判处死刑的罪犯会被带到处决地点，穿着衬衣，打着赤脚，头罩黑纱，他将在断头台示众，在此期间，一个执达员会向众人宣读判决书。随后，他将被砍掉右手，立即执行死刑并被处决”（第13条）。1832年以后，法律不再砍掉双手，但是还保持着黑纱和脑袋，或者身体和灵魂永远被关押在监狱中。

在1832年之前，以弑亲罪来判处弑君罪，这是对搞阴谋的人处以一种毁损和侮辱性的处罚方式，而且皇帝的国务委员

1. Gaillard de Kerbertin（1789年—1854年），曾担任法国七月王朝时贵族院的议员。——译注

们的理由也可以证明："……这桩犯罪真是罪大恶极，它会被处以给弑亲犯所准备的死刑，这就是说，这个罪犯在他死亡之前，会遭受若干肢体毁损[1]。"

家庭与等级制度

346 然而，一部对越来越多的犯罪、也对单纯的未遂罪[2]都判处死刑的法典，在这样的背景中，它配合了大量的臭名昭著的肢体虐待的附带刑罚，如烙刑、枷锁、示众，那么弑君与弑亲的关联就有了一个另外的意义；它表现为，首先是最高统治者和皇帝，然后是君主，他们都自诩为父亲。如果我们不把弑君罪和弑亲罪的相似性，与作为社会之原型的家庭的提升联系起来的话，便无法理解。

我们在此并没有搞错，与旧制度相比，《民法典》解放了家庭，基于明确的经济原因，特别是通过废除父亲对儿子的终生支配[3]，大大缩小了在罗马法中处于压倒性地位的父权。

---

1. 贝利耶（Berliet）、柯西尼（Corsini）、拜赖（Pelet），《法国最高行政法院于 1810 年 2 月 5 日召开的 1810 年刑法典会议》（Conseil d'État，séance du 5 février 1810 du Code pénal 1810），在"发言者陈述理由"之前。
2. 索利梅内（Michel Solimène），《论法国刑法典的改革》。
3. "在保留这种法律的最后的国家中，家庭中的儿子在他父亲活着的所有时间里都处于父权之下。这能持续到他六十岁，除非他父亲乐意解放他。"[雷阿尔伯爵（Comte Réal）在《法国最高行政法院会议纪要，包括洛克里伯爵对公共民法典草案的讨论》（*Procès-Verbaux du Conseil d'Etat contenant la discussion du Projet de Code Civil Public par le comte Locré*）中讲到。]

从那时起，弑亲罪变成了最穷凶极恶的罪行，而弑君罪与弑亲罪可同一视之，因为家庭被视为一种不平等的自然的制度的完美模型。事实上，如果家庭的话题还大有可为的话，那它不仅表现在《民法典》和《刑法典》的成果中，而且也处在波旁王朝复辟时期的空论派思想中［博纳尔（Bonald）、约瑟夫·德·迈斯特（Joseph de Maistre）］和七月王朝期间抵抗党[1]人中，“在右派对命运的漫长而辉煌的思考中……如果国家和所有的团体都思考过，未成年人被置于成年人的监护下的这种家庭模式，那么这正是社会应该具备的一种关于秩序和群体的等级制度……”［R. 雷蒙（R. Rémond）］。 347

家庭的范型使帝国的政治架构合法化，使两种“议会”君主政体的政治架构合法化，他们用一种由大革命所建立的极端—平等（ultra-égalitaire）社会来取代一种基于权威等级和服从等级所建立的极其不平等（plus inégalitaire）的社会。

况且，平均分摊在弑亲和弑君上的这些关于穷凶极恶和完全泯灭人性的控告，它们不都见证了一个相同的努力吗，即它们揭露出19世纪社会状态中的两种可能发生且不可挽救的背叛。1810年的《刑法典》为弑君罪保留了一个位置，它与除了罗伯斯庇尔（Robespierre）和圣-茹斯特（Saint-Just）之外

1. 七月王朝（Monarchie de Juillet）是法兰西王国在1830年至1848年之间的政体。王朝始于1830年“七月革命”推翻的波旁复辟王朝，结束于1848年的“二月革命”，国王为路易—菲利普一世。七月王朝中有两个对立的政党，运动党（le parti du mouvement）和抵抗党（le parti de la résistance）。前者推崇改良，支持欧洲各民族国家独立，后者相对保守，支持欧洲君主制下的统一。——译注

的国民公会议员给予专制君主的位置完全匹配。

弑君罪由一个专为此情况组建的特别法庭来审判，它也分担通常由重罪法庭审判的弑亲罪，后者被视为是某种解除“社会契约”的耻辱[1]。

弑君罪和弑亲罪，这两类罪行的异常严重性，在1831年决定改革《刑法典》的时候得到了非常关注，至少出现了两种声音试图要把它们排除到使用从轻情节之外。一个是盖亚
348 尔·德·凯伯尔丹的声音，他的修正方案被否决；还有罗杰（Roger）的声音，他害怕陪审团的权力太大：“给他们一个拉瓦莱克（Ravaillac）[2]审一审，他们也会宣称他有能够减弱其恐怖罪行的从轻情节。”（《议会档案》，1831年11月22日）

因此，从1832年起，对弑亲罪使用从轻情节开始合法化，但是它还是导致了很大的保留意见，甚至激起了愤怒，就像总检察长对一起弑亲案件的惊叹：“他杀死了他的父亲，但是他还是享有从轻情节。给弑亲犯以从轻情节！我们担心这种宣判

---

1. 显而易见，在19世纪接踵而至的所有政治体制中，无论是君主制还是共和制，都表明了弑君罪的严重性。我们不必震惊于法律报告员就第二帝国的弑君罪作如下宣布：“对于该罪（弑君罪），这种罪大恶极的犯罪行为，弑亲罪并不是最可怕和最恐怖的赎罪补偿。”可是，我们也必须强调，在1949年2月7日的判决中说，“《刑法典》第87条的内容就像保护以前的君主制政府那样保护着共和制政府”，还需强调，第三共和国在其法律中已经加入了《刑法典》第86条和第90条；即使是在动荡时期，立法的持续努力还是要确保在国家元首本人意义上的国家之安全与稳定，这超越了那些临时的、君主制的、帝国制的或总统制的具体形态。
2. 弗朗索瓦·拉瓦莱克（François Ravaillac，1577—1610年），他于1610年5月14日在巴黎刺杀了法国国王亨利四世（Henri IV），5月27日在巴黎格列夫广场（今市政厅广场）被四马分尸。——译注

不会是对自然和社会的一种亵渎吧！”（勒埃案，《法庭公报》，1840年8月30日）

《法庭公报》所具有的这些审慎，甚至这些敌意，产生了持续的回响，但它丝毫也没有阻碍在1832年之后对众多的弑亲罪使用从轻情节的权利，其效应或许关联到了皮埃尔·里维耶，但是他的罪行和费耶斯基的罪行并不是同时的。

事实上，1832年《刑法典》的改革，确认并扩大了在1824年就已引入的许多修正，其中包括：取消关联在一些刑罚上的肉刑，从而废除了肢体损毁、道德污蔑、上枷锁、示众，允许对弑亲犯和弑君犯使用从轻情节，根据罪行的严重程度来更为严格地调节量刑的等级，以及对陪审团的作用加以限制。

司法的改良

在导致了这次改革的大量原因中，我们只关注两个原因，它涉及费耶斯基案对里维耶案的影响，即绝非要使弑亲罪的死刑判决变得愈发不可避免，而是恰恰相反，他们倾向于减小其被判死刑的可能性： 349

（1）关注于使法律变得更有效率

“我们考虑要进行严厉的镇压，但是更平等，更可靠；还考虑用少许的宽大处理来弥补大量的有罪不罚的情况”。法典改订报告人杜蒙（Dumon）如是说（1831年11月11日）。

事实上，该法律导致了无罪判罚的明显减少，那些陪审团宣称，他们不想判处死刑，但是除了宣判无罪之外再没有其他选项。

以下从1826年到1830年，陪审团的无罪判罚是32%

1831年 ………………………………… 是37%

1832年—1835年 ……………………… 是33%

1840年 ………………………………… 是28%

1880年 ………………………………… 是17%

换句话说，我们减轻了镇压的严酷性，但是与之相对的是，我们扩大了刑罚的范围：即对死刑的判决减少到与对无期徒刑的判决一样多，然而轻罪的刑罚反而大量地增加。相比之下，在1825年到1839年期间，无罪判罚就很少见到。

就像在其他犯罪案件中，刑法改革明显地改变了对弑亲犯
350 所处的刑罚，但没有考虑刑罚类型的改变，改变了陪审团在改革之前所使用的程序，以便减少判决的严重性[1]：从轻情节其实

1. 正如下列关于弑亲犯获得从轻情节的表格所示：

1833年：8人被判决的弑亲犯中有7人获得从轻情节。

1834年：13 ……………………14 …………………。

1835年：12 ……………………7 …………………。

1835年：7 ……………………5 …………………。

1837年：4 ……………………3 …………………。

1838年：11 ……………………9 …………………。

是能够把罪犯从断头台上拯救下来的，而且死刑判罚也避免了对所有弑亲案件进行一刀切的处理。

根据统计学上的趋势，即大多数的弑亲犯人都能够获得从轻情节，并且考虑到辩方支持的疯癫指责给他的案件所带来的不确定性，因此，皮埃尔·里维耶通常有很大的机会获得从轻情节。

如果里维耶案的审判与费耶斯基案不是同时期的话，则表现为刑法改革之另一个动机的第二个理由也能起到反对其死刑判决的作用。

（2）针对死刑适用太宽的辩论

针对《帝国刑法典》过于系统地把死刑分配给明显不同状况中的罪行的反对，在陪审团所采取的态度中，被实践地发展为对不加限制地使用死刑的反对。这一立场得到了各种评论的支持，这次是基佐[1]的一个政治评论，他在鲁维尔（Louvel）对贝里公爵（le duc de Berry）的谋杀[2]之后，开始公开表示反对在政治犯罪中判处死刑，他还强调说，如果死刑在旧制度下有实际的效应，那是在它能够通过屠杀来镇压农民暴乱或者阻 351

1. 弗朗索瓦·基佐（François Guizot，1787年—1874年），法国政治家、历史学家，1846—1848年担任首相。著有《欧洲文明史》《法国文明史》。——译注

2. 鲁维尔（Louis Pierre Louvel，1783年—1820年），马鞍匠，波拿巴主义者，仇视波旁王室成员，他于1820年2月13日晚上在巴黎歌剧院门口行刺杀死贝里公爵，于1820年6月6日被判处死刑，次日送上断头台。贝里公爵（Charles-Ferdinand d'Artois，le duc de Berry，1778年—1820年）波旁王室成员，法王查理十世次子，路易十六的外甥，在被刺杀的第二天不治身亡。——译注

止贵族阶级的阴谋；而在法国的新政体内部，它不再能够构成一种对付各种政治骚乱的恰当方法。基佐实质上解释说，当反对派今天占领了一个不大的广场之时，这就好像是把所有反对都当作一个阴谋；他还断言说，正是在政治的犯罪中，把对国家有害的人和不道德的人给混为一谈了。

费耶斯基案，在对国王本人的刺杀行为以及对其的指控中，大家获悉该案与共和主义团体“人权与公民权协会”（Droits de l'homme et du citoyen）密切相关，相反，该案于是重新聚焦于在阴谋和恐怖的形式之下，应该判处死刑的政治反对派。我们说，该案是双重起点，既是9月份的镇压性法律的起点，该法律限制出版自由，禁止所有关于共和主义信仰或行为的公开宣言；又是对路易—菲利普及其家人的一个漫长的系列谋杀的起点[1]。

---

1. 阿里鲍德（Alibaud），1836年；迈尼耶（Meunier），1836年；达尔尼［Darnies（译按：应为Darmès）］，1840年；勒孔特（Lecomte），1846年；亨利（Henri），1846年；以及奎尼斯塞特（Quénisset）1841年枪击奥马勒公爵（le duc d'Aumale）。——原注

七月王朝的法王路易—菲利普一世及其家人十数次遭人行刺暗杀。上述内容为作者Barret-Kriegel所提到的在费耶斯基案之后所发生的数次行刺事件。具体情况如下：

路易·阿里鲍德（Louis Alibaud，1810年—1836年），共和派下级军官，无政府主义者，于1836年6月25日行刺法王路易—菲利普一世。

皮埃尔—弗朗索瓦·迈尼耶（Pierre-François Meunier，1814年—1837年），马鞍工人，1836年12月27日行刺法王路易—菲利普一世。

马吕斯·达尔迈（Marius Darmès，？年—1841年），擦地工人，激进的无政府主义者，他于1840年10月5日行刺法王路易—菲利普一世。

皮埃尔·勒孔特（Pierre Lecomte，1798年—1846年），枫丹白（转下页）

反响与余波

谋杀所引起的骚动情绪于是也影响到了里维耶案，他的罪行与费耶斯基案在同一时间发生，因而成为一个更加可怕的回响。

虽然没有明显的共同标准，因为一个涉及全法国，另一个只涉及卡尔瓦多的一个底层家庭，但是从两起案件相互干扰的 352
反响看，不但结合了凶残犯罪和其惩罚的日期，而且也结合了从轻情节、疯癫和赦免的三重奏方式。

皮埃尔·里维耶的律师为其疯癫辩护，并为其请求从轻情节；费耶斯基的律师巴托尼（Patorni）先生也如法炮制，试图表明其代理人的头脑不正常，宣称其患有忧郁症，并以此为由向汹汹的公愤请求从轻情节。

当然，费耶斯基案是在里维耶案之后发生的，然而，后者在某种程度上却被说成是前者的结果。事实上，法院在判决皮

（接上页）露宫的前护林员，于 1846 年 4 月 16 日在枫丹白露宫的花园行刺法王路易—菲利普一世。

约瑟夫·亨利（Joseph Henry，1795—？年），金属工艺品工匠，于 1846 年 7 月 29 日行刺在杜伊勒里宫露台上向群众挥手致意的法王路易—菲利普一世未果，被判处终身监禁。

弗朗索瓦·奎尼斯塞特（François Quénisset，1814 年—1841 年），极端主义者，于 1841 年 9 月 13 日行刺法王路易—菲利普一世的儿子奥马勒公爵。——译注

埃尔·里维耶时的审慎和拒绝都表明，声称疯癫不能轻描淡写的使他避免应受的惩罚。法官们不能不担心，法院的所有判决所具有的感染效应，即在弑君罪被判处其徒刑的时候，弑亲罪已然变得更加严重，更无可救药。对这一桩严重罪行减刑，就能对那一桩恐怖罪行也减刑。两桩罪行的相互妖魔化变得绝对起来，里维耶案深受费耶斯基案的负面影响，而对两个罪犯的处罚也变得更加骇人听闻，对里维耶的刑罚直接挪移到了费耶斯基上。从那时起，里维耶的形象就无法再随意表现出疯癫的标志了，因为这样会使他逃避对他的惩罚。检察官对皮埃尔·里维耶的描述是原始人和魔鬼，但是丝毫没有疯癫了："孤僻、不合群、残忍，这个皮埃尔·里维耶从道德的角度来看，他可以说是一个与众不同的人，他是一个不会同情，没有社交规则的原始人，因为社交让他和他的家庭都感到厌恶，于
353 是他问他的父亲，人是不是不可能在森林里靠草木和根茎活着，"他们要求审判的声音完全盖过了对精神错乱的医学诊断的声音，在这一点上，他们还要求陪审团减少对里维耶野蛮未开化的同情。至于费耶斯基，检察官马尔丹把他描绘成一个毫无人类情感的傲慢的魔鬼。

对于里维耶案所提出的第二个问题，在案件就要终结的时候，他获得了特赦，我们只能在最开始找到一些回应，我们目睹了弑亲罪和弑君罪之间的相互影响已经固化，并且两桩罪行的情况也已经发生了逆转。皮埃尔·里维耶被赦免，而费耶斯基和他的同伙则被判刑；更糟糕的是，他们的律师甚至没有向

国王寻求宽恕，而我们从犯人的家属处得知，国王所能表现出的宽宏大量仅在于，当那些无辜者被杀的时候，他们的近亲并没有被砍头。

让我们再次记住：在费耶斯基被判处弑君罪之后，皮埃尔·里维耶被特赦了，而且在第二天，费耶斯基和他的同伙就死在了断头台的铡刀之下。一切就这么发生了，好像只要皮埃尔·里维耶首先允诺被正义所惩罚，他就能够洗净他那深重的罪孽，回到孤独，回到疯癫，回到监狱；一切就这么发生了，好像只要偿还一个类似的债务之后，国王的宽恕就能使用了。

当弑君犯的死刑判决的回响最终归于平息，弑亲犯里维耶，作为费耶斯基的象征性形象，才能返回到他自身并且得到国王的特赦。

五　皮埃尔·里维耶的平行人生

菲利普·里奥（Philippe Riot）

有四个系列的话语：皮埃尔·里维耶的回忆录及其讯问的内容，由司法机关收集汇总的证词证言，医学博士瓦斯泰尔及其巴黎同事的报告，最终审判时撰写的法律文件[1]。我们所设定的目标是，在这四个系列之间，以及在每一个系列的内部，发现意义的变迁和矛盾之处：在某些话语对其他话语所进行的这种选择—阐释工作的层面上，考查这种变迁是如何发生的，这些矛盾是如何决定的。

对照将针对于皮埃尔·里维耶生活的叙述，一直到他决定

1. 这些法律文件涉及1835年6月5日在维尔的民事庭检察官所起草的诉讼笔录（在随后的文本中我们写作“诉讼笔录”），以及1835年7月20日由维尔的检察官起草的移送至起诉庭的移送状（以下简称“移送状”），还有1835年7月28日由卡昂王家法院的总检察长起草的起诉状和在起诉庭的判决书（以下简称“起诉状和判决书”）。其中并不包括一份医学检查的文件，即布夏尔医生的报告，它并没有谈论里维耶犯罪之前的生活；以及一份法律文件，即卡昂重罪法庭庭长的报告，确切地说它并不是一份诉讼文件，它混杂了其他东西，时而作为法律文本，时而作为医学报告。

356 行凶的那一刻为止。这有好几个原因：这个叙述（至少通过它的一些要素）出现在这四个系列的重要的话语之中；它是从里维耶的回忆录、讯问和证词所提供的要素开始，即我们已熟知的所有要素开始，它必然被设计在要么是法律文件中，要么是在医学报告中；它有极大的战略的重要性，因为我们据此便能确定里维耶是否疯癫。本工作的主旨如下：指出这两种完全矛盾的论断（医学的论断和司法的论断）是如何利用对里维耶人生的两种不同的叙述，通过相同的信息资料而建立起的。首先，这两种论断，从整体上而言，它们要面对各种参考文本（里维耶的《回忆录》和证词证言）；然后，通过使用一组特定的事实：即里维耶的"怪异行径"（bizarreries），我们将尝试指出，哪些编码支配着从预留的参考文本或者排除了的参考文本中选择各种要素，并支配着对它们的阐释。

叙述的各种功能

这两种相互对立的论断很容易确定：对于医生而言，"里维耶从童年开始就患有精神错乱"（瓦斯泰尔报告的第三部分）；对于法官来说，"里维耶在监狱里由一个熟练的医生看望并观察。根据他的专业眼光，没有任何东西能够表明里维耶有精神错乱，即便他在行凶之后逃走，或者他试图通过装疯卖
357 傻逃避法律的制裁，都不足以证明他能完全理解自己的所作所

为以及随之而来的后果；显而易见，在他被捕之后所撰写的细节丰富的回忆录中，他的理性应该会再次出现。”（起诉状和判决书，第 83 页[1]）这是与犯罪所伴随的情况，在法官看来，它首先给出了里维耶精神健全的证据；同样，里维耶的人生故事暗含着回到过去，这种回归的最初意义不就是要刻画出犯罪分子的传统肖像，并且指出“就像所有的重大犯罪分子一样，他泯灭了自己良知的呼唤，没有跟自己的本性中的恶做坚决的斗争。”（移送状，第 72 页）

然而，它还必须有另一种更为论战的意义：不但得出里维耶不是疯子，而且还认为他从来就没有疯过。但是事实上，有些事情还是造成了一些难题：证人们把很多怪异、荒诞、古怪的事情都归因于里维耶。医生们正是利用在这一点来支持他们的论断；同样的，里维耶的人生故事在这些报告之中也占据着一个重要的位置：在一段评论之后，他想起来“里维耶出身于一个有遗传性精神异常的家庭”（瓦斯泰尔，第 191 页），它在我们眼前中展现为一系列的荒诞和怪异行为，它们大体上被视为是许多精神错乱的征兆。而之后出现的犯罪行为，则清晰地表现为精神错乱的一种新特征，或毋宁说正是这种精神错乱的产物：“……我获得了更深刻和全面的确证，即里维耶的心智是不健全的，他的那些行为在检察官眼中被视为一桩恐怖的犯罪，但却只是一种名副其实的精神错乱的糟糕结果。”（瓦斯泰

1. 此处的页码为法文版页码（即中译本的边码）。以下同此。——译注

尔，第 190 页）

358 因此，里维耶的人生故事，在两个系列的文本中表现出了一种截然不同的功能。对于医生来说，这提供了一个证据，即这种犯罪行为是一种可以追溯至里维耶童年的精神错乱的产物，它赦免了犯罪分子，同时也免除了为杀人单狂症者的辩护（在另一篇文章中，我们指出，这种辩护系统在 1835 年的时候还是有用的）；通过复述起诉书中的措辞，它允许里维耶"逃避法律的制裁"。（起诉状和判决书，第 83 页）根据法官的复述，这个故事有双重功能：在传统意义上，它通过参照其恶劣的本性而解释了犯罪的行为；在论战的意义上，它与医生不同，得出结论说里维耶从来就没有疯，同时颠覆了他的律师所选择的辩护系统。这两个系列的叙述都是从证词证言建构而来的，并依然与它们相关。

在十三个被讯问的证人中（包括里维耶的家人），只有一个人（阿迈勒）断言说里维耶是疯子，另一个人（格蕾莱）说里维耶通常被看作是疯子或者傻子，最后三个证人（苏里雷、福尔丹、高勒维尔）报告说里维耶在他们村就被认为是白痴或者傻子。而且，需要指出的是，这些证人确实都没有使用精神病学词义上的术语。除了阿迈勒之外，他们都再次明确地表示，他们的汇报不是按照公众舆论做的。神甫苏里雷表达了相反的看法："被告人总是向我表现出一种非常软弱的性格，他在他们村以及整个教区都被当作傻子看。不过因为我同他讲过几次话，所以我并不这么认为。"（第 55 页）其他八位证人也并没有影射有关里维耶疯癫的传闻。不过，瓦斯泰尔写道：“直到他4岁的时候，证人们说，他和其他同龄的小孩还没有差别，但是自此以后，他就常常被视为疯子或者傻子。”（第192页）所有的证词（除了阿尔松的之外）都说了关于里维耶的一件或者若干件怪异、荒诞之事，但是他们并没有为此而把他视为疯子或者傻子；此外，还有两个证词（苏里雷和福尔丹）提到了里维耶的智力水平。对皮埃尔·里维耶回忆录的阅读能够部分地解释这些证词所表现出来的歧义性的迹象；这种异常清晰的断裂在那里被刻画下来，把里维耶的人生分成了两个阶段。 359

肖像、框架、编码

第一个阶段始于里维耶的出生，而结束于他10岁或者11岁的时候。它正好对应于他上学的绝大部分时间，也对应着一个笃信宗教的阶段，据他所说，这起始于他八九岁，并且持续了两三年之久。不可否认，里维耶得到了良好的教育；他在回忆录中就是这么说的，苏里雷和福尔丹都证实了这一点，没有任何证词与之抵牾。从表面上看，里维耶与周围的人维持着正常的关系：他思考着想要成为神甫，他唱诵布道文；这些证词与“怪异行径”没有任何关联，这个阶段的里维耶似乎还没有那种疯子或傻子的名声。而后里维耶放弃了要成为神甫的想法

（大约是 10 或者 11 岁），这导致了一个断裂：“然而过了一段时间，我的想法改变了。我觉得我是另类的人，因为我总是很古怪。我的同学觉察到了，他们都嘲笑我。我把他们对我的轻
360 蔑态度归因于我从一开始就干过的一些愚蠢行为，在我看来，这就使得他们永远对我失去了信任。我独自消遣的时候，走进家里的菜园，当时我正在看关于军队的书，我假装我们家的绿卷心菜正在列队打仗……”（第 154 页）从这时起，里维耶开始构思他那荣耀的念头，寻求孤独；证人们报告了他最初的各种怪异行径：它们没有再间断过，直到他杀人为止。看来我们还是要回溯到里维耶有疯癫名声的那个时代。无论如何，福尔丹的证词似乎在邀请我们前去那里：“我认识里维耶，不过是他小时候，他很喜欢学习阅读和写作。在他 10 岁到 12 岁的时候，他不再如前，变成了一个傻子，”（第 56 页）我们也可以参考一下诉讼笔录，它由认识里维耶的一群市镇的居民于 1835 年 11 月 4 日在欧奈镇撰写，并有 52 人签名。（第 207—208 页）

之所以这两个系列的文本错失了这种断裂，不是因为粗心大意，而是因为它必然会错失：我们只在意于对肖像的刻画了，而不是对故事的重构。这两个肖像，一个是“因其恶劣本性的倾向—而被放弃的—罪犯”，一个是“疯子—谵妄者”，它们无法同时建立起来。法官们所构思的肖像是与犯罪相关的；在里维耶那充满理性的作品中，我们看到了他那忧郁而残忍的性格和邪恶的本性。我们只能在他生平的叙述中尝试找一些描

绘其肖像并使其能够持续下去的实例。对于医生们来说，里维耶的疯癫—谵妄的肖像必定是在其犯罪之前就已经存在了，而且几乎一直持续着；它建立起一种与里维耶的人生故事的关联，从里维耶童年开始，直到其行凶才结束。在巴黎医生的报 361
告中，就像在瓦斯泰尔的报告中，这些叙述减少了对证人们所汇报的诸多怪异行为的列举。让我们看看瓦斯泰尔报告的第三部分的标题："他自幼以来的心智机能的状态。精神异常的几个症状。"里维耶4岁时与他18岁行凶之时是一模一样的；这并不意味着什么都没有发生过，而是意味着在相同的基础上，所有的事情都同时发生了：里维耶的精神错乱。里维耶的精神错乱的征兆并非按照顺序连续发生；其中的每一个都只有适于某怪异行径的那一刻的时间：即杀死青蛙的时间，把普罗斯佩的小腿绑在火上烤的那段时间，这也恰好是它所刻画并涉及的一种能持续下去的肖像。

法官们所构建的里维耶肖像围绕着其罪行，并把它推广到他生命中的第一和第二个阶段。医生们构思的肖像，始于由证人所提供的关于里维耶人生第二个阶段的各种要素；并把它推广到里维耶的童年时期以及围绕着行凶的各个事件。因此，巴黎的医生们写道："……皮埃尔·里维耶从4岁开始就不断表现出精神错乱的症状；"（巴黎的医生，第253页）与此相反，法官们坚持第一个阶段，这与证词和回忆录一致："……他因其学习的天赋以及其求知的强烈欲望，在他的同学中引人注目。"（起诉状和判决书，第82页），但是他们并未指出里维耶

人生之中大约 10 或 11 岁时的断裂。显而易见，如果有两个
362 阶段并且那个制造两个阶段的断裂不存在的话，那么就不可能构建出两种关于里维耶人生的截然相反的叙述来；里维耶一直被认为是疯子，就像医生所希望的；或者一直精神健全，就像法官们所断言的。但是这个断裂并没有在两种类型的叙述中每一种之中表现出来，这也是有必要的，因为要确保里维耶形象及其相关论题的持久性，正如我们在每一种叙述中所发现的那样。在这两种叙述中的每一种之中，对里维耶形象的塑造，都不是对历史的重建；它被限定在一个起着选择作用的框架之中，即在由里维耶和证人们所汇报的各种事件之整体中起着选择作用；它设置出一种允许对它们进行阐释的编码（un codage）。

怪异与残酷

医生和法官并没有对里维耶的怪异行为（bizarreries）给予相同的重视。对于前者来说，这些怪异行为既是其疯癫的产物，又是其最明显的症状；它们支撑着“疯子—里维耶”的形象，正是基于这个原因，它显得非常重要。法律文本则不想在此处逗留，因为此处与他们对里维耶人生的阐释并不一致。为了看得更清楚，我们有兴趣来绘制一张表格，指出里维耶的怪异行为在不同的话语中的分布情况。（参见第 364 页）

首先需要注意的是，摘录在表中的绝大部分的怪异行为既出现在各种证词中，又出现在里维耶的回忆录中；有少数例外情况将在适当时候进行解释。我们同样要指出，里维耶的所有怪异行为在医学报告中都有提及（除了“卡力倍”之外）。与 363
之相对，法官们则进行了一个更为严格的筛选；他们只是聚焦在一小部分归之于里维耶的怪异行为上，并致力于降低这些怪异行为持续存在所造成的影响：“这些异常但是被误解的行为，能够使他因为患有精神错乱而宣告无罪。”（起诉庭的判决书，第 75 页）或者，“里维耶性格的古怪行为通常表现为阴郁悲观和不善社交，而有些状况则少有注意，因为它们似乎无足轻重，并且立刻被不完整的回忆和成见所歪曲，这样就很快促成了这种共识。”（起诉状和判决书，第 80 页——上述引文中的强调部分是我们添加的）此外，最后这几行是以苏里雷的证词为依据的，关于里维耶的某些怪异行为，他曾说道：“毫无疑问，倘若没有他的行凶杀人，人们也只能想到这一点。”（第 55 页）

里维耶的“法律”肖像有两副面孔。第一副面孔我们已经谈过了；法官们坚称里维耶有理智，认为他应承担其犯罪的全部责任。其肖像的第二副面孔是对罪行的解释：卡昂的检察官说，“这就是被告人，阴郁悲观，爱胡思乱想，并伴之以一种强烈的、冷酷而暴虐的想象力”（起诉状和判决书，第 82 页）；维尔的检察官说，“（他）孤僻、不合群以及残忍”（诉讼笔录，第 35 页）。正是根据法官所采纳的对罪行的解释，这个方面才得以确定："他天天都见到父亲的悲伤，知道个中原因，就想要设法使其终止。一旦这个念头在他阴郁的想象力中扎下根，并逐渐地牢牢的霸占住这个位置，他就无法摆脱这个念头，它
365 就成为一个持续关注的目标，成为他孤独沉思时的对象。他立即被这种邪恶的计划所占据，他头脑中的全部力量通过其阅读中的误解而错误地被组织和激发了起来，使得它们都朝向一个目标，他完成心切，再加上他本性嗜血残暴，都必然地给他指出了一种达到目标的可怕方法。"（起诉书，第 83 页——强调部分是我们添加的）

364 **怪异行为在不同话语中的分布表**

引用的事件	证人的证言	医学报告	法律文件	皮埃尔·里维耶
卷心菜的故事	高勒维尔	瓦斯泰尔和巴黎的医生		回忆录
顽固倔强	里维耶的家人，拉里·比奈，阿尔松，莫兰，福尔丹，高勒维尔，阿迈勒	瓦斯泰尔	起诉状和判决书	第二次讯问（有争议）
孤独癖	里维耶的家人，阿尔松，莫兰，福尔丹，凯奈尔的遗孀	瓦斯泰尔和巴黎的医生	起诉状和判决书	回忆录
自说自话举止古怪	里维耶的家人，福尔丹，雷图	瓦斯泰尔和巴黎的医生		回忆录
无缘由并且不停地大笑	纳提维尔，格维庸	瓦斯泰尔和巴黎的医生		听众（诉讼笔录）

（续表）

残酷对待动物	里维耶的家人，玛丽，纳提维尔，阿迈勒，格雷莱	瓦斯泰尔和巴黎的医生	移送状，起诉状和判决书	回忆录 第一次讯问 第二次讯问
残酷对待儿童	苏里雷（有争议），玛丽，纳提维尔	瓦斯泰尔	移送状	第二次讯问（有争议）
卡力倍和弩弓	凯奈尔的遗孀		移送状	回忆录 第一次讯问 第二次讯问
乱伦恐惧		瓦斯泰尔（间接地）		回忆录
厌恶女性	里维耶的家人，高勒维尔，凯奈尔的遗孀	瓦斯泰尔和巴黎的医生		回忆录
“具有繁殖能力的气”		瓦斯泰尔和巴黎的医生		
魔鬼和仙女	里维耶的家人，高勒维尔，凯奈尔的遗孀	瓦斯泰尔和巴黎的医生		回忆录

1．在双横线上，我们集中了这些可以作为公共的研究对象的“怪异行为”。

2．在表格的最后一部分中，在每个演讲系列中彼此相关联的各种事实都用虚线加分隔。

3．对证人的名字，我们往往使用缩略语。[1]

在此，我们可以看到法官们在表格中引述的要素：顽固倔

1．中译本已经补全，未使用缩略语。——译注

强和孤独癖，残忍的行为。由里维耶的法律形象所限定的阅读框架，进行了严格的筛选：表格中的其他怪异行为就丝毫没有出现在“法律文件”一栏中。它对应了一个编码，这个编码能够解释保留在他们想要的意义中的那些事件。顽固倔强和孤独癖首先是不变的性格特征；这些已毋庸赘述。对一个确切案件使用了这些特质的唯一实例，就在里维耶筹备犯罪的叙述之中。证人们所提到的所有事情（顽固倔强的若干明确实例，与里维耶的孤身旅行相关的行为、话语和举止的一些明确的例子）皆未得到法官们的采纳。但是，在初审期间提出了那些问题，即在第二次讯问中有关明确事件中的顽固倔强的问题，在随后的司法文件中都消失不见了。正是所有的这一切，充满了模棱两可：“当他夜游归来的时候，他就声称他见到了魔鬼，并与魔鬼缔约。”（诉讼笔录，里维耶家人的声明，第 35 页）。在此，正如在另一些证言中，那些明确的事件指向了里维耶人格中的灰色地带，医生们对此善加利用，而法官们则悄悄地一笔带过。当医生们报告那些明确的事件之时，他们的解释似乎
366 并未提出任何问题：因此，对动物的施虐行为必然成为里维耶残暴本性的一个结果。

然而，即使在这种情况下，法官们还是谨慎地向前推进：在移送状中提到的残酷对待儿童的事件，并未再次出现在判决书中。毫无疑问，其残忍行为的特点尚未得到充分地证明；无论如何，里维耶声明自己从未有意伤害儿童（第二次讯问，第 66 页）。那个“卡力倍”，即在移送状中提到的把小鸟折磨致

死的工具，在判决书中也不见了踪迹；因为我们在里维耶的回忆录中发现，除了“卡力倍”之外，“我还想制造一个黄油搅拌器，它是自动的，或者说用一辆马车通过发条来驱动。但是我只想在我的想象中制造。”（第 157 页）这些组合所表现出来的，只不过是里维耶思想的怪异之处，而不是他的残暴；除此之外，寡妇凯奈尔报告了一件与该工具有关的古怪仪式：“有一天，他带着村里的一帮孩子，把它埋在了草地里。两三个月之后，他又带着孩子们去把它挖了出来。”（第 61 页）

法官们没有遇到这个障碍，他们把它忽略了。对法律文本中的编码工作首先是根据阅读框架建立起来的；我们先行选择出怪异行为的特定类型（那些恰好更能够表现为怪异行为的部分：即残忍的行为）；然后，在每一种类型的内部有各种各样的特定的怪异行为（有残忍对待动物，但却没有残忍对待儿童）；最后，对于每一种预留出的怪异行为，只有一部分话语与之相关联（那个卡力倍，不过是把小鸟折磨致死的工具）。毫无疑问，在确定这些过程时，我们绝不是试图再现这些司法 367
文件作者的思路发展，无论是算计的还是无意的，自觉的还是不自觉的；我们只是试图把这些话语的内部结构暴露在光天化日之下，这些结构不仅包括它已经说出的，还必然包括所有应该说出的。随后，当我们尝试定义作为那些医生话语之基础的编码和框架之时，也会是同样的情况。

怪异与谵妄统一性

里维耶的疯子—谵妄者形象，正如法官们的形象，不是基于某些性格特征的持久性（理智、顽固、残忍），而是基于一种谵妄在其各种表现中的连续性。里维耶可以说是一个场所，他在其中参与并控制一种拥有自身决定性和自身逻辑性的谵妄；而疯子，便是不再能够克制自身那种谵妄的人。里维耶的肖像与对其谵妄的描述被混为一谈（这不仅指的是在犯罪之后里维耶重新恢复了他的某些理性能力，以及医生们想要谈论其记忆力及其想象力等等）。我们在前面已经看到，如何确保这种谵妄的连续性能够贯穿里维耶一生的不同时段；它就在于指出，如何展开这种对谵妄的描述。然而目前，这种无处不在的谵妄，只能通过里维耶的各种表现而呈现出来；况且医生们不会像法官们那样行事，即选择一个可以接受的怪异行为的系列；正是在与这些表现中的每一种都有关联的话语内部，他们
368 对话语进行着切分和阐释：这涉及按照精神错乱的征候去建构每一种怪异行为。框架排除了所有不能归入谵妄的内容；编码系统确保了从最初的怪异行为向精神错乱之征候方面的过渡。

医学报告所给出的关于卷心菜故事的版本表现出如下特质：这个事实无非是所有精神错乱的症状中的一个而已；它只讲述了一个方面，即它把我们引导到认为里维耶是真的相信他

在与真人打斗。从表面看，正是谵妄使他醉心于这种古怪的癖好之中。这种讲法是不准确的：我们忽略了那个确切的内容，里维耶在10岁或11岁时，在这段时间里，在他回忆录中清楚地表明，这种消遣无非就是一种游戏而已。考虑到这是其精神错乱的征候所导致的第一个例子，而它又源于儿童的简单游戏，我们也在寻思，既然这个论证过程有点粗糙，那么这样做是否必要。这是因为这个东西比在此上演的各种怪异行为都更为重要：我们在前面已经指出，这个卷心菜的故事并非所有怪异行为中的某一个，因为它指出了里维耶人生中的一个断裂；我们认为在这个时刻出现了第二次断裂，它出现在怪异行为之中，并把它们分成两组。里维耶只不过是卷心菜故事的结果：因而我们嘲笑他，他赢得了傻子或者呆子的名声。从那时起，他将会干某些怪异的事，偷偷摸摸地（至少在大人们看来），在自己的独处之中（比如制造“卡力倍”和“弩弓”），而其他的事例，正如我们将看到的，则是通过游戏明白地显露出来，或者隐藏了其行为的真实意图（比如魔鬼和仙女的故事）。于是，这里存在的就是一个伪装的问题。369

因此可以这样说：作为疯子的里维耶，如何能和其他没有疯的人演出一部关于疯癫的喜剧，而不被这些人发现？答案很简单，医生和法官都认为：他不能。然而，在他被捕之后，他还是这么做了，试图假装自己是一个宗教单狂症者（monomane religieux），这是根据维尔检察官的术语。因而必须指出，作为法官来说，里维耶不是疯子；而作为医生来说，他不再是个疯子，因为在行凶之后他已恢复了部分的理智。但是，对于医生而言，从里维耶出生一直到他行凶的那一刻，里维耶都一直处在疯癫的状态中：因而在这段时间里面，他是无法装疯的。卷心菜的故事，只要它是作为一种游戏，那它就是一个模拟（un simulacre），因为在此把谵妄与游戏区分开来的，正是我们在玩游戏的那个意识，而此时我们正是谵妄的无意识玩物。如果里维耶在参与游戏，如果因而我们误以为他是一个疯子，或者假如他真的意识到自己在参与游戏，那么他就不是疯子，而且最终，他也只是在装疯（*il simulera*）。所以，卷心菜的故事就必须表现为在其他精神错乱中的一个征候，以便于我们刚刚确定下来的第二次断裂不再显现，就像第一次断裂不再显现。

征候

根据几乎所有证人的证词，顽固倔强和孤独癖是皮埃尔·里维耶所特别发展出的性格特征。毫无疑问，它们是某种怪异行为的一个标志，然而为了把它们称为精神错乱的征候，
370 就像医生那样，还必须迈出一大步才行。事实上，在瓦斯泰尔报告中执行了一系列的操作之后，这一步才刚刚完成，该报告的结论是由巴黎的医生们给出的。首先，顽固倔强和孤独癖不能被视为精神错乱的征候本身：它们既促成了征候的出现，与

此同时，它们又是征候的结果。它们之所以是征候的结果，是因为我们嘲笑他，于是他便躲进了孤独之中；是因为他失去了理智，他固执己见并且反对最权威的意见和建议（比如他父亲的），最终导致了危险或反常的行为。它们促成了精神错乱之征候的出现，正是在孤独之中形成了谵妄："（里维耶）给他的头脑指出了一个更加邪恶的方向，由于他不再向任何人敞开心扉，人们也无法纠正他的错误"（瓦斯泰尔，第193页）；正是因为里维耶非常地固执，这就导致了最终暴露出其精神错乱的反常行为。孤独癖和顽固倔强的首要的功能是在里维耶的那些促成其精神错乱并成为其结果的表现之中指出其精神错乱；因此，这些表现反过来也逐渐成为各种痴呆（démence）的征候。

我们很容易确定在这里使用的是哪种编码：它系统地涉及顽固倔强和孤独癖与更为明显的精神错乱之征候之间的关联，且只与它相关（与此相反，我们看到法官并不参考这些确切事例）。在那里，它也设定出一个阅读框架，即一个用来剔除的系统。瓦斯泰尔忘记了，在第一次讯问中，里维耶用各种"合理的"理由（des arguments "raisionnables"）激烈地反对所有反常的顽固倔强的明确事例，它们根据证人证言都被归入他的名下。他注意到里维耶在寻求孤独，并说那种状态促成了他的谵妄；但是，就这种谵妄而言，他只是说那都是证人们说的：折磨动物的事件，与卷心菜开战，魔鬼和仙女的故事等等。通过阅读里维耶的回忆录，我们发现他在孤独之中产生了其他念头，医生们对此只字未提：事实上，在最开始，这种寻 371

求孤独当然是一种逃避，然而，后来有一个女孩强迫亲了他一口，她使得里维耶有了“反社会的”（antisociaux）计划。里维耶想要谱写的就是这样的一首歌，他要报复那些嘲笑他的人。他所发明的也是这样的工具，以便出类拔萃（se distinguer），并得到荣耀，他要“在自己的想象力中把它们制造出来”，我们是无法看到的。在这些工具中，有些是武器（卡力倍、弩弓），其他的能自动运行（发条车子、搅拌器）。根本不必深入里维耶回忆录的解释，我们也能轻易发现，这个维度被医生们给规避掉了。法官们对此显得更敏感，他们把孤独与野蛮和残忍联系起来。我们在前面已经指出，对于卷心菜的故事而言，那些怪异行为是在光天化日之下完成的（这是证人们刚刚提到的），应该把它与在孤独中躲藏起来所干的那些怪异行为区别出来；我们还发现，医生们是不能做出这种区分的：我们在此已经证实。

“人们经常撞见他自言自语，与看不见的对话者交谈，或者突然大笑，或者发出哀嚎。有人发现他时而在地上翻来
372 滚去，时而做出各种异常古怪的姿势。”（瓦斯泰尔，第193页）——“……人们经常看到他自言自语，并与看不见的对话者说话，毫无缘由地放声大笑……”（巴黎的医生，第251页）

这个木偶人做出各种姿势，又说又笑，但是我们什么也没听见；我们认出这个身躯正是里维耶的：而谵妄在暗中操控着他。而更郁闷的还有魔鬼附身的古老画面；这个疯子依靠着提线，不断地闪过一幅又一幅的画面：他被他的谵妄所附身。编

码玩着关于话语含义的游戏：它什么都没说，但是一切都清晰可见。此外，里维耶并没有弄错，他用这种方法解释了自己的古怪行为。寡妇凯奈尔也报告了一个她目击的场景：“……他抬着头自言自语，好像是在跟树说话。有时候，他会厉声尖叫。当有人问他为何会这样的时候，他时而回答说他在和仙女说话，时而回答说他在和魔鬼说话。”（第60页；玛格丽特·高勒维尔的证词包括了相同的要点）。这两个画面很好地占据了一个由于里维耶的话未被转述而空缺下来的位置；它们开辟了一种思路，即认为疯子可以不负责任，他只是一种更高力量的玩偶，以此为罪行开脱；它们触及了道德的灰色地带，取消了那些把里维耶视为正常人的话语。通过基于提线木偶之形象的编码（le codage），由此得来的排除规则也就很简单：务必剔除掉所有能够澄清或者修正第一个画面的东西。里维耶所说出的话就是这种情况；对其回忆录的阅读，能给我们这样一种想法：“……当我独自外出的时候，我自己编故事，假装自己扮演一个角色，我脑中一直是那个我想象出来的人物。” 373
（第157页）加布里耶—皮埃尔·雷图（G. P. Retout）在他的证词中报告说，他看见里维耶沉浸在这种游戏之中。显然，这与我们所知道的含义并不相符：里维耶有意识地发明了这些故事，他似乎并未被任何驱使着他的力量所折磨；最终，这些行为，的确是不寻常的，不过仍然没有什么太异常的。至于他的姿势和浪笑，我们就不再赘述了；在我们看来，它们与魔鬼和仙女的故事有关，而且其含义将在我们的检查中阐明。我们将会看到，它们在本质上退回到了伪装—隐匿（la simulation-dissimulation），对此我们已经讨论过了。

为了处理各种残忍的事实，医生们和法官们一样都是谨慎小心的，只不过原因却恰恰相反；对于医生而言，这些事实不可归于残忍，而要归于谵妄。我们必须清楚，这项工作并不容易：所有讨论这些行为的证人都将其归于里维耶的残忍倾向，而法官们也是这么做的；在第二次讯问中，里维耶为自己辩解道，他之所以这么做，是因为想要找乐子，他要以其他生命所遭受的痛苦为乐，所有人把这称之为残忍。在这种情况下，瓦斯泰尔的报告中出现了这句非常意外的话："宗教的各种观念在他的脑海中闪过，他把小动物献祭并虐杀，以重现基督受难的场景。"（第 193 页）这种行为消融在宗教的谵妄之中，宗教的谵妄制造了这种行为，并赋予它含义；疯子占据了施虐者留下来的位置。这里并非没有回旋余地，这一点非常重要：我们没有发现哪里提到了这种解释，它既不在证词中，也不在里维耶的回忆录或者讯问中。然而，瓦斯泰尔，就像我们一样，就像法官一样，对里维耶这个阶段的生活并没有其他的信息来
374 源。编码系统的使用不再仅仅通过阅读框架进行；它（根据事实）随意引入了新的相关要素（以便解释事实）。我们发现了关于这种方法的一个新例子：瓦斯泰尔说里维耶恐吓小孩子以消遣，为了"实现……某种支配欲和优越感"（第 193 页）。不过，如果没有框架把不可用的要素从医学话语中排除掉的话，编码就无法使用：证人对里维耶举止的判断把一切都归入了残

忍；而里维耶说的是，他虐待动物以享乐，他恐吓小孩子以消遣（第二次讯问）。

伪装

表格的最后一部分呈现出最复杂的状况：里维耶、证人和医生所说的都不是同一个事情，他们关联的也不是事件中的同一个方面；而对于法官们来说，他们压根没有提到它，这一点也不意外。

里维耶在回忆录中说，他一直被肉欲的激情所困扰，尤其是这持续了大约有一年的光景（经过两厢印证，我们知道这应该是他 16 到 18 岁的时候），他被乱伦的巨大恐惧所折磨：“我总是对乱伦有一种恐惧，这使得我不想接近家族中的女性成员，当我想要非常接近某个女性时，我就用手比划出手势，好像在补偿我已做出的恶行。”（第 155 页）人们对他的这些行为非常震惊，他随后解释说，他这么做只是为了隐匿其真实的用意：“……当有人问我为什么要做这些手势，我就试图回避这 375
些问题，并告诉他们说，我这是要赶走魔鬼。他们还说，我也害怕其他女人……”（第 155 页）。这些做法的成效是毋庸置疑的：没有一个证人能想到任何一丝困扰着里维耶的乱伦恐惧，他们只是注意到他对于女性的反感；他们也没有意识到魔鬼和仙女故事的真实含义，因此他们往往只是把它们当成了孤立的事件来汇报。事实上，这些故事有时候似乎与女性在不在场并无关系；此外，那些女性还持续存在着，而乱伦恐惧却从里维耶的忧虑中消失了（寡妇凯奈尔还汇报了一起，它就发生在行凶的两周前）。在不过度解释里维耶行为的情况下，我们能给出如下解释：通过避免总是出现这些故事与他的女性家人在场之间关联，来消除这些怀疑；采用一种行之有效的，不必解释的简便方法（即引用的寡妇凯奈尔的证词：……“他抬着头自言自语”，等等）；最后是找乐子，根据卡昂重罪法庭庭长的报告，里维耶在辩论时声称他讲过一些关于魔鬼和仙女的故事，“借此嘲笑那些相信无稽之谈的人。”（第223页）同样，它们或许也可以解释那些莫名其妙的姿势，以及我们之前提到过的“那些毫无缘由的大笑”。

那么，在读过里维耶的回忆录之后，我们是否应该嘲笑那些医生呢？他们似乎跟证人一样都陷入了相同的陷阱之中。魔鬼和仙女的故事在医生的报告中就这么展开了，完全不考虑乱
376 伦的问题：“魔鬼和仙女在他病态的大脑中占据了重要位置，由于被迫思考他们，他相信他见到过并听到过他们。他和他们交谈，与他们签订契约……”（瓦斯泰尔，第194页）。按照瓦斯泰尔的观点，里维耶真的相信他见到过魔鬼，并且与其缔约；就像里维耶真的相信劈砍卷心菜头就是他在跟人打仗。至于乱伦恐惧，它并不是里维耶各种表现的根源（弗洛伊德还没出生呢……）；它是困扰着里维耶的一种对女性的普遍恐惧的结果，因为他相信“在他体内有一种可以使人怀孕的气不断流

出来，无论他愿意与否，都能够使他犯上乱伦之罪，以及其他更恶心的罪行。”（瓦斯泰尔，第194页）对于医生而言，他们必须不惜一切代价避免认为里维耶是在演一出喜剧，是在假装一个谵妄者，他并非盲目的被其利用，反而是编剧、导演和演员；如若不然，这个疯子—谵妄者的全部人设就崩塌了：我们已经看到（在卷心菜的故事之后），疯癫和伪装是不能相容的。

这种伪装如此清晰地从对回忆录的阅读之中表现出来，而我们只能完整地把握回忆录中的一个面向：因此，有必要重新建构所有的故事。在这个建筑物中，那种可以使人怀孕的气（fluide fécondant）便成了拱顶石：它是造成里维耶的各种古怪行为（明显是谵妄的行为）的原因，这已足够我们详细地考察它的含义，并为其指出一个正确的方向，即朝向精神错乱的方向。然而，对于那种可以使人怀孕的气，只有医生们在讨论。在此，我们在回忆录中看到了前面描述过的编码的所有方法：使用一种（剔除了里维耶话语的）阅读框架；玩一种话语含义的游戏（即与魔鬼签订契约）；分离与同一组事实相关的话语（魔鬼、乱伦恐惧、对女性的反感）；翻转那些怪异行为的内部顺序（多亏了那种可以使人怀孕的气，对女性的恐惧只不过是了先前我们提到的乱伦恐惧的一个特殊例子而已）；随意引入会成为整个建筑之拱顶石的具有新含义的元素（比如那种可以使人怀孕的气，再如前面我们已提到过的“为了再现基督受难的场景”）。我们也看到，医生们虽然做了所有的工作，却无法避免埋头冒进，跌入里维耶已然指明的陷阱中。 377

陷阱

在这种对照中，呈现出两个要点。

——第一个涉及对法律文本和医学文本的阅读：他们的对比研究表明，选择和阐释使得一个文本与另一个文本相互对应。在法官们止步不前、不再坚持的地方，医生们也保持沉默；同一件事情既归于残忍又归于精神错乱，等等。我们认为，这种选择和阐释不仅仅是医学知识的特定水平的表达，或者司法机构之功能的效应；它们勾勒出两种类型的话语以及（贯穿其中的）两种权力的对垒的界线：它涉及对将要支配里维耶的医学体制和司法体制的认识。

——第二点涉及这两个文本系列与里维耶回忆录之间的关系：即重构里维耶的生活，正如我们所分析的，它必须把里维
378 耶的回忆录撇在一边。它之所以撇开回忆录，不仅是因为按照医生和法官的引证，回忆录在一些确定的点上频繁地出现矛盾，而且还因为，回忆录整体上与他们的阐释体系不相符。回忆录不是在刻画一幅肖像，它是在讲述一个故事：里维耶并非一直是一成不变的；这个故事显然既不是一个疯子的故事，也不是一个施虐狂的故事：它避免进行这些日常的区分。然而，它也导致了这些区分，因为通过用里维耶人生的两个“可接受的”（acceptables）——尽管是相互矛盾——的版本替换回忆

录，医生和法官足以填补里维耶的这些行为所提出的对意义的要求。因为被官方文本和官方阐释的所有影响力所掩埋，里维耶的文本在各种档案之中消失了近150年。然而，由于被分离得如此长久，以至于我们今天再读这个回忆录，它并没有失去其神奇的力量，这种力量使有整体化意图的所有阐释都陷入圈套之中。它有没有揭示出了某一个姿势或某一句话的隐藏含义？如果没有被烧到手指，就不会讲清楚其中的滋味：我们认为，在研究的过程中，我们已经指出了隐藏的含义。如果这还不够，我们所做出的拒绝对其解释的选择，仍然可以证明这一点。

六　医生与法官

罗贝尔·卡斯特（Robert Castel）

“皮埃尔·里维耶必须被拘禁，这个年轻人病得太重了，他无法享有自由。”[1]

这是卢埃（Leuret）所得出的结论，它写在有关皮埃尔·里维耶的75页的《法医学与公共卫生年鉴》的“文末附言”之中。这句话也给被告人的医学档案画上了句号。我们可以大胆地认为，这也是对打开它的意图的一种说明，我们要感谢《年鉴》为我们传递了这组文本。这个医学刊物的主编把该分册的三分之一篇幅都给了这个杀人犯，也并不是因为有什么古怪的癖好。此外，瓦斯泰尔作为第二份鉴定书的作者，他得出了与卢埃相同的结论：

“社会有提出诉讼的权利，而不是对疯子进行惩罚，因为没有道德自由，他不能建立起罪恶感，但是，基于行政措施的关押和监禁，作为唯一的解决方案，能够使社会对这些疯子以

1. 参见边码第253页，附注。——译注

后的行为放心。”[1]

如果皮埃尔·里维耶被认为是患有精神疾病的话，那么按照医生所告诉我们的判断，这就是对里维耶的社会命运的仅有的（seules）两次暗示。它们对治愈和治疗的可能性都不置一词。治疗师的这种显然令人震惊的沉默，以及他们所采取的谨
380 慎态度，都使我们回想起，对疯癫的归罪并未导致放弃对危险个体进行管控的社会手段，这就使我们能够描述这些努力的真正目的，它们试图把犯罪行为的一个领域进行病理化处理，正是在这种犯罪行为中，“里维耶案”是一个意义重大的片段。

社会管控

首先，我们概括地说，在当时刑事部门和医学部门之间发生的竞争中，竞争的首要关键是用一种管控方法来部分地代替另一种管控方法，这不是两者相互替换。在它们之间的差别在于是否可以合法杀人，即对弑亲者处以死刑。不过，认为从仲裁到诊断转移的后果是很重要的这一事实，并未允许我们在其中看到一种逃避了权力制裁的病态主体的新知识。

法律和精神医学对里维耶行为的争论不休，首先提出了一

1. 参见边码第 201 页。——译注

个涉及知识的两个核心的贴标签的问题：有罪还是疯癫。其次，理论上的关键，同样呈现为在行为人之间的一种竞争关系，他们在社会的分工中捍卫着自己的位置：他应该相信哪种类型的专家？根据仲裁或诊断来说，他的“职业”是什么？第三，通过新生的精神医学的一致性，我们还见证了如下尝试，即尝试赢得一个能够在事后和事前之间介入，即在连续的镇压和判决前的行为之间介入的空间；正是在这个空间中，精神医 381
学的未来才能展开。在某种意义上，只有当游戏开始时，法律机器才能开启。至于精神医学，它需要找到一种新的工具，卢埃的几句话给我们提供了线索：我们不能谴责干预来得总是太迟，因为它要基于一种能够在违法行为尚未发生之前就“预测其可能性”（anticiper la possibilité）的知识。

相对于这三个维度而言，“里维耶案”是一个尝试进行相当异常的示威行为的悲剧借口。里维耶罪行的深刻的歧义性，他给一种正处在草创阶段的知识提出的难题，他在 1838 年法律之前的司法和制度的装置中所指出的裂隙，都值得我们把它作为一个样本，它涉及一种在面对这类问题时可能采取的医学态度。那些不同的鉴定书所能调动的知识，首先关注的是人的命运。但是，关键也是社会控制手段飞速发展之中的一个转折点，这种手段直到今天都仍未完成其网络的扩展。让我们简略做出如下区分：

——布夏尔的鉴定书，或者精神病学知识为零，它把里维耶弃于传统的惩罚权威，刑事司法中，

——瓦斯泰尔的鉴定书，或者对疯癫的一种特殊的符号学使用，疯癫的那种相对过时的特征，无法以一种令人信服的方式把一个犯罪领域纳入精神医学之中。

——巴黎的大专家们的鉴定书，或者是最大的精神病学知识和权力的一种组合，以便在一个新战略的背景中，把里维耶
382 并入一个新的医学机构，此举也激发了对1838年法律的立法权改革。

其一，布夏尔

布夏尔在此表现出一种“非专业”（non spéciale）医学的知识水准（我们没有用“一般医学”这一术语，因为它涉及的是在精神医学专业诞生之前的学科状态，如果我们把外科排除在这一特殊状况之外，那么精神医学就正好是这种专门学科的第一个。）布夏尔很可能是基于他在当地的声望，被从同僚中选出担任初审法官，如果他得出结论说里维耶负有责任，这只是基于他所表述的知识——当时的非专业医学培训的知识——没有关于疯癫的特定的症候学。

布夏尔首先引用了古老的体液理论，该理论贯穿了自古希腊罗马以来的医学。他也寻找了直接的器官病原学，既有内部的，也有外部的，可能“以损害大脑机能的方式作用于大脑”：如出血、器官疾病、跌倒、头部遭受打击等等。最终，他并没

有在能够直接观察到的里维耶的行为举止中发现任何一种可以宣称偶尔可见的病理学证据（例如，按照时期的分类，在发狂中，或者精神错乱或者白痴）。里维耶的行为——这就是为什么该“病情 / 案情”是如此的复杂，以至于必须要有三份鉴定报告，而且最终的诊断结果依然是歧义丛生——提出了一个关于解释（interprétation）的问题。对于这一点，布夏尔并没有一个逻辑严密的观念框架，以便破译这个解释；即，以便把他所观察到的不同特征与一个病理学的整体加以关联，根据这一 383
整体，他们将会得到各种症状的含义。

但是，在所有的专家中，布夏尔曾花了大量的时间来观察里维耶。他记录了里维耶的一些主要特性，而那些认为里维耶是疯子的支持者们却由此得出了相反的结论。然而，由于解释者缺乏足够的医学框架，他把自己限定在一种通俗的现象学之上，这使他尽力把这桩罪行理解为一些独立的因果系列所发生的几乎纯属偶然的结合：比如父亲的不幸、孤独在其中得到滋养的抑郁气质、暂时性亢奋状态等等。就常识而言，各种原因和结果的偶然相遇都会产生一个意外的“不幸”，而其中的每一个原因和结果都表现出一个“正常”的序列。

因此，与其他专家相比而言，布夏尔的“不足之处”不是没有看到，而是没有理解。他只不过是缺少一些范畴，以便对他所看到的一种专门知识进行再认识。下面是他的结论：

“我想，我们只能把他所犯下的三桩谋杀案归因于一种由于其父亲的不幸而导致的暂时性亢奋状态。”[1]

限制性的使用

霍夫鲍尔的《论法医学》(*Traité de médecine légale*) 于1827年刚刚被翻译为法文[2]，该书第三部分的标题是“论能够成为精神医学之研究领域的灵魂的暂时性诸状态”(*Des états passagers de l'âme qui peuvent être du ressort de la médecine mentale.*)。它包括四章：第一章“论醉意”(*De l'ivresse*)，第二章“论睡眠与觉醒的中间状态”(*De l'état intermédiaire au sommeil et à la veille*)，第三章“论暂时的精神失常”(*De*
384 *l'égarement momentané*)，第四章“论一种特定行为的异常冲动”(*De l'impulsion insolite à une action déterminée*)。尤其是最后两章，特别含混；因为霍夫鲍尔并未把这些行为归于他对疯癫的经典定义，在他看来，疯癫必须以精神官能的明显障碍为其前提。

简而言之，霍夫鲍尔大概与布夏尔处在相同的理论状况之中；不过，他的策略与布夏尔不同。通过以法医学为基础，并指出其使用范围，基于这种工作意图，霍夫鲍尔创建了一种状态的范畴，“对于这种状态，我们不能把它命名为疯癫；在这

1. 参见边码第189页。——译注
2. 参见边码第198页，注释2。——译注

种状态中，我们无法克服疯癫的冲动或者疯癫行为的冲动。”[1] 因此，在某些情况下，必须宣布某个主体免于责任，而不能说他是疯子。这是一个特别模棱两可的脱身之计。毫无疑问，霍夫鲍尔把这种状态等同于如下状况，在此一个人被超越他的力量所控制，从而不再享有他的自由意志（根据《刑法典》第64条，这不包括狂怒或精神错乱的习惯性状态，也不包括由法国的法律认定的免除责任的其他理由）。然而，这里的约束，它涉及“暂时的精神失常”和“异常的冲动”，它不是一种在事实上取消了自由意志的外在约束。按照霍夫鲍尔本人所说，它也不是一种在法典中免除责任的内在约束，此即疯癫。从那时起，霍夫鲍尔就被禁锢在这种只能借助于强大的力量才能脱身的矛盾之中。

意味深长的是，在对霍夫鲍尔的这一章进行翻译的时候，埃斯奎诺尔正在全力撰写他的名篇《单狂症注解》（Note sur la monomanie）。这才是逃离这个矛盾的不二法门。为了把这种模棱两可的情况与精神病理学相结合，我们就必须并且只需扩展疯癫概念的外延，摧毁从18世纪继承而来的理智主义的僵化外壳，因为它使疯癫成为理性的谵妄。我们必须敢于构想一种没有明显理智混乱的情感和意志的病理学。基于对“无 385

1. Johann Christoph Hoffbauer, *Médecine légale relative aux aliénés et aux sourds-muets, ou Les lois appliquées aux désordres de l'intelligence*, Baillière, 1827, pp.216—217.——译注

谵妄的疯癫”（folie sans délire）[1]的留意，皮内（Pinel）也提出了一个解决方案，但是它还是有某种保留。这是一个现实的疑难，由法医学鉴定书的具体问题所强化，该鉴定书激发了问题，并使之向前推进。

在此，我们可以如实看到，一个行为是如何随着精神病学知识的发展而“成为病理学的”。今后，精神医学拥有了一个全新的领域——单狂症（la monomanie），以便能够对某些行为的一个新方面予以解释，这些行为已经脱离了精神医学，并被抛入司法之中。

然而，布夏尔，基于他在当时知识中占据的位置，还没有进行这个决定性的一跃。可是，我们要反驳，布夏尔意识到了单狂症的概念，因为他在重罪法庭前陈述的时候曾提到过，但只是为了将其排除在外：“皮埃尔·里维耶不是单狂症者，因为他并不是谵妄于一个唯一的对象。”事实上，在法庭陈述时，布夏尔还援引了埃斯奎诺尔和现代精神医学的分类：单狂、痴呆、躁狂和精神错乱。不过，为了这种姗姗来迟的使用（在其撰写报告和诉讼之间，他很有可能查阅一部精神病学的现代论

1. “我们可以对洛克的著作感到钦佩，但是也要承认，当他把偏狂症视为与谵妄不可分割之时，他对偏狂症的观点就是非常不完整的。当我在比塞特（Bicêtre）恢复对这种疾病的研究时，我把自己看作是这个作者。当我看到几个疯子当时并没有都表现出任何知性上的病变，当我看到他们被一种狂怒的本能所支配，就像唯一的情感机能受到了损伤，对此我一点都不感到惊讶。”（*Traité médico-philosophique sur l'aliénation mentale*，参见菲利普·皮内：《关于精神错乱的医学哲学论文》，第二版，巴黎，1809年，第155—156页。）

著），他只是吸收了新的疾病分类学的字母。其实，他坚持把单狂症定义为部分的谵妄（délire partiel），对此我们能够在埃斯奎诺尔于1819年在《医学大辞典》(*Dictionaire des sciences médicales*）中撰写的“单狂症”词条中找到。显然，这并不适用于里维耶案。这里的单狂症所指的无非是一种“微躁狂症”（une micromanie），它仍然表现为特征谵妄的，谵妄与躁狂症的唯一区别在于，谵妄被限定在一个目标的狭隘范畴上。从这个意义上讲，这个概念不可能摆脱只用一种知性的混乱来定义疯癫的理智主义背景。 386

此外，在这里重要的不是单狂症概念的使用（我们将会看到，其他的鉴定书对它的使用也是很谨慎的）。通过这个概念，我们所寻求的乃是一种方法，即在当时全体精神病医生的赞同和主动协助之下，一种旨在对行为举止的一个新领域进行病理化处理的迂回方法。与此相反，布夏尔是值得关注的，因为他处在这个运动之外，因此可以追踪这个运动的外部边界。我们说，这是因为他不知道。毫无疑问，布夏尔对最新的知识状况是很不了解的。尤其是“他还有一个不同的战略”。他显然不觉得自己参加了把里维耶案病理化的工作。他不把必须宣称里维耶有罪这一事实解释为一个医学上的失败。由于他所拥有的知识不多，在坚定地依靠传统医学的文献之时，他对这些知识做了一个限制性（restrictif）的使用。因此，他听说过颅相学，但是他又不相信它：弑亲判决的利害关系对他而言似乎非常重要，所以或许不能只信赖巴黎的风格。他也赞同要尽力

387 去了解新的精神医学分类的情况，但是在此，他对这些范畴做了尽可能的限制性使用，即只将这些范畴在其形式上做严格的运用。

布夏尔不是一个“专科医生”（médecin spécial）。就像他信赖传统医学一样，他也信赖传统的镇压机制：让法律去裁定，医学对此案没有什么可说的。于是，有两个东西结伴而来。就疯癫的身体病源学的基础而言，在疯癫和正常之间没有边界线，而理论给出了分割；在医学体系和司法体系之间也没有相互侵略的风险，而制度给出了分割；而制度性的分割与理论性的分割是相一致的。新的精神医学动摇了司法和医学之间的现状，而知识的传统主义与制度的保守主义正是这个现状的互为补充的两个方面。

其二，瓦斯泰尔

卡昂市彭·素约精神病医院（l'établissement du Bon Sauveur de Caen）负责收容该区的精神病人。该院的助理医生瓦斯泰尔接受了辩护律师的请求；而“全科医生”（généraliste）布夏尔则接受了起诉方的邀请。为了在这种充满争议的案件中挽救犯人的生命，最好还是转向“专科医生”（médecins spéciaux）的一边，这种看法已经流传甚广。事实上，瓦斯泰尔的鉴定书表达了精神病学的共识，以便获得对司法权的新的干预领域。

但是，如果专家们在这种努力中能够团结一致，那么理论上的辩护工作就多少能够得到开展。瓦斯泰尔的报告看来是一种干预，但它依然没有意识到精神医学在1835年能够使用的全部手段。我们可以从瓦斯泰尔所处的位置——更准确地说，这种 388
以他为代表的构成类型——在当时的精神医学的知识和正在创建的精神医学的制度之中，尝试解释一下这种保留。

与布夏尔不同，瓦斯泰尔有一种关于疯癫的完全独特的征候学（sémiologie）。这个阐释上的理论法则可以用来决定里维耶是不是疯子，它是由埃斯奎诺尔及其学生发展皮内的传统所构成的。瓦斯泰尔接收并混合了所有的文本。不过，瓦斯泰尔对这些文本在整体上采取了一种限制性的使用，这是意义深远的。一切就这么发生了，通过收集这些开始成为“精神医学《圣经》”的概念，他在可以被人接受的最古老的意义之中把这些概念选取了出来。

在瓦斯泰尔的报告所包含的几页内容中，我们发现至少有三十处涉及谵妄、判断的混乱或者理智的薄弱。瓦斯泰尔对里维耶行为举止的解读，在理智的不连贯与理智的欠缺这两极之间摆荡。无论哪种情况下，它们所寻求的，都是一种思维能力之缺陷的证明——即思维能力的功能障碍或者思维能力的原初薄弱。这种偏见始于对被告人身体的描述，它作为一种引导性的线索，通过强调在这方面的最微小的事件来解释他的童年，并在里维耶的行凶之时达到峰值。对于瓦斯泰尔来说，里维耶“在谵妄中谵妄地”走向杀人，走向一种谵妄思想的末日顶点。

杀人作为一种行为，也会化解在谵妄的幻象之中。杀人行为顶多就是把从凶手4岁起就存在于其头脑中的疯癫的血腥痕迹大
389 白于现实之中。

埃斯奎诺尔把他的伟大发现取名为单狂症（monomanie），它已经指出——或者相信其能够指出——某种类型的犯罪，仅凭其存在，就能说明它就是疯癫。在瓦斯泰尔的报告中，我们只发现了一个唯一而且间接地对单狂症的暗示："在我所治疗的数百个单狂症患者中，我没有见过更明显的精神异常。"[1] 这要么太多，要么太少。如果瓦斯泰尔治疗了"数百个"单狂症患者，是因为他没有把埃斯奎诺尔赋予他的这个概念在最新的精确含义中进行理解。相反，该论证的所有安排被导向了一个与单狂症概念所指出的思维新模式相反的记录。如果杀人单狂症确实是这种怪异的结合物，那么通过这种结合物，犯罪行为的存在本身就是疯癫的征兆。与此相反，瓦斯泰尔则试图将犯罪和疯癫的关系"外在化"（extérioriser）。他热衷于在别处，先于并通过谵妄的多样性，寻找一种精神错乱，杀人只不过是这种精神错乱的阵发性结果。而且，因为担心没有说服力，他还发展了这个论证的补充方面，完全以寻找知性的混乱为导向。除了精神错乱之外，他还坚持指出里维耶的先天不足，即里维耶基本上就是个傻子，借以反对已被犯罪故事所证实的证据。

---

1. 参见边码第197页。——译注

一种边缘的状况

因此，在新的精神医学的所有范畴的使用中，瓦斯泰尔阐释的认识论基础，仍然是一种涵盖了 18 世纪和 19 世纪最初几年的疯狂概念。（格奥尔格［Georget］[1] 在 1820 年还在使用，他把谵妄视为精神疾病的不可或缺的症状）。瓦斯泰尔在精神病学界相对边缘的位置可以解释他的迟缓。从最初接受教育的角度来看，跟当时大部分的外省人一样，他在巴黎完成了他的医学学业。然而，一拿到学位，他就回到了卡昂。因而，他没有上过萨尔佩蒂耶的医学校，而在那里，在埃斯奎诺尔的周围，通过关注行为举止和其他功能的紊乱，而不是关注知性，一种对疯癫概念的革新发展正茁壮成长。这将在整个 19 世纪留下其浓墨重彩的一笔。 390

同样是偶然的原因，由瓦斯泰尔在当地的关系网的引介，他必须出任卡昂市彭·素约收容所的助理医生一职；在正式医生去世之后，他成为该医院的医学负责人。[2] 这并不是他唯一

1. Étienne-Jean Georget（1795 年—1828 年），法国精神医学家，他是菲利普·皮内和埃斯奎诺尔的学生，因于 1820 年发表其专著《论疯癫》（*De la folie*）而名声大噪。——译注

2. 他的传记作者说，他回到卡昂“首先多亏了家人在几个教育机构中有些关系。对他而言，任命为彭·素约医院的助理医生，这乃是一个进行有效和好奇观察的不竭源泉。瓦斯泰尔先生，立即承担了这个备受重视的职位。”（《瓦斯泰（转下页）

的职业。他历任中学和收容所的医生，卡昂医学院的教授、校长，
391 卫生与健康委员会的副主席，卡尔瓦多药品检查委员会主席和卡尔瓦多医师协会主席，法国医师协会总理事会成员。他拥有一个省级医学界知名人物的职业生涯，不是埃斯奎诺尔学派的某个年轻“专科医生”的工作履历，后者才开始传播精神病学的新理念呢，这就有点像第三共和国的小学教员要给民众讲授知识一样。

因此，瓦斯泰尔是一个半专业人员，就像精神病医生，直到并包括皮内在内，都只是把他工作内容的一部分专用于精神医学。他处在新科学传播区域的边缘，因而有他自己的策略。而他并不能代表精神病学权力和知识之中心的状况。

其三，巴黎专家的鉴定书

这个中心在巴黎。在里维耶被判处死刑之后，该中心直接

(接上页)尔传》，丹尼·杜蒙撰，《卡昂学院备忘录》，1876年。biographie de J. Ch. E. Vastel par Denis-Dumont, *Mémoires de l'Académie de Caen*, 1876.)卡昂市的彭·素约医院是由一个修士贾梅神父(l'abbé Jamet)运营的私立医院，是在1838年法律颁布之前为了收治精神病人而专门组建的十几个医院中的一个。尤其是，根据皮内的倡议，这些疾病都按照其症状的功能而加以分类。埃斯奎诺尔曾在其报告“精神病院”中对该医院赞赏有加。(参见《论精神疾病》，第二卷，1838年)不过，按照当时的知识，就若干的组织细节而言，它并不是无可非议的；让埃斯奎诺尔感到遗憾的是，“更多的医学研究并未主导该医院的管理。”(第477页)。——原注

此处“贾梅神父”应为Pierre-François Jamet(1762年—1845年)，法国天主教教士，其重新复兴了卡昂的彭·素约姊妹会(les Sœurs du Bon-Sauveur de Caen，又译为卡昂救世主姊妹会)，被誉为“第二创建者”。法文原文误为l'abbé Jaumet。——译注

参加了第三份鉴定书，以便至少争取到王室的赦免。然而，这场精心组织的干预似乎乍一看还真是令人费解。事实上，最新的专业知识并未带来任何新的元素。那些署名者并没有看到受刑之人，他们只是在那些档案的二手文件上工作。他们满足于确定可以认可疯狂论点的那些主要因素，并且在一种清晰和连贯的秩序中把它们呈现出来。简短而严谨的文本避免了争端，而且没有拘执在最具争议性的要点上。

仅举一个例子，其奇怪之处如同在单狂症概念的斑驳阴影中。它被两种行为的对比而间接地引导了出来，一个是里维耶 392
行凶之后的行为，另一个是阵发性发狂之后似乎又恢复了理智的单狂症者的行为。不过，它并没有明确说皮埃尔·里维耶是单狂症者。如我们所见，瓦斯泰尔对单狂症概念的使用也很谨慎。然而，对于第二份鉴定书，我们寻思着，这种保留是否由于他对该概念在它运用于里维耶案时所能提供的资源的无知，还是因为某种战术上的谨慎。事实上，在大约1825年时，单狂症就已进入它的全盛时期，当时它似乎因为过度使用而不堪继续，并且已有惹恼法院的危险（请参阅随后的文章）。在第三个鉴定书中，这种对审慎的解释是至关重要的。毫无疑问，在签名的专家中确实有三个名字（除了格奥尔格此时已经去世之外），在法国的精神医学中对这个概念的推广贡献最多。埃斯奎诺尔是这个概念的创造者。卢埃在《法医学年鉴》中领导了反对埃利亚·雷诺（Élias Regnault）[1]的论战，他还反对在法律界出现一种倾向：它把单狂症解释为医生们为了侵犯司法领域而搞出来的一种简单发明。通过在《从法医学的观点思考疯癫》（*De la folie considérée du point de vue médico-légal*，1840）一书中区分“本能的单狂症”（monomanie instinctive）和“推理的单狂症”（monomanie raisonnante），马克（Marc）已经准备好赋予单狂症理论一个最系统的形式。

因此，那些署名者拥有全部必要的理论资源，以便为他们的诊断奠基。此外，文本中的一句话也指出了如下这种可能性：即在其折衷主义下，超越对瓦斯泰尔仍深陷其中的那个疯癫所进行的理智主义定义，这是否可能。“皮埃尔·里维耶所撰写的他的生平故事，表明其理智机能和道德情感的一
393 种深刻畸变”[2]然而，那些署名者很快忽略掉了该学说中的本质观点。同样，面对布夏尔对里维耶患有单狂症的“反驳”（réfutation），布夏尔假定了针对部分谵妄的一个简化概念；对此，这些署名者们仅仅满足于以外交辞令断言这些疾病分类学的范畴都是相对的，因为知道他们不“想强加给自然各种它无法跨越的界限”[3]。然而与此相反，在当时的文本中，作者们都在坚持疾病分类学的强制性特点。不过，这还不是就单狂症

1. 埃利亚·雷诺（Élias Regnault，1801 年—1868 年），法国法学家、历史学家、律师。
2. 参见边码第 252 页。——译注
3. 参见边码第 252 页。——译注

展开理论辩论的时候。必须通过避免恐慌而让人信服。对于法院而言，辨别力的缺乏是一个比意志病理学更好的理由。因此，第三份鉴定书在很大程度上证实了瓦斯泰尔报告的内容。它并未强加有关疯癫的特定理论，也避免作出精确的诊断。

在这个文本中最重要的便是这些签名了。鉴定书是一种由固定格式“诸署名人……”开头的请愿书，每一个名字后面都附有署名人的主要职务。这意味着，为了证明里维耶是疯子，医学界中与医学的社会应用相关的活跃骨干已经是破釜沉舟了。在此，解释一下这个团体在权力方面所代表的，并非全无用处：

——埃斯奎诺尔：皮内的直接继承者，新的精神医学学派中的无可争议的领袖，夏朗顿王室的首席医生，各大学医学院的总督学，公共卫生和健康委员会会员及其总理事会会员并将升任会长，道德科学与政治科学学会会员。

——马克：国王的第一医务官，健康高等委员会成员，卫 394
生委员会成员，王家医学院院士。

——帕里塞：接替皮内，成为硝石库医院的首席医生，卫生委员会成员，监狱总理事会成员，健康高等委员会成员，道德科学学会会员，王家医学院院士并将从1831年至1847年担任终身秘书。

——奥菲拉：撰写四卷本《法医学概论》（*Traité de médecine légale*）的法医学权威，王家公共教育委员会成员，收容所委员会总理事会成员，塞纳省省议员，大学医学院院长。

——罗斯坦：医学院的内科教授，王家医学院院士。

——此外还有埃斯奎诺尔的两名亲传弟子，一个是他的侄子米迪维耶，他是硝石库医院的医生，也是他在塞纳河畔伊夫里的私人诊所的合伙人；另一个是卢埃，在《法医学与公共卫生年鉴》1829年刊行之后，他便继承了埃斯奎诺尔在《年鉴》的秘书职位。

对这个评议会之构成的评论仅有两个。来自硝石库学派的人在此超过了比例，不过指导该学派展开工作的却是完全一致的见解，这些见解都是来自卫生医学的最杰出的代表人物。事实上，卫生委员会是将这些人聚在一起的关键机构。在埃斯奎诺尔和马克的指导下，创刊于1829年的《法医学与公共卫生年鉴》体现了这个群体的思想体系，其中也包括维叶梅（Villermé）和巴朗—杜夏特（Parent-Duchâtel）。编委会的12名成员之中有7位也是卫生委员会的成员，预告刊物出版的广告单对组织者的意图来讲是尤为重要的：

395 “医学的目标并不只是研究和治愈各种病人，它还有与社会组织的联系；有时候，它会在法律的指定中协助立法机构，它经常在法官们的使用中启发他们，一直以来，它与行政机构一道，关注着公共健康之维护。因此，我们将这部分知识用于社会的需求，构成了刊物《法医学与公共卫生》”。[1]

这个宣言概括了在里维耶的第三份鉴定书上签名的医生们的政治共识。至于他们的理论共识，很大程度上便是

1.《法医学与公共卫生年鉴》，第一卷，1829年。（*Annales d'hygiène publique et de médecine légale*，n° 1，1829.）

硝石库学派的那些基本原则，尤其是对疯癫的“道德原因”（causes morale）的重视，优先于其“身体原因”（causes physiques）。然而这种共识也并非必要。特别是，其中的一位署名者——罗斯坦，他以前的确是皮内的学生，但他尤其是器质病说（organicisme）[1] 理论的第一人。那些在“身体论者”（somaticiens）和“观念论者”（idéologues）之间的当时理论的划分，那些在精神疾病的生理病源学和心理病源学之间的支持者，被一种更为基础的战术协调和政治一致所超越了。他们拥有相同的策略：即为了将新医学专业的拓展予以合理化，并且捍卫其在社会中的运用。

医学策略

第三份鉴定书的内容和功能都务必在这种医学权力的逻辑下加以理解。通过在棘手的案件中找出突破口，精神医学必 396
须证明它有能力在法律旁边赢得一席之地。里维耶案就是这种情况。陪审团对疯子里维耶的判决是整个医学界的失败。在1835年，7位医学最高权威还未对任何一个他们从未谋面的杀人犯做如此动员。他们做出了一个行使其权力的示范。辩护方面要求他们这么做，不过媒体也提醒他们注意输赢的重要性。

1. 器质病说，又叫脏器学说，认为任何疾病均与某脏器发生病变有关。——译注

（参见《卡尔瓦多领航者报》的摘录，第250页）

卢埃慷慨地在《年鉴》上开辟了专栏，并汇集了最负盛名者的署名者。他不禁会认为，该行动在细节上都做了战术筹划，因为国王的首席医务官马克处在一个特别的位置上，他扮演了一个在国王路易-菲利普一世面前的说情者的角色。

陪审团的宣判被撤销了，因为基于医学理由的特赦请求，使里维耶案得到了减刑；因此，"请愿书"的目的就达到了。但是，这只不过是一个半吊子的胜利（demi-victoire）。众所周知，五年之后，皮埃尔·里维耶将在他的牢房里上吊自杀。医学干预把他从刽子手中救了下来，但是却未能从监狱部门（l'administration pénitentiaire）手中救下他来。不管是什么人道主义的动机——众所周知，即便是医学人道主义，都还没有僭越公共秩序的要求——整个事件的这样一个结局，暴露了法律界的一个现状，即它在阻碍精神医学的扩张政策。《法庭周报》的一位读者强调了这种困境（第238页）：要是法庭判处里维耶无罪，我们如何确保他以后不会再作恶？事实上，并没有法律条文明确适用于那些既危险又不用负责的疯子的情况。在这种情况下判例法是由该判决书的摘录进行阐释；基
397 于该摘录，某重罪法庭放弃这一起杀人单狂症（monomanie homicide）案件。（根据埃斯奎诺尔和费鲁斯[1]的鉴定书）：

"在法官们合议之后，法庭鉴于充足的证据而得出如下之

1. Guillaume Ferrus（1784年—1861年），法国精神病学家。他是皮内的学生，曾担任比塞特医院（Bicêtre）的首席医生。——译注

案件和诉讼：在1828年5月3日至4日，在归咎于他所行凶的行为中，雅克·巴蒂斯特·D处于精神错乱状态；因此，根据《刑法典》第64条之规定，他既没有犯重罪，也没有犯轻罪，即不必对他进行指控或提起更多诉讼；尽管如此，法庭仍然命令如下：他将移交给王国检察官处理，他会在公共安全和D的个人利益方面采取一些必要措施。"[1]

因此，精神病学的权力恐怕仍然是一种简单的阻截能力。它只是暂停了对司法镇压的终极形式的执行，但尚未建立起专门的司法和制度的框架，在里面铭刻下他们的各种征服。但是，瓦斯泰尔和卢埃指出——基于医学的不承担责任（l'irresponsabilisation médicale）需要一种剥夺自由的制度；同时——卢埃也指出——一种先于行动的干预会动摇司法机器。因为他们在镇压方面拥有主导的规范，还因为他们同时也需要一种新的装置来部署精神医学资源，所以精神病医生与司法机构就处在了这种含混不清的关系中。当时所有的法医学文本都在强调，精神病学专家的目标，既不是宣布罪犯无罪，也不是要使那些危险的疯子重获自由。卢埃在此甚至暗示，精神病学有能力建立一个更为有效的预防性的控制模式。但是，如果精神医学能够获得它所欠缺的双重结构，即原初的制度性和 398 立法性结构，那么它就能够使自己成为一个补充司法的监督性机构。

1.《法医学与公共卫生年鉴》，第二卷，1829年，第403页。（*Annales d'hygiène publique et de médecine légale*，1829，t. II，p.403.）

医学隔离

在1835年，一种解决方案初现端倪。为里维耶案发起动员的同一批参与者，已然投入到一个更加雄心勃勃的事业之中。在精神病学界诸位知名人士的积极协助下，1838年的法律正在制定之中。他们将成功添加一个新的综合，它标志着——除其他之外——一种医学和刑罚之间关系的决定性改变，一直到今天。通过在“专门机构”（收容所）中对收容方式——“强制的”（d'office）和“自愿的”（volontaire）——进行精确的制度化部署，我们在“里维耶案”中看到的双重要求将能够得到满足。强制收容提供了迅速予以监禁的可能性，它与刑事拘禁一样的有效和强制。但是，它表现出权力的额外优势，即能够在危险行为实施之前进行干预，也可以在做出一个禁令判决（un jugement d'interdiction）之前进行干预，因为禁令判决在1838年的法律之前，在关于疯癫的案件中原则上是被强制要求的。一张由省级权力机关批准并经司法监察部门核实的医学证明书，将能够检测出潜在的危险状态。

毫无疑问，所有的问题并没有因此而得到解决，因为没有任何一个条款对收容的期限做出规定，在对于那些必须终身监
399 禁的危险疯子的案件之中，有些人马上就会后悔法律的这个空白之处。不过，这样的规定可能并无必要。因为，“出院”的

可能性依然取决于医学上确认为“痊愈”（guérison）；19 世纪的社会已能够完全信赖他们的“专科医生”，并在从宽的意义中，能够保证他们没有行使过度的权力。此外，对某个“强制收容”的解除，必须得到省级权力机关的批准，这提供了一个额外的保证。因此，在那个时代，精神医学所能获得的行动余地，依然牢固地限制在明确的社会授权的框架之中。这就是精神医学所接受的一种委托权力，以便与主流的规则完全兼容地去管理一个在我们今天称为“异常”（déviance）的领域中的很是棘手的部门。然而，那个威胁着某些“异常者”（déviant）的制裁被分成了两部分：一方面是被断头台的阴影所遮蔽的刑事司法体制；另一方面是被收容所阴影所遮蔽的医学隔离。

七 理性的断续

亚历山大·丰塔纳（Alexandre Fontana）

问题

突然之间，人们开始让罪犯说话，让他写下文字。一边是医生和法律人士，另一边是罪犯，在这个特殊案例中，他也是一个“疯子”。然而，我们想问一问，为什么在审讯中要对言语的新的强调？为什么要撰写回忆录？他们想让他说些什么？他们想知道什么？

这就是我们在一篇只能指出疑问的笔记（note）中试图回应的问题。至于说解决方案，如果我们还能讨论它，那就必须围绕着单狂症概念，在19世纪前几十年的“精神医学”的一种内在的并且几乎是构成性的困境中去寻找它；还必须在包括其调查程序、观察程序和审讯程序的司法调查的实践中去寻找它，这些程序在关于疯子嫌疑犯的案件中由各种法医学教程所提出并且理论化。

因此，在一种隐秘的共谋中，为了能够确定疯癫或者揭穿假冒，罪犯的问题被纳入一种全新的结构之中，该结构涉及在无法救赎之罪行中的理性、谵妄和伪装。于是，检察官说：
402 “你想写什么就写什么吧，以便我们以后能知道，你是不是只能去收容所、监狱或者断头台。在犯罪行为中是不是有动机和利害、是不是有良心和责任感？”

然而现在，当他们的支持者在对犯罪的法律后果表现出离奇和危险的冷漠、毫不在乎和漠不关心的时候，这篇被引用和按要求写下的文字，这个被监视和监听的话语，并未回答这个问题。不过，这篇文字还是说出了一些东西，也许这个问题提得并不好，甚至除了泄露了它的无意义以及其构成的不确定性之外，就没有其他意义。毫无疑问，里维耶就想以此（也是唯一可能的）方式说话，因而我们也将试图按照里维耶所要求的方式去理解他。（“而这就是我所要求的，并且我已尽我所能地写下来；但愿大家能听到我想说的话。”[1]）

不确定性

1836年，《医学与实用外科学期刊》（*Le Journal de médecine*

1. 参见边码第89—90页。这是里维耶回忆录导言部分的最后一句话。——译注

et de chirurgie pratique）介绍了里维耶案："这个非常重要但又极其费解的杀人单狂症问题在本刊中屡屡提及。在我们所引用的事实中，又增添了一个新事实，该案最近已公布，并且在各个方面都应引起同僚们的充分关注。对于该观测主体是否存在单狂症，那些由当局所召集的医生们还有不同的看法。对此，我们将接着报道……"

事实上，根据同一本刊物报道，"在听证会上咨询了 6 名医生，有 3 名认为他是疯子，另外 3 名认为他不是疯子。" *403*

至于档案中的诊断书，如我们所知，布夏尔认为"皮埃尔·里维耶不是单狂症者，因为他并不是谵妄着一个独一无二的对象"；对瓦斯泰尔来说，如果他是基于时机的原因，而不引用单狂症的概念，因为这个概念对法官来说可是无法接受的证据，况且它已经在医生的内部产生了严重分歧，那么他就不会多次拒绝考虑在"犯罪的道德冲击"之后里维耶对理性的回归；最终，为了寻求特赦，诊断书的署名者（埃斯奎诺尔、奥非拉等等）对杀人单狂症者做出了审慎的但明确的暗示，"即他们在完成了被强迫的行为之后，往往会重新变得平静且恢复理性。"[1]

陪审员们自己在关于里维耶的疯癫问题上也有意见分歧，（当然也包括其道德的自由、他的责任感、其行为的良知等问题），"因为假如他们在里维耶身上发现足够的辨别力，能够为

1. 参见边码第 253 页。——译注

他的行为负责的话；那么他们认为，犯人生活于其中的那个环境，会强烈地影响到他那从未完全地享受过的理性。”[1]

这里的问题是：对于里维耶的罪行，我们并不清楚用什么去标识其理性与疯癫之间的临界之处，因而，这似乎又回到了在1820年代占据着司法舞台的一系列的犯罪行为：那些超越各种规范的、极端的、不可理解的罪行，因为它们似乎违背了社会秩序和自然秩序（他们杀害了自己父母，他们杀害了自己的孩子，他们吃掉了被害人的肉）[2]，与此同时，罪犯们似
404 乎没有明显的作案动机，并且还使用了他们的完整的理智功能[3]，——因此，里维耶的罪行似乎再次使这个危险问题大白于天下：即这个危险问题涉及疯癫与理性的共存、部分的谵妄以及间歇性的意识清醒。

1. 参见《公共卫生与法医学年鉴》，第十五卷，1836年，第128页。（*Annales d'hygiène publique et de médecine légale*，t. XV，1836，p.128）本书第335页“从轻情节”篇的作者亦有转引。——译注

2. 参见格奥尔格（Georget）的报告：《雷格、勒库夫等人的刑事诉讼案例》（*Examen des procès criminels de Léger，Lecouffe...*），1825年。

3. 昂利耶特·科妮耶（Henriette Cornier）杀害了邻居家的孩子，并把孩子的脑袋扔到了大街上，在她的起诉书中写道，据说凶手“无论是在深思熟虑并精心策划她的罪行，还是在完成她的罪行，似乎都没有丧失她的理智，判断力以及她那似乎唾手可得的冷静。”此外，马克写道：“尽管诉讼的过程非常谨慎，但是我们既没有发现，也无法推测任何在法律意义上能让被告人行凶的动机。”（H. 马克：《H. 科妮耶的法医学诊断书》[*Consultation médico-légale pour H. Cornier*]，1826年）至于雷格（Léger），在坦白了他的罪孽之后（他吃了被害人的心脏），起诉书说“他不再试图保持缄默，他全然恢复了冷静，自行展开了他被认为是凶手的一系列犯罪；他揭示了那些最细致的状况；出示了它们的证据；他指出了正义、犯罪的现场以及他的作案方式；法官已然不必再审，说话者本人正是罪犯。”（格奥尔格，见前引，第4页）

罪犯有可能完整地保持他的理智吗，或者一度丧失了自己的理智，随后能又重新恢复吗？他对自己的行为有意识吗？他的行凶是没有动机和预谋的吗？他能既谵妄着一个独一无二的对象，又保持着其余知觉的完整性吗？其功能中的其中一项是否受到了影响，要排斥所有其他的功能？在此，自从本世纪初以来，这一系列问题见证了新兴的精神医学，它一方面在医生内部，另一方面在医生和法官之间，建立起一系列的共享机制：理论的关键（也是政治的关键）在于知道：理性是否以及如何能够犯罪，所有这些东西——犯罪和知识——是如何得到了所谓的社会秩序的"支持"？[1]

因此，要了解是否从医生的矛盾诊断书，到陪审团的判决，再到证人们的看法（对于里维耶来说，差不多直到今天还是被视为疯子、欠缺真实的存在）都以不同的方式对这种"不确定性"（incertitude）予以考虑，这偶然地或构成性地成为精神医学的一种特定知识；我们需要在一段时间内从皮内的教义开始来回溯理论架构，这种医学在当时不断地被视为一个重要开端和重大先例。 405

1. 对于单狂症，马克会说，例如，"作为首要的原则，当杀人单狂症出现的时候，它总是先于一个特有的现象，指出一个改变，至少是理智能力的最初改变，并且这个情况得到了社会秩序的支持，因为杀人单狂症能够用于从谵妄中区分出犯罪，从真实中区分出伪装。"（见前引，第 58 页）而奥菲拉会从他的角度补充说："说单狂症是存在的有时候是多么地困难，而滥用我们所捍卫的原则对社会秩序而言又是多么地危险。对此我们毫不掩饰。"［《法医学概论》（*Traité de médecine légale*），第三版，1836 年］

对疯癫的定位

皮内在他的《哲学的疾病分类学》(*Nosographie Philosophique*)[1]中承认，神经官能症是感觉和运动的病变，它们包括道德品质的改变和倒错，但没有炎症或者结构上的病变；具有"更为直接地影响神经系统"的属性，"该神经系统有作为已知起源的
406 脑部器官"。皮内还观察了8个疯癫的案例，其中的病人似乎都保留了其理智机能的完整性，这个观察是在一种"无谵妄的躁狂症"(其中，我们在理解、知觉、判断、想象和记忆等的功能之中看不到任何明显的改变，但是在情感功能中有一种倒错，还有一种对暴力行为或者嗜血狂热的盲目冲动，无法确定任何支配性概念和虚构的幻觉，它们或许是这种致命习性的决定性原因)和一种"谵妄的躁狂症"(伴随着一种或多种意志功能和理解功能的病变，伴随着快乐或扭曲、过度或狂暴的情感)之间重要区分的源头。

---

1. 自然地，它并未涉及对新生的精神医学的追溯，只是回顾了一下我们所拥有的问题的基础：疯癫的理性化、部分的谵妄以及单狂症等等概念是如何促成了对"疯子—犯人"的文字和话语的广泛研究。对于单狂症的一个出色的介绍，以及有关道德责任心的相关问题，我们可以参阅P. 杜宾松：《论责任的方式和观念的演化》,《刑事科学与犯罪人类学档案》，1887年。(P. Dubuisson, «De l'évolution des opinions en matière de responsabilité», *Archives d'anthropologie criminelle et des sciences pénales*, 1878). ——原注

保罗·杜宾松(Paul Dubuisson, 1837年—1908年)，法国精神病医生，曾任巴黎圣安娜收容院的首席医师。——译注

因此，皮内似乎拒绝认为我们能够在疾病的起源处观察到一种器质性病变；因此，也拒绝认为我们能够按照皮内明确引用过的孔迪亚克体系的前提[1]，给疾病的起源规定一个唯一的位置；在这种对支配精神的行为进行的区分之中，疾病造成了一种机能，它排斥其他的机能；如果没有谵妄就是情感功能，如果有谵妄就是理性功能或者意志功能。

因此，疯癫只可能是由偶然的或者外在的原因所导致的一种次要功能的倒错，或者部分功能的障碍。皮内看到，理性中 407
有一种内在固有的"疯癫力"(force de folie)[2]，却只是为了随后将其要么归于情感功能，要么归于一种理智功能的病变。唯一位置的不存在和精神之不同功能的相对自治——这双重的预设，一方面保障了一种普遍理性的原则，在其基础和诸效应上具有构成上的合理性；另一方面又排除了我们能把疯癫视为由同一种理性和支持这种理性的"社会秩序"所内在地生产和孕育。从此以后，疯癫在它的躁狂症表现之中，就只能是对一种普遍规范的偏离、错乱、倒错和失调[3]；它将是在其精神错乱形式中理性

1. "同样，能够以一种孤立的方式思考人的各种功能，例如注意、比较、判断、反思、想象、记忆、推理，以及这些功能的易受影响的变化，这对于人类理智的历史不也是很重要的吗？"以及，对于这个位置："对于（有谵妄的躁狂和无谵妄的躁狂的）全部事实整体，它能与位置的观点或者知性的唯一且不可分割的原则的观点相一致吗？"
2. 同理，李嘉图的经济学是在孤立地考查劳动力的概念，故无法确定其价值。
3. 我们不知道皮内对康德哲学的教义了解到了何种程度（医生们引述康德，涉及他只对哲学家，而非司法医学，提出了关于知识的权限问题的要求，"是否被告人在行凶时拥有理解能力和判断能力"）；但是在此涉及的不是影响的（转下页）

408 的完全丧失，和在其痴呆形式中的理性不能使用。

皮内理论的框架并没有被他的学生做根本性的修改：他们将致力于给这个疯癫和理性的危险共在取一个名字，而皮内早已经称其为理性化的疯癫（folie raisonnante）；他们将更为精确地定位那些受到影响的功能；他们将试图确定那些成为其原因的“偶然事件”（accidents）。

论单狂症

因此，对于皮内所指出的这个方面，在此疯癫模模糊糊地

（接上页）问题，而是同一个的概念整体的隶属问题；事实上，对于康德来说，疯癫并未动摇理性的普遍作用的原则，相较而言，疯癫不是反理性，它有其适当的法律和特定的管理，康德在其《人类学》（*L'Anthropologie*，1797年）一书中说："因为非理性（derasion）——这是积极的东西，而不是简单的缺乏理性——就像理性自身一样，是一种对象能够与之对应的纯形式，并且两者都具有普遍性。"［参见康德：《康德著作全集·实用人类学》（第七卷），李秋零译，中国人民大学出版社2013年版，第53节，第212页。译文有改动。——译注］

此外，J. 法尔莱（J. Falret）在其1866年的文章"论理性的疯癫或道德的疯癫"（刊于《医学心理学年鉴》，«De la folie raisonnante ou folie morale»，*Annales médico-psychologiques*）中并未对此断言："我们看到，如果这种（所谓的单狂症）的举止被局限在公共的意义上或者普遍的常识上，如果它没有非常猛烈地攻击所有的公共观念、所有被接受的观点、所有普遍的风俗，总之就是构成人类普遍理性的共同基础；那是因为，在这种公共理性的评判中，伴随着很多可能的个体变化和摇摆，这就存在着一个基础性的对照点，它使得我们能够通过最近的分析去区分理性和疯癫。"

让—皮埃尔·法尔莱（Jean-Pierre Falret，1794年—1870年），法国精神病学家，他深受皮内和埃斯奎诺尔的启发和影响，著有《循环的疯癫》（*la folie circulaire*）。——译注

触及了理性。从 1810 年开始，埃斯奎诺尔构建了单狂症或部分疯癫的庞大建筑。用一句适用于所有的部分谵妄的话来说，他会说："精神错乱者，通过保留其几乎全部理性的运用，只谵妄于一个或者为数不多几个对象；此外，他的感觉、推理、思考和行动，就像他自己在生病之前地那样感觉、思考和行动。"[1] 当单狂症是杀人犯的时候，单狂症是一种"部分谵妄，其特征或是由自身引起的对谋杀或多或少的暴力冲动"，或是一种内在信念；然而，谵妄则是基于想象力的狂热，基于错误的理性，基于谵妄的激情，或者，如果我们从未观察到过任何理智或者情感的改变，基于一种盲目的本能，基于一种不可抗拒的习性，基于*难以名状*的某物（罪犯们自己称之为"那个声音、那个恶灵、那个驱使着我的东西"）。尽管如此，单狂症本质上依然是一种情感，"它向观察者呈现出各种最为古怪和最多样化的现象"，它"包括了感觉性的所有的神秘异常"（1820 409
年），因而，对它的研究"与激情的知识是分不开的；它在人的内心之中占有一席之地；我们必须在此深入研究，以便获悉其全部的细微差别"。奇怪的是，由于理智能力的发展，以及更广泛地说，由于"社会状态"的发展，埃斯奎诺尔用一种致

1.《关于杀人单狂症的笔记》（*Note sur la monomanie homicide*），1827 年。1860 年，德国医生葛利辛格说，"皮内对躁狂症的创造对科学来说是一个厄运"。
威廉·葛利辛格（Wilhelm Griesinger，1817—1868），德国著名精神病学家，神经学家和精神病医生，他是德国"神经学和精神病协会"（Gesellschaft für Psychiatrie und Nervenkrankheiten）的创始人，同时还创建了《精神病学与神经疾病学的档案》（*Archiv für Psychiatrie und Nervenkrankheiten*）。——译注

命的机械论的方式，使单狂症成为一种世纪之恶（例如，伴随着古老的恶魔附身妄想的衰弱，警察就能据此干扰“虚弱的想象力”）。

就格奥尔格而言，从1825年开始，他引入了本能单狂症的概念，其本质上是因为意志的歪曲或模糊，其原因与生活的变迁起伏、疾病导致的衰弱和激情导致的错乱并无关系：这些正是通过对食人魔（帕巴沃安、费德曼、雷格）的各种犯罪行为所假想出来的，这些犯罪行为在合理的理由看来似乎毫无动机。格奥尔格在其所著《雷格、勒库夫等人的刑事诉讼案例》一书中通过疯癫的存在进行了解释。

从此以后，在一种医生自己看来都经常是错综复杂的混合之中，本能单狂症、理智单狂症和理性单狂症相互交织和重叠在一起；除了术语和定义之外，重要的是，一个晦暗且令人不安的区域似乎遮蔽了医学知识，这个区域常常被一种理性时有时无的犯罪所贯穿始终。于是乎，这就是为什么埃斯奎诺尔在1827年提出警告，反对在理论和体系上[1]创建单狂症的趋势
410 （对他而言，单狂症只是一个观测到的事实），而像马克这样的医生，应邀参加法律咨询，他强调说，不应该滥用单狂症的概念，它只能是一种例外情况，“只能在社会秩序的利益中的一

1. 事实上，非常奇怪的是，宿命论单狂症和唯物论单狂症，它似乎妨碍了灵魂的自由；这促使埃斯奎诺尔讲出了那句众所周知的恳求：“唯物主义和宿命论的煽动者，以及我们想要创建或是禁止关于道德、社会和宗教的颠覆性理论——这都是神所不悦的。”

个极端情况下被接受”。通过给出相同的预防措施，以及相同的审慎态度，奥菲拉在其《法医学通论》中论述道：“我们不会掩饰，有时候宣称单狂症的存在是多么困难，而滥用我们所捍卫的原则对社会秩序而言又会是多么危险；医生的正直与学识必须在每一起案件的审判权中得到专门的保留；并有权赋予法院这些唯一的要素，使得公平的审判能够合理地奠基在这些要素之上。”

事实上，单狂症的学说在法官和法学家那里，以及在那些医生和在新生的对疯癫的解剖—病理学概念的支持者那里，都遭遇了同样的敌意；对于前者来说，如果真的对精神错乱的案件没有疑问（当时《刑法典》第64条排除了犯罪，因此就只有重罪或者轻罪），那么，单狂症的不可抑制之习性的原则，与此相反，就必须被简化为激情的有罪堕落的更普遍的原则，此即保卫着其全部领地的意志[1]。对于后者来说，问题在于为 411
皮内弟子[2]所提出的那些太过于“唯灵论的”和“形而上学的”

1. 杜班（Dupin）和塔尔迪夫（Tardif）在1826年3月30日的报告中断言道：“当我们不能说他是罪犯（单狂症的罪犯），我们就说他是疯子；我们看到，夏朗顿（Charenton，译按：代指精神病医院）代替了巴士底狱（la Bastille）。”就科拉尔·德·马赫提涅（Collard de Martigny）而言，他在其专著《法医学的审慎问题》（*Questions de jurisprudence médico-légale*，1828年）支持道：“杀人单狂症或许不能被认为是一种精神的错乱，因为激情本身仿佛就是疯癫。在两种情况之中，都有谵妄存在。理智保持着其完整性：所有的单狂症都有激情，所有的激情都有单狂症。”因而，他们俩在同年又补充道，“如果单狂症是一种病，当它犯下砍头的罪行时，就必须在格列夫广场（place de Grève）用断头台把它治好。”
2. 加尔（Gall）在其1810—1812年的论著（《大脑的解剖学和生理学》，*Anatomie et physiologie du cerveau*）中，在认识到存在着间歇的、部分的和理性的（转下页）

（接上页）精神错乱之后，他已经表明："我们既不需要在灵魂中，也不需要在想象力的所谓渎职中寻找这种疾病的原因，而是应该在物质性的媒介中去寻找。"他确信，当我们打开精神错乱者的头颅时，就能发现各种膜[†]的厚度及密度；至于说杀人的倾向，它取决于一种捕食的本能，其位置在颞部和耳朵上方的顶骨下部，道德秩序的各种要素会抑制和调节耳朵的活动，比如教育、风俗、宗教等。说得更准确一些，J. 拜勒（J. Bayle）[*]在其《精神疾病的新学说》（*Nouvelle doctrine de la maladie mentale*，1825）中指出，我们已经观测到了器官的缺陷，它在疯癫中、在胃部和下腹部（皮内），在大脑活力的损伤中（埃斯奎诺尔），在血液中的生命原则的改变中（弗德雷），在胆汁的积累中（普鲁斯特），在一种脑部的疾病中（格奥尔格），此外似乎并未"对其有过度的重视"；因此，他试图把疯癫视为一条统一的路径，其特征是脑膜[‡]的慢性炎症："而其单狂症只是最初发作（伴随着局部瘫痪或麻痹性痴呆），接下来是严格意义上的躁狂症和痴呆症"。这是布罗塞（《论疯癫的发怒》，1828年。Broussais，*De l'irritation de la folie*，1828）、卡梅耶（《论精神错乱者的麻痹》，1826年。Calmeil，*De la paralysie chez les aliénés*，1826）、布雷耶·德·布瓦斯蒙（《对杀人单狂症的法医学观察》，1827年。Brierre de Boismont，*Observations médico-légales sur la monomanie homicide*，1827）所采取的方法。这种尝试一方面导致了法尔莱的结论（《论理性化的疯癫或道德的疯癫》，心理学医学年鉴，1927年。Falret，«De la folie raisonnante ou folie morale»，*Annales médico-psychologiques*，1927），他否认在单狂症中的这种特性，或者精神疾病的特殊变种，并且通过在临床领域的定位，把它归入了复杂征候群，其中包括躁狂的兴奋、麻痹性痴呆、歇斯底里的疯癫以及道德的疑病症；另一方面导致了莫莱（Morel）有关退化和遗传的理论，同时宣称疯癫概念是对一种可以容纳隆布罗索[**]的测量人类学的标准的可测性偏差。

但是，在1830年皮埃尔·里维耶案的时代，作为埃斯奎诺尔诊断书的共同署名人，F. 卢埃（F. Leuret）仍然陈述了如下主张：

I. "麻痹性痴呆并非疯癫的一种最终形式；当我们打开麻痹者的尸体的时候，我们能够看到这些病变，倘若我们只能在后者那里发现这些病变，那么我们就不应该把其归于谵妄。"（《关于疯癫的心理学断想》，*Fragments psychologiques sur la folie*，1834）

II. "疯癫存在于理智诸机能的异常中；与日常疾病一样，它并非以身体的症状为其特征；而其产生的原因，虽然有时可由感官感知，但往往可归因于与物质的一般规律完全无关的现象序列。"（《论疯癫的道德治疗》，*Du traitement moral de la folie*，1840）

III. "如果疯癫真的取决于一种大脑的变化，我们则完全不知道这种变化由什么构成。"（同上）

IV. "我们希望将颅相学（phrénologie）应用于精神错乱的研究，这既不相干，又无基础。"（同上）（转下页）

概念给出一个在尸体被切开时就能见到的生理学基础。 412

但是，必须认识到：这个如此富有异议和争论的单狂症概念，不断地涵盖着一系列的事实（部分谵妄、谵妄失神[1]、间歇性清醒），在皮内及其弟子的体系中，它们在本质上依然是神秘的（mystérieux）和不可理解的（incompréhensibles），这产生了一种不确定性（incertitude），但是最好称之为构成性（constitutive）。在这个体系中，理性化的疯癫和单狂症有某种缺陷、阴暗的区域和难以理解之处，正是在这些地方，同时地并必然地出现了：在征候层面的一种可见的外部征候学；在远因和症状层面上的机械决定论的病因论；在触发要素层面上的对盲目偶然事件的认识或无知[2]。

（接上页）† 膜（membrane），人体或动植物体内覆盖组织类薄皮的组织。切开人的头颅时遭遇的组织依次为：皮肤、腱膜、骨膜、颅骨、脑膜、脑皮质。——译注

* J. 拜勒（Antoine Laurent Jessé Bayle，1799 年—1858 年），法国精神病医师。因发现梅毒螺旋体会侵入人体中央神经系统导致神经性梅毒（neurosyphilis），从而引发麻痹性痴呆（paralytic dementia，又称为全身性麻痹 paralysie générale）而著称。——译注

‡ 脑膜（méninges），是包裹人脑和脊髓的三层保护薄膜：硬膜、蛛网膜和软膜。——译注

** 撒切雷・隆布罗索（Cesare Lombroso，1835 年—1909 年），意大利犯罪学家、精神病学家、法学家，侧重研究人体生理因素与犯罪的关系。——译注

1. 谵妄失神（absence de délire），由谵妄导致的短暂的意识丧失。——译注
2. 对于这些征候来说，在行为的层面上，疯子自从童年时代起就有古怪行为和奇异之事，这在本质上意味着他就社交规范而言好像是“野蛮人”（sauvage）、边缘主体。在面容的层面上，他的面色是土灰色和青灰色的，眼睛凹陷，布满血丝，表情呆滞；扎基亚斯在其“论著”（Traité）中已经指出过了。虽然稍微有些变化，我们还能发现：它在相面术手册中（参见莫雷（Moreau）对拉瓦特（Lavater）的论著《一门通过相面术来认识人的艺术》（*L'Art de connaître les hommes par la physionomie*，Paris，1807，第八卷的增补），在法医学概论中（迈茨格、（转下页）

413 征候的可视外部性、症状与原因的机械决定论、触发机制的盲目偶然：因此，在精神错乱和痴呆的良好形式之间，单狂症的作用就像某种不良的形式，它就像一个合页，两方轮流接触但绝不包含，它还常常依法征用犯罪事件，以便显露和关闭一种在谵妄和清醒之间交替更迭的“无人区”，医生和法学家正徒劳地试图将其合并起来。因此，单狂症似乎只是划出了“神经”医学所能达到的边界，这种神经医学建立在一种具有双重和互补的前提条件之上，此即普遍理性的规范功能和社会秩序的内在善良。

（接上页）弗德雷、奥菲拉），以及证人的证词中。在此，证据其实是由能够区分疯子和罪犯的人的意见所构成，这个意见以关于疯癫的刻板的征候学为基础，它似乎在学术教科书和大众想象力之间传播着，并没有太大的变化。

在症状的层面上，它们是失眠、窒息、发热、头痛、焦虑、胃痛、心悸的混杂影响，它最常被考虑为是疾病的结果，而不是疾病的原因。在病因的层面上，身体系列（遗传因素、气候、年龄）与道德系列（激情、狂热、游手好闲）和社会系列（教育、醉酒、性滥、饥饿、苦难）并驾齐驱。最后，至于说触发的因素，这是某种出其不意的冲动和难以抗拒的倾向，正如我们所说的，最常见的是对“恶灵、一句话、一个念头”的物质化。

译按：保罗·扎基亚斯（Paul Zacchias，1584年—1659年），意大利外科医生、医学教授、法医学家、哲学家和诗人。著有三卷本《法医学问题》（*Quaestiones medico-legales*），是法医学的开创者。文中提到的论著应为该书。——译注

迈茨格（Johann Daniel Metzger，1739年—1805年），普鲁士医生，柯尼斯堡大学医学教授，其与康德为同事，撰有《论康德》。——译注

弗德雷（François-Emmanuel Fodéré，1764年—1835年），法国法医学家，著有六卷本的《法医学概论》（*Traité de médecine légale*，1813）。——译注

奥菲拉（Mathieu Orfila，1787年—1853年）西班牙裔法籍医生和化学家，法医学和毒理学的先驱，著有四卷本《法医学概论》（*Traité de médecine légale*，1836）。——译注

对书写的求助

然而，在精神医学中，单狂症的这种“障碍”(obstacle)在理论和实践上的效应是值得注意的：事实上，这是单狂症之 414
构成的模糊性与医生之根本的不确定性的联合效应，它导致了精神医学的这种“社会学”的诞生；这种精神医学不再局限于对疾病分类学图表上的各种征候加以鉴别和定位；它是在欠缺的临床观察的补充内容中以及在它之外，在这个扩展的病例中，引入了一种定量的维度和空间的维度（按年龄、地域和职业进行分类的统计表），以及尤其是引入了一种时间的维度，这就构成了今后对疯子的家族史和个人史的回溯[1]。更重要的是——此处正是里维耶回忆录的最前端——它使得医生、法官和主体之间的话语的新交换成为可能，并最终实现了对书写的求助[2]。

1. 我们不能断言，单狂症的事实使得法医学的诊断成为可能。我们必须认识到，一方面，它没有利用我们所熟悉的或我们所提倡的一种形式或者一种运动，在法医学的文献中没有这种可疑的疯癫，可以认为是单狂症；另一方面，在19世纪的最初几十年给我们留下的大量诊断主要涉及可能的单狂症病例。而且我们将会在瓦斯泰尔的诊断中发现一个非常好的关于诊断的例子。瓦斯泰尔在诊断中附录了里维耶的档案，这在我们看来，在一个对医生和法官来说单狂症的理由变得越来越困难的时代，瓦斯泰尔在战术上夸大了谵妄，并且在辩护的利益中战术性地援引了里维耶的痴呆。
2. 那些求助于罪犯书写的内容，我们在加尔的《法医学概论》中可以找到：“他们说话、他们书写，通过思考来摧毁自己：但是我们就是要这么做。谁会相信这些很好地描述了这些不幸之人苦难的话语和文字，人们不是常常把他们的（转下页）

415 事实上，由于不可能通过内在固有的征候来识别疾病，人们求助于社会坐标和病人的传记，作为病人的深层基础和遥远先例；而在突发事件、行为、犯罪之后，当事人即被要求写下相关内容，以便检验（伴随着日常的身体侮辱，比如淋浴、热铁灼烙、身体威胁[1]）这个仍旧是单狂症犯罪中最可怕的危险和最微妙的含混性效应的东西：即假装疯癫的可能性[2]，它再次由

（接上页）行为视为是有预谋的和理智的事件么？人们说，他们的疯癫——只不过是假装的；一个疯子不会说：我是疯子，而且疯子是不推理的。倘若我们不小心，那么这种错误且野蛮的推理，便会把那些我们本只需责怪他们疯癫的人，都被送上断头台。"

1. 因此，马克并未排除"在不违背人道主义原则的情况下，他们能用既不严厉也不痛苦的方法发现真理。"（"精神错乱的法医学的历史资料"，《卫生年鉴》，1829年，«Matériaux pour l'histoire médico-légale de l'aliénation mentale»，*Annales d'hygiène*，1829）

2. 关于伪装，根据扎基亚斯（Zacchias）的陈旧观念"没有人能够像疯子那样更容易和更频繁的装病"（*nullus morbus fere est qui facilius et frequentius simulari potest, quam insania*），以及古典法学家在这方面的陈旧规则，即根据"一旦发疯就会一直发疯"（*semel furiosus semper presumitur furiosus*）和"过去是疯子则现在也是疯子"（*demens de praeterito praesumitur demens de praesenti*）的标准，两者已经在弗德雷（Fodéré）的《论谵妄》（*le Traité du délire*，1817）中展开交战，他认为"装疯和隐瞒疯都是疯癫之决然的对立面"。

后来，在1850年左右，如果谵妄有一个病人都无法知道或假装的，系统的和有机的连贯性，则假装疯癫的情况就必须在解剖病理学研究之后被排除掉。[布雷耶·德·布瓦蒙，《法医学手册》，1835年，（Brierre de Boismont，*Manuel de médecine légale*，1835）："我们在这个世界上所形成的看法是如此的错误，以至于那些想要假装这种状态的人必然会背叛自己。"莫莱尔（Morel，«Rapport médical sur un cas de simulation de folie»，*Annales médico-psychologiques*，1857）："没有任何一个精神错乱者被剥夺了原因的观念、实体的观念和存在的观念。"毕洛德（Billod，«Simulation de la folie»，*Annales médico-psychologiques*，1860）："伪装者所忽视的正是精神错乱，我们能力的这种失序，它参与到了这种奇妙秩序中，这种秩序支配着世间的万物，但却服从于一种固定的分类"]，在里维耶行凶的那（转下页）

疾病的模糊性和医生的不确定性所开启。 416

最终，正是因为这种“障碍”，疾病会发作且必须发作出来，根据法医学，在调查、讯问和观察的过程中：调查是重建病人以前的状态，从与他接触的人那里收集证词，对先例的存在进行验证，对相貌的征候进行识别[1]；布雷耶（Brierre）把讯问定义为，“当人们怀疑疯癫是被模仿的时候，讯问就是获得真相的最佳途径之一”；最后，观察主要是基于写作的证据：“我们让他写下来，给他提出计划，并通过骗取他的信任，从他那里套出了其空想计划和无端的仇恨的话语，还通过获悉他们行为的全部动机，来准确地评估他的状态”，（布雷耶·德·布瓦蒙：《论单狂症》，第260—261页。Brierre de Boismont，*De la monomanie*，pp.260—261.），而且，医生让罪犯“写下书信或者回忆录，以便暴露他们辩护的方法以及对当局的抱怨”（奥菲拉：《法医学概论》，第一卷，第491页。Orfila，*Traité*，t. I，p.491.）。总之，“我们让他们讲述他们听到的事情、动作、做的事情以及仅仅是在病人所关心的观念之影响下所撰写的东西”（奥菲拉，同上，第492页）。

（接上页）几年，这个问题似乎再次提上日程。因此，在1829年，马克说：“能够被转给法医的最重要的功能之一，是确定该精神错乱者是真的还是假的”，因为，布雷耶·德·布瓦蒙（«De la monomanie ou délire partiel»，*Annales d'hygiène*，1847）随后会补充说：“作为激烈争议的对象，这种精神错乱的差异性毫无疑问是存在的；但是有时候是很难看到的，而且毫无疑问，正是这种多样性要求经验丰富的医生给出最多的洞见。”

1. 在里维耶档案的证人证言中可以看到一个很好的例子。

因此，我们给犯人设计了一个仁慈[1]的陷阱，通过他们的话语和书写，他们就能说出其行为的真相。于是，犯人的话语，即“疯子”的话语，每当所有其他证据失效的时候，其功
417 能就如同最后的证据。疯子和他的话语[2]；疯子和他的书写：在最后的诉讼过程中，对于法官来说，它们是其动机的证据，对于医生来说，它们是真相与伪装之间的分水岭。正如我们所知，回忆录是在控告中应检察官的要求而写下的，不管其意图是潜在的还是显白的；因此，我们把里维耶的回忆录归因于一种医学知识在构成中的不确定性（当然，这或许不是唯一的原因），归因于通过疯子话语说出还是没有说出疯癫之真相的那种知识（医生和法官在此形成了一个密谋）。[3]

1. 对于这个陷阱的观点，马克断言说：在某种情况下，“单狂症者会掩饰，并不断地回到他谵妄的对象，顽固地逃避着，因为他感到人们给他设下了陷阱，并且人们会把他在这一点上说的全部的话当作疯癫。一个这样的单狂症者，一般说来，都有一个强大的头脑，并保留了最大部分的智力”。(《论疯癫》，1840 年，第 51 页。*De la folie*，1840，p.51）

2. 米歇尔·福柯在其他地方指出了写作和犯罪之间的关系。在随后的段落里，我会另外考虑里维耶的书写也是为了识破那个陷阱。

3. 一言以蔽之，在这种疯子说出的话语中，我们在此已然看到了后来成为精神分析之实践的那种理论的出生证明。一种完全在治安上和法律上的必要性的可耻起源（*pudenda origo*）(译按：参见尼采：《朝霞》，第二卷，第 102 条。福柯在系谱学阶段，对尼采此语多有引用。)，使疯子接受了一种他们所缺乏的和成问题的知识之真理。而且，正如精神分析将要分享新生的精神医学知识，它也将分享一种不可能性，即不可能把精神错乱认定为由“理性”及其“秩序”所孕育和产生；所以病人所说出的话语，无论理论和实践是多么凝练和精妙，都只能是对从病人身上没收的知识的提取，作为医生的那些有缺陷的和失败的知识的一种剩余价值。

不可决定性

因此，疯子的话语就处在学说的各种空隙之中，它在那里感觉到了陷阱并试图挫败它。事实上，所有的关联、所有的共谋、所有的回避都被束缚在这种构成性的空隙中，而里维耶的回忆录只不过是其神秘的外表。正是他将要去检验，将要填补空隙，将把知识建立在一种重新获得的确定性上。

不过，实际上发生了什么呢？被困在陷阱中的主体反过来 418
也设下了一个陷阱：他以一种对疯癫的普遍的不可判定性的方式，建立起医生和法官对疯癫的不确定性，而不是提供预期的关于真假的证据。事实上，一旦我们确信我们掌握了证据，那么证据就会转向它自身。有这一句话就足够了："我是带着弓弩被捕的，尽管我说我制作弓弩是为了装疯，但是完全不是这样的。"

事实上，还真不完全是这样，还有其他情况。事实上，在里维耶的话语中从未出现过这种在事实真相和思想真相[1]之间的完全一致性，这些真理支配了全部西方形而上学的理性言说；从另一方面说，有一种从一个术语到另一个术语的连续且无限的反转，根据一个循环方程式，在其中，第二种关系的可

1. 法文版脚注缺失，仅标有序号。——译注

能性恰好能够说明犯罪行为：

诸事实的真相：思想的虚假 = 诸事实的虚假：思想的真相

事实上，里维耶讲述了与那个时代相关的真实事件（并非伪装的），在那个时代我们把他视为疯子（由瓦斯泰尔强调并重新采用的意见），并且在犯罪之后，他说他已经恢复了理智，然而他并未说出任何伪装的事件（实际的或者可能的）；当里维耶想表现为可能的"疯子"时，他恰恰在最大化地使用理性；当他决定说出真相的时候，他却重新采用了那种已被证人们归咎为疯癫之征候的野蛮状态；最终——此处是该方程式的渐进极限——里维耶有理有据地写下了一份回忆录，可医生
419 却只看到了谵妄，那么，里维耶到底是疯了还是没疯呢？里维耶似乎自己提出了关于真理的真问题（如果有个人是疯子并且他假装没疯，如果有个人没疯但是他假装疯了，那么这个人事实上又是什么呢？），所以，里维耶到底是不是伪装者？他所引述的动机（把他的父亲从女人们那里解放出来）在他的体系里是非常合乎逻辑和严密的——极度的严密性以至于成为犯罪证据和犯罪考验——法官们的体系也是这样的吗？我们无法回答这些问题的证据是，我们只能矛盾地回答。归根结底，毫无疑问，里维耶的回忆录回答的是另一个疑问所提出的问题[1]："一

1. 我们在此只能概述"疯癫"和悖论性交流的一种特定话语的无限反转的双重形象，它坚持从一个问题到另一个问题，在疯子—罪犯和让他说话的人之间进行的"对话"。

个以矛盾本身作为真理之条件和标准的体系，一个能够容忍不可消除的犯罪行为的体系，它到底是真的还是假的？”[1]

因此，关于回忆录的额外的知识——这些对我们来说是认识论和政治学的兴趣——没有给出问题的回答；相反，它只是表明如下内容：

1. 从某种有关疯癫的特定概念来看，真问题和假问题依然是不可判定的；瘫痪的与其说是病人的意志，不如说是医生与法官的真理意志；

2. 医生的知识并不是这样的一种知识，如果用一句话来证明，即它就只能是再次确认该证明的不可能性，如果需要的话；

3. 更一般地说，只要医学知识——在某种特定的模式和特定的生产关系中——表明它不能思考疯癫的依赖关系和孕育形式；只要医学知识——基于一种共在的混乱——周期性地和间歇性地把自己局限在理性和疯癫中（在一种理性和一种普遍而规范的社会秩序旁边），让疯癫落户入籍到这些“虚假的领土”（territorialités factice）上：偶然的原因，症状的外在性，理性领域的上升和下降，以及诸如遗传、退化、颅骨尺寸等等因素；那么，在这种对医学知识之科学性的要求上，就有一种构成性的局限。 420

1. 里维耶的言语造成的这种不可决定是理论的理性，它使得我们摆脱了评论或阐释的全部诱惑，就是说，摆脱了把这个言语向任何一种的理性秩序的全部还原。

过犹不及

然而，所有的事情发生了，就像额外的知识，这种知识的剩余价值所要求的，非但不能被充公，相反，它指出了它们要去填补的空隙。根据拉里·比奈先生的证词，这种“做得多一点”，这种“再补充”指出了欠缺的一点，以及所有的质疑都似乎是关于里维耶“所作所为”的报告。让我们再读一下这惊人的一页：

“比奈说，我和里维耶的父亲在一起做工很久了（大概有五到六年）。我在采石场开采碎石，他父亲负责用车拉走，他儿子帮他把碎石装车。有一次，他父亲发现车已经装满了，于是就给他儿子说，不要装更多的石头了。被告人还是继续装，就好像没听见一样。他父亲再三说，这是白辛苦。不得已，他只好亲自上到车上，把他觉得多了的石头扔到地上。但是他才稍微远离了一下马车，比如忙着去调整马匹准备离开，儿子就把父亲已经扔下去的石头又装回到车上。”

我们在此所仔细地察看的全部内容即：徒劳无益的额外工作，毫无对象的话语交流，对行为的质疑及其固执地再开始。

事实上，里维耶似乎一直做得都有点过头或者非常过头：有他儿时的疯狂游戏，当他砍下卷心菜的头，有他对一般历史的谵妄的沉迷，有他对可怕凶器的制造，尤其是包括有他的行凶杀人；正是因为做了更多和太多的事，使得他能把理性错乱的行为和欲望自由的行为相互交换。

这或许是他的深层动机，谁知道呢；医生也看不见，法官也听不见，因为他们的知识对此是缺失的。

法律术语表

accusation 起诉、指控

acte d'accusation 起诉书

apports en communauté 夫妻共有财产中双方各自带来的财产

circonstances atténuantes，les 从轻情节

délinquant 轻罪犯人

délit 轻罪

instruction judiciaire 司法调查

instruction 初审，预审

interdiction 禁止治产权

jurisprudence，la 判例法

justice penale 刑事司法

placement 安置，收容

privatif de liberté 剥夺自由

procès-verbal 笔录，诉讼笔录

recours en grâce 请求特赦

régime dotal 奁产制

témoin à charge 控方证人（原告的证人）

témoin à decharge 辨方证人（被告的证人）

tribunal depremière instance 初审法庭

医学术语表

absence de délire 谵妄失神

aliénation mentale 精神异常，精神错乱

aliéné 疯子，精神错乱者

bilioso-mélancolique，un tempérament 易怒—抑郁的性格

délirant 谵妄者，妄想者

délire partiel 部分谵妄

délire 谵妄，妄想

démence 痴呆，精神错乱

dérangement 紊乱，失调

étiologie 病因论，病原论

flegmatique 粘液质（的）

hypocondrie 疑病症

intervalle lucide 间歇性清醒

lobotomy 脑白质切除术

mâchoire inférieure 下颌骨

manie avec délire 有谵妄的躁狂症

manie sans délire 无谵妄的躁狂症

manie 躁狂症

membrane 膜

monomanie homicide 杀人单狂症

monomanie 单狂症

médecin légiste 法医

médecin spécial，médecins spéciaux 专科医生

mélancolie 忧郁症

méninge 脑膜

neurosyphilis 神经性梅毒

paralysie générale 麻痹性痴呆

paralytic dementia 麻痹性痴呆

perturbation 絮乱，紊乱

perversion 倒错

phrénologie 颅相学，骨相学

psychiatrie 精神病学

sémiologie 征候学

signe 征候，征兆

symphyse du menton 下颌骨连接处

symptôme 症状

vertèbres cervicales 颈椎

译后记

当年还在上高中的时候，曾读到了贾平凹老师的一句话："知识分子受了一点苦，写了很多书；农民受了很多苦，什么也写不出来。"这句话一直印刻在我的脑海里，而翻译这本书的时候，它就不停地跳出来"作祟"。不是因为这句话的修辞很好，而是因为它真实得不像话。试想，如果让一个亲历了人世间最底层的各种状况的人，把经历用自己能够运用的最简单的方式书写下来，那就会像皮埃尔·里维耶一样吧。

2000 年 10 月 6 日晚，吾县合阳东北乡一个叫贾英民的四十多岁的农民，手执利斧，按照自己写下的"死亡名单"行凶，先后砍死了自己的妻子和两个儿子，岳父和岳母，姨母，他弟弟全家：弟媳和侄子、侄女（他的弟弟在外打工逃过一劫），还有邻村的泥瓦匠一家三口，共计 12 人。随后，在村旁的土崖边上吊自尽。此案一出，迅速震动乡野。凶手贾英民幼年丧母，其父再娶的后母待他也不好，成年后又入赘妻子李家，岳父母待他也不好。村民们说，他的性格内向孤僻，为人本分老实，但是心胸狭窄，记仇不忘。1992年前后，在帮助他的弟弟盖房子的时候，与邻村来的泥瓦匠发生争执，遂用铁锹将其砍成重伤，因而被判故意伤害罪入狱六年。这件事改变了贾英民的人生轨迹。1998年他刑满出狱后，也曾借钱给自家盖了房子，但是不巧此时妻子又得了白血病，这使他原本入不敷出的生活雪上加霜。之后的两年，他恐怕是在这样日日的煎熬中度过的，在逐渐累加的厄运中被彻底压垮。

如果贾英民能够留下一些文字，大概会像皮埃尔·里维耶的回忆录一样，记录下自己的过往经历和心路历程。但是除了一份“死亡名单”之外，他什么都没有留下，就像沉寂暗夜中的一根刚刚熄灭的火柴梗。

福柯向来关注边缘群体，关注危险个体和不正常的人，关注被社会所忽视的阴暗角落，诸如疯子、监狱、精神病院等等。他试图让默不作声的沉默者发出声音：因为他自己就属于这样的边缘人群，因为在他看来，个体在时代的洪流面前都小如蝼蚁，在历史的旋律中都寂寂无声。与福柯的旨趣相类似，贾平凹老师的那句话更像是在提示文字的使命——即通过文字来运思的知识分子的使命。试想，如果不是为体验到那普遍的不可名状的痛苦并予以明确的回应，那再多的文字又有什么意义。

在本书的翻译过程中，译者参考了英文版和德文版，专有名词的翻译则参考了日文版。译者初涉译事，在翻译中就遇到的各种疑问曾多次请教方家：陕西师范大学文学院赵文教授帮忙解决了法国历史和法语翻译方面的疑问，好友法学博士向东副教授帮忙解决了法律方面的相关疑问，好友尹兆坤副教授帮忙核对了译文中拉丁语的翻译。另外，陕西师范大学地理科学与旅游学院岳大鹏教授和他的学生刘蓉帮忙按照原书中的地图绘制了新的地图，为本书增色不少。在此向他们表示感谢。

同时，还要感谢当年在西安法盟一起学习法语的 Strasbourg 班上的各位亲爱的老师和同学们。以及时时关心着译著进展的各位师友，恕不能在此一一提及，只得借此机会表达深深的谢意。最后，再次感谢中国社科院汤明洁副研究员的推荐和上海人民出版社编辑赵伟兄的信任。

感谢我的学生江云颖、曹博昊和张雄治校读了译文的全部内容。译书非易事，现在终于有了切身体会，译稿已修改多次，现在已经完全是“黑夜观牛”，译文中想必还是会有各种各样未竟的问题，则一切舛错由译者承担，还请各位同仁批评指正。联系方式：wanghui.sn@snnu.edu.cn。

本译著是 2017 年国家社科基金一般项目“康德与福柯哲学的生成与结构研究”（17BZX079）的阶段性成果之一。

王辉

2020 年 10 月 4 日

于陕西师范大学

图书在版编目(CIP)数据

我，里维耶，杀害了我的母亲、妹妹和弟弟：19世纪的一桩弑亲案/(法)米歇尔·福柯(Michel Foucault)编著；王辉译. —上海：上海人民出版社，2021
(思想剧场)
ISBN 978-7-208-16944-9

Ⅰ. ①我… Ⅱ. ①米… ②王… Ⅲ. ①司法精神医学-案例-法国 Ⅳ. ①D919.3

中国版本图书馆CIP数据核字(2021)第039766号

责任编辑 赵 伟
封扉设计 人马艺术设计·储平

思想剧场
我，里维耶，杀害了我的母亲、妹妹和弟弟
——19世纪的一桩弑亲案
[法] 米歇尔·福柯 编著
王 辉 译

出　　版 上海人民出版社
(200001 上海福建中路193号)
发　　行 上海人民出版社发行中心
印　　刷 上海商务联西印刷有限公司
开　　本 890×1240 1/32
印　　张 14
插　　页 3
字　　数 273,000
版　　次 2021年3月第1版
印　　次 2021年3月第1次印刷
ISBN 978-7-208-16944-9/B·1537
定　　价 58.00元